会計監査人論

弥永真生
yanaga Masao

同文舘出版

はしがき

　金融商品取引法上の監査人にスポットがあてられることが多い中で，会社法上の会計監査人をめぐる問題を包括的に検討しようとしたのが本書です。実務上は，金融商品取引法上の監査人と会計監査人とは同一であるとはいえ，会計監査人監査のみの対象となっている会社もあり，また，会社法は会計監査人の独立性の制度的保障に力を入れ，他方で，監査役等と会計監査人の連携による監査の実効性の確保を目指してきたことを踏まえ，会計監査人制度の過去と現在をカバーするように努めました。また，ヨーロッパ諸国における外部監査人による監査は会社法（商法）上の制度であり，日本における会計監査人監査に対応することから，ヨーロッパにおいて外部監査人に期待される役割が拡大・拡張していることを念頭に置きつつ，日本における会計監査人制度の将来についても展望してみました。

　本書で述べているのは著者個人の見解にとどまりますが，引用等させていただいている論文や著書のほか，金融審議会公認会計士制度部会における議論，日本監査役協会の方々，とりわけ会計委員会の委員の方々からのご教示，日本公認会計士協会監査問題協議会における議論などから多くのご示唆を受けた成果でもあります。同時に，とりわけ，脇田良一先生や町田祥弘先生から投げかけられたご質問，ご指摘に自分なりに応えようとした成果です。
　検討が及んでいない点もいまだ多くありますが，監査報告書の在り方や監査人の役割については今後ますます議論が活発化すると予想されるなかで，さらに研究を深めていきたいと考えております。

　また，本書は，JSPS科学研究費「中小企業の会計とその適正性の確保」（25285026）を受けて行っている研究成果の一部であり，中小企業の会計についての保証業務に特化して，今後，研究成果を公刊できればと願っております。

最後になりますが，出版を取り巻く環境が厳しい中，本書のようなマニアックな書籍を刊行して下さる同文舘出版，また，粘り強く執筆を促し，かつ，本書の作成にあたってくださった青柳裕之さんに心よりお礼を申し上げたいと思います。

2015年5月

弥永真生

目 次

序章 会計監査人監査と金融商品取引法監査

第1節 本書の意義と構成 ... 2

第2節 会計監査人監査における監査の基準は金融商品取引法監査におけるそれとは異なるのか ... 4

第3節 会計監査人監査と金融商品取引法監査との統合の可能性 ... 8

第1章 会計監査人制度

第1節 会計監査人制度の導入 ... 14
1. 昭和25年改正 ... 14
2. 昭和25年改正後商法の下での監査役監査の問題点 ... 15
3. 『商法と企業会計原則との調整に関する意見書(中間報告)』 ... 16
4. 大蔵省の商法改正要綱案 ... 17
5. 法制審議会商法部会第3回会議 ... 18
6. 『監査制度に関する問題点』 ... 19
7. 法務省民事局参事官室試案 ... 21
8. 株式会社監査制度改正要綱案および商法の一部改正法案要綱案 ... 23
9. 株式会社の監査等に関する商法の特例に関する法律案 ... 25
10. 株式会社の監査等に関する商法の特例に関する法律 ... 28

第2節　昭和56年改正	29
第3節　『商法・有限会社法改正試案』	32
1　『大小（公開・非公開）会社区分立法及び合併に関する問題点』	32
2　『商法・有限会社法改正試案』	33
3　法律案要綱	36
第4節　平成14年商法特例法改正	38
第5節　（平成17年）会社法	39
1　『会社法制の現代化に関する要綱試案』	39
（1）会計監査人の設置を強制される会社の範囲　39	
（2）会計監査人の任意設置　41	
（3）完全子会社の特例　42	
2　会社法	44
第6節　平成26年会社法改正	45
第7節　今後の課題	46

第2章　会計監査人の選任・解任・不再任・辞任

第1節　選任──平成26年改正前	54
第2節　任期	56
第3節　解任・不再任・辞任──平成26年改正前	57
1　平成17年廃止前商法特例法	57

2　平成26年改正前会社法 …………………………………………… **60**

第4節　平成26年改正　　　　　　　　　　　　　　　　　　　　　**61**

　（1）監査役設置会社において監査役（会）の専属的権限とすることの意義　62
　（2）監査役（会）の専属的権限とすることに不都合があるか　63
　（3）平成26年改正後会社法の問題点　64

第5節　ディスクロージャー　　　　　　　　　　　　　　　　　　　**65**

　1　会計監査人の選任議案 …………………………………………… **66**
　2　会計監査人の解任・不再任議案 ………………………………… **70**
　3　事業報告における会計監査人に関する事項の開示 …………… **71**
　　（1）すべての会計監査人設置会社　71
　　（2）公開会社の追加的開示事項　74
　　（3）大会社の追加的開示事項　75

第3章　会計監査人の報酬

第1節　（平成17年）会社法制定前　　　　　　　　　　　　　　　　**78**

　1　会計監査人の報酬の決定手続きおよび実体的規制 ……………… **78**
　2　監査報酬の開示 …………………………………………………… **80**

第2節　日本公認会計士協会の倫理規則等　　　　　　　　　　　　　**82**

第3節　会社法　　　　　　　　　　　　　　　　　　　　　　　　　**85**

　1　監査役等の同意 …………………………………………………… **85**
　2　監査報酬等の開示 ………………………………………………… **89**
　　（1）公開会社　89
　　（2）大会社　90

第4節	今後の課題	**91**
1	監査契約の主体	**91**
2	監査報酬	**93**
3	監査に関する情報開示の拡大	**99**

第4章 会計監査人が欠けた場合等と一時会計監査人

第1節	一時会計監査人の選任	**102**
1	会計監査人が欠けた場合	**102**

　　（1）会計監査人が解任され，または再任されないという場合　102
　　（2）欠格事由に該当した場合　104
　　（3）会計監査人監査の特質と一時会計監査人　108

第2節	会計監査人が欠け，一時会計監査人が選任されない場合の効果	**110**

第3節	会計監査人・一時会計監査人が会計監査報告の内容を通知しない場合	**113**

第5章 会計監査人の民事責任

第1節	会計監査人の民事責任の概要	**118**

　　（1）会社に対する損害賠償責任（会社法423条）　118
　　（2）会計監査報告の虚偽記載に基づく第三者に対する損害賠償責任（会社法429条2項）　119
　　（3）会計監査報告の虚偽記載以外に基づく第三者に対する損害賠償責任（会

　　　　社法429条1項）　119
　（4）補助者の悪意または過失　119
　（5）連帯責任　120

第2節　任務懈怠/過失/善管注意義務違反　　　　　　　　　120

　1　『監査基準』等あるいは日本公認会計士協会の実務指針の意義 …… 120
　2　監査人の民事責任をめぐる裁判例……………………………………… 123
　3　監査手続と懐疑心………………………………………………………… 129
　4　不正リスク対応基準の新設および『監査基準』改訂の意義………… 133

第3節　損害額　　　　　　　　　　　　　　　　　　　　　　134

第4節　消滅時効　　　　　　　　　　　　　　　　　　　　　135

第5節　代表訴訟　　　　　　　　　　　　　　　　　　　　　137

第6節　会社法の規定に基づく責任の免除と限定　　　　　　　140

　1　責任の全部免除…………………………………………………………… 140
　2　株主総会の特別決議による責任の一部免除 ………………………… 141
　3　取締役の決定・取締役会決議による責任の一部免除……………… 141
　4　責任限定契約……………………………………………………………… 142

第7節　過失相殺　　　　　　　　　　　　　　　　　　　　　143

第8節　求償および責任の減免等の可能性　　　　　　　　　　144

第6章 会計監査人に対する行政罰・刑事罰

第1節　会計監査人に対する過料と刑事罰　　150
1　過料　150
2　違法配当罪　150
3　収賄罪　151
4　会計監査人である監査法人に対する過料と刑事罰　153

第2節　金融商品取引法上の監査人に対する刑事罰　　156

第3節　行政処分等　　158

第7章 監査役等と会計監査人

第1節　監査役等と会計監査人との連携　　162
1　監査役と会計監査人との意思疎通　162
2　会計監査人の監査の方法および結果の相当性の判断　167
3　不正リスク対応基準　171
4　会計監査人の報告義務　176
5　監査の効率性の確保　178
6　会計監査人の交代　178

第2節　会計監査人の職務の遂行が適正に行われることを確保するための体制　　179

第3節	金融商品取引法上の開示に係る会社法上の任務と連携	**184**
第4節	会計監査人の責任が監査役等の責任に与える影響	**186**

第8章 会計監査人の任務の拡大

第1節	国際監査基準	**192**

第2節	分配可能額と会計監査人	**194**

1 平成17年廃止前商法特例法 ……………………………………………… **194**
2 分配可能額を超えてなされた配当と自己株式取得 ……………… **195**
　（1）日本オフィス・システム　195
　（2）タカチホ　195
　（3）阿波製紙　196
3 諸外国の例 ………………………………………………………………… **197**
4 今後の課題 ………………………………………………………………… **197**

第3節	事業報告と会計監査人—会計に関する事項	**199**

1 平成17年廃止前商法特例法 ……………………………………………… **199**
2 今後の課題 ………………………………………………………………… **199**

第4節	違法行為の発見と通告	**205**

1 問題の所在 ………………………………………………………………… **205**
2 諸外国の状況 ……………………………………………………………… **208**
　（1）アメリカ　208
　（2）EU構成国等　211
3 今後の課題 ………………………………………………………………… **214**

第5節　コーポレート・ガバナンスと会計監査人　　215

（1）関連当事者間取引と会計監査人監査　215
（2）関連当事者間取引と監査役等による監査　218
（3）関連当事者間取引の開示　219
（4）事業報告と会計監査人―会計に関する事項以外の事項　223

第6節　監査役等に対する情報提供　　231

参考文献 …………………………………………………… 235
索　　引 …………………………………………………… 247
判例索引 …………………………………………………… 249

会計監査人論

序章

会計監査人監査と
金融商品取引法監査

第1節　本書の意義と構成

　日本においては，大多数の上場会社が，会社法の下での会計監査人監査と金融商品取引法上の公認会計士または監査法人による監査の対象となっている。このような法的枠組みは，——少なくとも近年までは——比較制度的にはきわめて珍しいものということができた。これは，アメリカ合衆国においては，会社法上，公認会計士などによる監査は要求されておらず，証券諸法により公認会計士などによる監査が要求されている一方で，ほとんどのヨーロッパ諸国では，従来のEC会社法第8号指令[1]の下で，会社法上，法定監査人（外部監査人）による監査が要求され，それとは別に，証券取引法による監査が年度計算書類について要求されるあるいは規定されるということはなかったことと対照的である[2]。

　そこで，日本においては，会計監査人監査と金融商品取引法監査との関係をどのように考えていくべきか，今後，どのように調整を図っていくべきかという問題がまず存在する。その一方で，監査論においては，会計監査人監査の特質について，必ずしも十分な検討が加えられてきたとは思われないし，

---

[1] Eighth Council Directive 84/253/EEC of 10 April 1984 based on Article 54 (3) (g) of the Treaty on the approval of persons responsible for carrying out the statutory audits of accounting documents, OJ L126, 12.5.1984, p. 20. 現在は，法定監査指令（Directive 2006/43/EC of the European Parliament and of the Council of 17 May 2006on statutory audits of annual accounts and consolidated accounts, amending Council Directives78/660/EEC and 83/349/EEC and repealing Council Directive 84/253/EEC, OJ L 157, 9.6.2006, p. 87）にとって代わられている。なお，2014年に，法定監査指令は改正され（Directive 2014/56/EU of the European Parliament and of the Council of 16 April 2014 amending Directive 2006/43/EC on statutory audits of annual accounts and consolidated accounts, OJ L 158, 27.5.2014, p.196），また，法定監査規則（Regulation (EU) No 537/2014 of the European Parliament and of the Council of 16 April 2014 on specific requirements regarding statutory audit of public-interest entities and repealing Commission Decision 2005/909/EC, OJ L 158, 27.5.2014, p.77）が制定された。

[2] なお，カナダは，会社法上も，資本市場規制上も，勅許会計士などによる監査が要求されている国であるが，たとえば，カナダ事業会社法に対応するカナダ事業会社規則（Canada Business Corporations Regulations）は，会計と監査については，資本市場規制権限を有する各州の証券取引委員会から成るカナダ証券監督者（Canadian Securities Administrators）が策定している全国規則52-107を認知し，それと整合的に規定している（70条）。これは，各州の会社法においても同様である。これらによって，会社法上の監査と証券規制上要求されている監査との二重性が排除されている。

ましてや，商法学あるいは会社法学においても，会計監査人監査についての議論は，一種の「辺境領域」であり，とりわけ，1980年代後半以降，掘り下げた分析は加えられてこなかったのではないかと思われる[3]。

そこで，本書では，会計監査人監査についての現在の状況と将来への課題を整理し，かつ，分析することを試みている。

すなわち，第1章では，会計監査人監査導入の経緯を概観した上で，EU構成国と比較すると，きわめて限られた範囲の会社のみが会計監査人を設置すべき会社とされていることを指摘している。

第2章では，会計監査人の選任・解任・不再任・辞任について，第3章では，会計監査人の報酬について，それぞれ，現行の制度を明らかにし，分析を加えた。日本の法制が縦割り的であり，金融商品取引法の所管官庁が謙抑的であるためなのか，金融商品取引法およびその委任を受けて定められている内閣府令には，監査人の身分的・経済的保障について，直接的な規律は設けられておらず，金融商品取引法上は，監査契約にも契約自由の原則が妥当するという発想に基づいているような規律となっており，諸外国とは様相を異にしている。実際には，会社法上の会計監査人の身分保障の手立てが，反射的に，金融商品取引法上の監査人の身分保障を担保しているという状況[4]に鑑みるならば，会計監査人の身分保障および適切な報酬の決定が，会社法および金融商品取引法上の外部監査人による監査の実効性を確保するために重要であるということができよう。

第4章では，従来，必ずしも，十分に議論されてこなかったものの，実務上は，考察すべき点が少なからず存在する一時会計監査人の職務を行うべき

---

[3] 1980年代後半以降，会計監査人制度の問題をかなり掘り下げたものとしては，脇田良一の一連の業績（脇田［1987］［1990］［1994］）などが存在するにとどまるように思われる。

[4] これは，被監査企業にとって，金融商品取引法上の監査人と会社法上の会計監査人とを異ならせることは，経済的に不合理である（二重に監査を受けることはコストと手間という点から割に合わない）ことに基づくのみならず，取引所の上場規程の定めのおかげでもある。すなわち，たとえば，東京証券取引所は，「上場内国株券の発行者は，当該発行者の会計監査人を，有価証券報告書又は四半期報告書に記載される財務諸表等又は四半期財務諸表等の監査証明等を行う公認会計士等として選任するものとする。」と定めて，一致させることを要求している（有価証券上場規程438条1項）。しかも，会社法上は会計監査人設置義務を負わない会社にも会計監査人の設置を要求している（有価証券上場規程437条1項3号）。

者の選任をめぐる問題を検討している。

　第5章では，会計監査人の民事責任を，第6章では，会計監査人に対する行政罰および刑事罰を，それぞれ，検討している。とりわけ，会計監査人に対する刑事罰については立法上の過誤があるのではないかという問題に加え，予測可能性がやや乏しい状況にあるという実態を浮き彫りにすることができたのではないかと思われる。

　第7章では，平成25年改訂『監査基準』，『監査における不正リスク対応基準』および日本公認会計士協会の監査基準委員会報告書を背景として，ますます，重要性が高まっている，監査役等と会計監査人との連携について，概観し，第8章では，国際監査基準ならびにEUおよび同構成国における動向に目を配りつつ，会計監査人の任務の拡大の可能性について，検討を加えている。

第2節　会計監査人監査における監査の基準は金融商品取引法監査におけるそれとは異なるのか

　企業会計審議会『監査基準』（平成14年1月25日改訂）の前文二3は，「改訂基準における監査の目的が示す枠組み及びこれから引き出されたそれぞれの基準は，証券取引法に基づく監査[5]のみならず，株式会社の監査等に関する商法の特例に関する法律に基づく監査[6]など，財務諸表の種類や意見として表明すべき事項を異にする監査も含め，公認会計士監査のすべてに共通するものである」と述べる。

　この文言からは，公認会計士が行う監査については，『監査基準』に従うことが要求されると理解できるが，金融庁組織令（平成10年12月15日政令第392号）24条2項は，「企業会計審議会は，企業会計の基準及び監査基準の設定，原価計算の統一その他企業会計制度の整備改善について調査審議し，その結果を内閣総理大臣，金融庁長官又は関係各行政機関に対して報告し，又

---

[5] 現在であれば，金融商品取引法に基づく監査。
[6] 現在であれば，会社法に基づく監査。

は建議する」と定めており，企業会計審議会は監査基準の設定について調査審議し，その結果を報告または建議することとされるにとどまっているから，企業会計審議会が『監査基準』を公表しただけでは法的な拘束力は直接的には生じない，法的規範性は有しないものと解するのが法律論としては自然であるようにも思われる。

　もっとも，金融庁設置法（平成10年10月16日法律第130号）4条18号は，「公認会計士，会計士補及び監査法人に関すること」について金融庁が所掌するものとしているから，その権限に基づいて，金融庁が『監査基準』を定めていると説明するのが自然なのかもしれない[7]。このような理解は，昭和25年に『監査基準』が設定された際に，「監査基準は，監査実務の中に慣習として発達したもののなかから，一般に公正妥当と認められたところを帰納要約した原則であって，職業的監査人は，財務諸表の監査を行うに当り，法令によつて強制されなくとも，常にこれを遵守しなければならない」と主張されたところとも整合する解釈といい得る。『監査基準』を，公認会計士あるいは監査法人を規律するものであると理解するならば（脇田［1988］20-21頁参照），金融商品取引法監査のみならず，会社法監査または任意監査においても従うべき規範であると評価されることになろう。

　しかし，金融商品取引法に基づく監査に関して，監査証明府令が『監査基準』などの規範性を定めているのと対照的に，会社法上の会計監査人監査の監査規範の設定権限が企業会計審議会に与えられていると解する条文上の根拠は会社法およびその委任に基づく法務省令には存在しないため，会社法監査との関連で，『監査基準』などはどのように位置づけられるべきかが問題となり得る[8]。

　たしかに，平成17年法律第87号による廃止前商法特例法の下での会計監査人の監査報告書の意見の記載方法と金融商品取引法上の監査人の監査報告書の意見の記載方法との間には相違があったし，また，監査の対象となる書類

---

7) 金融庁設置法4条17号は「企業会計の基準の設定」を明示的に金融庁の所掌事務としているが，監査の基準の設定は明示的には所掌事務とはされていない。
8) 岸田［1988］は，商法32条2項と同様の規定を監査基準についても導入するという立法論を提示していた。

の範囲も異なる。しかし，平成17年会社法および会社計算規則の下では，会計監査人の会計監査報告においても，適正性についての意見を表明することとされ，金融商品取引法監査と会計監査人監査とで，ことさら異なった監査手続きが要求されるわけではないとこれまでは考えられてきており（吉田［2012］217-218頁参照），会計監査人には『監査基準』および日本公認会計士協会の実務指針に従って監査を行うことおよび「一般に公正妥当と認められる監査に関する慣行」に従って監査を実施することが求められると「一応は」考えられる[9]。そして，『監査基準』および日本公認会計士協会の実務指針に従って監査を行ったことを立証すれば，実施した手続きが合理的ではなく，他に監査に関する合理的な慣行がある場合を除き，無過失を一応立証できるものと考えてよいとするのが通説であると思われる[10]。

　公認会計士・監査法人による会計監査人監査を導入することには，暗黙のうちに，『監査基準』その他の「監査の基準」に従った監査を行うことが前提とされていると解すれば，会計監査人監査において，『監査基準』や日本公認会計士協会が公表した監査基準委員会報告を中核とする実務指針が間接的に法的規範となっているという解釈は説得力があろう。

　たしかに，『監査基準』の各規定は，――監査報告書についての記述に特に顕著に表れているが――金融商品取引法に基づく公認会計士監査を前提に定められており[11]，会社法の下での会計監査人監査に対する配慮は文言上は

---

[9] 日本公認会計士協会監査委員会報告第18号『商法監査の監査手続きについて』参照。
[10] 龍田［1972］527頁。もっとも，かつての監査実施準則に定められていた「通常の監査手続き」はその遵守により監査人が原則的に免責される，セーフハーバーの機能は有していないと考えられていた（片木［1992］7頁）。
[11] 旧監査基準に関してであるが，「現行の監査基準が証取法による公認会計士の監査を前提に作成されているため，より広く適用できる監査基準へ改善するか，商法監査を無視するかの決断が必要である」（高田［1988］11頁）とか「少なくとも基準・準則が独立監査一般の規範たる地位を占めようとするのであれば，商法監査に対する規範性も考慮すべきである」（山浦［1988］31頁）という指摘があった。また，岸田［1988］27頁は，「証券取引法監査と商法監査とは同じ監査基準でいいのか，もしそうでないとすれば，どのように区別すべきか，監査の内容が異なるのか，報告だけがことなるのか，なども問題となろう」と指摘していた。会社法の下でも，「仮に金商法と会社法の制度趣旨が異なることを強調するのであれば，会社法の下での基準があってもおかしくはない」といわれている（吉見［2012b］211頁）。

うかがえないように思われるし[12]，公表された企業会計審議会第2部会の議事録からも，会計監査人監査に対する配慮が十分であるかどうか検討されたかが明らかではない。そして，会計監査人監査との関連では，『監査基準』および日本公認会計士協会の公表した実務指針は，目安にすぎず，それらに従ったことのみをもって，免責されるとは限らないし，それらすべてに従わなければならないわけではないという解釈の余地もありそうである。

しかも，たとえば，『監査における不正リスク対応基準』（以下，不正リスク対応基準という）が会計監査人監査における規範性を有するのかという個別問題は難問かもしれない。なぜなら，証券取引法（金融商品取引法）193条の2の委任に基づき定められている「財務諸表等の監査証明に関する内閣府令」（監査証明府令）において，不正リスク対応基準は有価証券報告書提出会社（非上場企業のうち資本金5億円未満または売上高10億円未満かつ負債総額200億円未満の企業を除く）の監査に適用されるものと位置づけられており（3条4項），そうであれば，一定の会社の金融商品取引法に基づく監査についてのみ，不正リスク対応基準の規範性は認められると解するのが自然であり得るためである。もし，不正リスク対応基準は会計監査人監査には適用されないのだとすれば，日本公認会計士協会の監査基準委員会報告のうち，不正リスク対応基準と同じ内容を定めている部分もやはり適用されないと解さないと首尾一貫しないのではないかなどの疑問がわいてくる。

しかし，ある会社の連結財務諸表・財務諸表などの金融商品取引法に基づく監査において，不正リスク対応基準が適用されるのであれば，その会社の計算関係書類についての会計監査人監査において，不正リスク対応基準が適用されないと解しても，──実質的には同時に行われている部分が大半を占めていることもあり──コスト的・時間的にメリットはないのだから，その場合には，会計監査人監査においても不正リスク対応基準が適用されると解すべきではないか，同一の被監査会社の監査が金融商品取引法に基づくものと会社法に基づくものとで異なるのは不自然であるという反論が可能であろう。

---

[12] たとえば，宮島［2002］45頁以下は，会計監査人の権限は，「継続企業の前提」に関する監査に及ばないのではないかという疑問を呈している。

第3節 会計監査人監査と金融商品取引法監査との統合の可能性

　会社法上の会計監査人監査と金融商品取引法監査との統合が必要である，あるいは望ましいという指摘は広く見受けられる[13]。不必要な負担を企業に課すべきではなく，また，制度としての複雑性を減少させるという方向性が正しいことは言うまでもないにもかかわらず，統合が実現しない理由としては，いくつかのものが考えられる。

　第1に想定されることは，統合しなくとも，すなわち，現状でも，さほど深刻な問題はないという可能性である。すなわち，金融商品取引法上の監査人と会社法上の会計監査人とが同一人または同一監査法人であれば，実質的には，二重に監査手続きがなされるわけではなく，単に2通の監査報告書（会社法上は，正確には，会計監査報告）が作成されるだけであり，被監査会社にとっても，監査人・会計監査人にとっても追加的な負担はほとんどないという可能性である。

　第2に想定されることは，監査報告の時期が異なることが統合の障害となっているという可能性である。すなわち，3月31日を事業年度の末日とする会社にあっては，定時株主総会は6月下旬に開催されることが広く見受けられる実務である。ところが，このような株主総会の会日を前提とすると，会計監査人監査は5月上旬から中旬には終了していないとスケジュール的に厳しいのに対し，EDINETが導入され，提出が電子化されていることを踏まえれば，金融商品取引法上，有価証券報告書に含まれる経理の状況に係る監査は6月上旬ぐらいまでかけて行うことができるからである。

　しかし，仮に，有価証券報告書に含まれる経理の状況に係る監査は6月上旬ぐらいまでかけて行うことが十分な監査手続きを実施し，（審査を受けることを含め）監査意見を形成するために必要であるというのであれば，定時

---

[13] 民社党は，「民社党政策集INDEX2009」において，公開会社法（仮称）の実現をめざすとしていたし，日本取締役協会金融資本市場委員会が『公開会社法要綱案』（第11案<http://www.waseda.jp/win-cls/koukai_kaishahou/20100110_Youkou11.pdf>が直近のもののようである）というものを公表していた。また，上村［2002］。

株主総会の会日を6月下旬より後に設定する，たとえば，7月下旬とすれば，監査報告書は2通になるとしても，会社法上の会計監査報告の内容を特定取締役および特定監査役に通知した後に，監査人が監査手続きや意見形成を行うという状況は回避できるのではないかと考えられる。会社法上は，事業年度の末日から3ヵ月以内に定時株主総会を開催することを要求してはいないのであるから（浜田［2006a,b］，田中［2007］，油布ほか［2014］18-19頁〔油布発言〕）[14]，会社は定款を変更すれば[15]，定時株主総会の会日を6月下旬より後とすることができる。

第3に想定されることは，会社法上の計算書類およびその附属明細書ならびに連結計算書類に係る会計監査人監査については，監査役などの監査報告に，会計監査人の監査の方法または結果を相当でないと認めるときにはその旨およびその理由を記載しなければならないとされているのに対し，金融商品取引法上の監査報告書との関連では監査役などの意見は表明されないという違いが両者間の統合の障害となっているという可能性である。

たしかに，会社法上の規律が，スケジュールとの関係では，両者間に差をもたらす可能性があるが，前述したように，事業年度の末日から定時株主総会の会日までの間を十分に長くとれば，監査役などが関与することとされていることが両者の実質的一体化を損なうものとは考えにくい。しかも，監査役などは有価証券報告書の記載などについて，業務監査の一環として，一定の監査を行わなければならないと考えるべきであり，事業報告に係る監査報告において，言及することもまったく予想されないわけではない。そうであれば，このような両者間の相違が重要であるとまではいえないであろう。

第4に想定されることは，会社法上の計算書類およびその附属明細書なら

---

[14] 確定申告との関連でも，会社法439条は一定の要件を満たす場合の会計監査人設置会社には，定時株主総会における計算書類の承認を不要としていることから，3ヵ月以内に定時株主総会を開催しなければならないという必然性はないように思われる。

[15] 定款変更が必要なのは，多くの会社においては事業年度の末日から3ヵ月以内に定時株主総会を開催する旨を定款に定めているからである。また，ほぼ例外なく，会社の定款では，事業年度の末日における株主名簿上の株主が定時株主総会で議決権を行使することができる株主であると定めているため，基準日から3ヵ月以内に定時株主総会を開催しないと，別個に基準日設定公告をする必要性が生ずるためである。

びに連結計算書類と金融商品取引法上の財務書類との相違が障害となっている可能性である。たしかに，多くのEU構成国においては，会社法上の計算書類およびその附属明細書ならびに連結計算書類を証券規制などとの関連で要求される年度報告書にそのまま組み込むことができ，あとは追加的情報を含めることで足りるものとされている。この点で，日本において，有価証券報告書に含めるべきとされている財務書類が，会社法上の計算関係書類に追加的情報を加えたものとして構成されていないことに問題がないとはいえず，この点については，制度論としては，ますますの改善が期待されるところである。

しかし，両者間の調整を図るにあたっては，いくつかの留意すべき点があろう。

まず，会社法上の会計規制は，単に，利害関係者に投資・与信の意思決定に有用な情報を提供することに尽きるものではなく，適切なコーポレートガバナンスを実現する（経営者の行動を正しい方向に動機づける）ことや株主総会を通じた集団的意思決定に必要な情報を提供することを目的とするのみならず，適正な分配可能額算定の基礎を提供するという目的も併せ有するという点である（矢沢［1973］13-15頁）。したがって，ある情報が利害関係者にとっての投資・与信の意思決定に有用な情報ではないという理由で会社法上も開示させる必要がないと判断することは早計である。

他方で，金融商品取引法上，作成が要求されている財務書類を，会社法上も要求するという方向で調整することも，コスト・ベネフィットの観点からは，必ずしも妥当とはいえない[16]。

そうであるとすれば，フランスをはじめとするEU構成国のいくつかが採用しているアプローチ，すなわち，基本的には，会社法上の計算書類およびその附属明細書ならびに連結計算書類に追加すべき情報・財務書類のみを金融商品取引法上は定めるという方向性が考えられよう（さらに，用語・様式については，財務諸表等規則・連結財務諸表規則と会社計算規則との間に矛

---

16) たとえば，EU会計指令は，キャッシュ・フロー計算書や包括利益計算書の作成を企業に対して義務づけることを加盟国に対して求めているわけではない。

盾はないので，これまでどおり，財務諸表等規則・連結財務諸表規則が定める用語・様式によることを金融商品取引法上は要求しても問題はないと思われる）。

　なお，会社計算規則が定めている会計監査報告の記載事項は，監査証明府令が定める監査報告書に含めるべき事項と整合的であり，監査対象となっている計算書類・連結計算書類の範囲を別とすれば，金融商品取引法に基づく監査報告書と会社法上の会計監査報告とを形式的には別個の監査報告書として作成しなければならないということが，実質的に，異なる監査報告書の作成を求めていることにはなっていないと考えられる。また，金融商品取引法上の単体開示の簡素化（平成26年3月26日内閣府令第19号）が実現したため，前述したような日程の変更が実現すれば，比較情報との関連で遡及修正が行われるような場合を除き，単体レベルにおける金融商品取引法に基づく監査報告書と会社法上の会計監査報告とが実質的にみて二重であるとは評価されないこととなろう。

第1章 会計監査人制度

第1節　会計監査人制度の導入

1　昭和25年改正

　GHQからのいわゆる「シックス・ポインツ」（Tentative Points for Agenda, 25 January 1949）（鈴木=竹内［1977］615-616頁所収。中東［1999］227-228頁参照）において，監査役は検討のための小項目の1つとして位置づけられていたが（I,5,c），法務府『商法の一部を改正する法律案要綱（案）』（昭和24年8月13日）（鈴木=竹内［1977］616頁所収）では具体的な改正提案はなく，法務府『商法の一部を改正する法律案要綱を修正し又は之に追加すべき事項』（昭和24年10月29日）（鈴木=竹内［1977］620頁所収）において，取締役会の導入とセットで，監査役制度の廃止と会計監査役制度の導入が提案された（第十九の七）[1]。『商法の一部を改正する法律案』はこの方針に基づいて策定されたが，参議院においては，名称を監査役とし，その権限を会計監査権限に限るという修正案が可決された[2]。

　なお，すでに，参議院法務委員会の昭和25年3月17日開催の会議において，林武雄（全日本金属労働組合副執行委員長）が「会計監査役の規定があるけれども，この監査役の員数を三人以上たることを要する旨を明らかにして，且つ監査役は職業的に資格のある会計監査人即ち公認会計士又は現在の計理士であることを要する規定を附加すべきである。…こう考えます。理由は会計監査の公正を期するために必要であり，殊に労働組合法のごときも，第五條第二項第七号において職業的に資格のある会計監査人の監査を要するということがあるくらいであるから，会社においても勿論その均衡から考えて当

---

[1] これは，取締役会制度の導入により，取締役会には業務執行にはあたらず，代表取締役等の監督を行う取締役の存在が想定されていること，および，業務執行の監督に係る権利が株主に与えられたことから，監査役には会計監査に専念させることとしたと説明されている（鈴木=石井［1950］190頁）。また，第7回国会参議院法務委員会議録第4号（昭和25年3月2日）2頁〔岡咲恕一政府委員〕。なお，たとえば，松本［1950］は，監査役の権限を縮小することは適切ではないと批判していた。
[2] 第7回国会参議院法務委員会議録第37号（昭和25年5月2日）1頁〔松井道夫委員〕。

然そうすべきであると考えます」(圏点—引用者)と述べていたこと[3]や稲脇修一郎(三菱商事精算事務所)が「若し現在のままに存置が困難であるというのならば、監査役は何も一人に限つたことはない、そのうちの一人に或いは公認計理士を入れるとか、或いは又でき得るならば、どうしても公認計理士を使わなければならないというのであれば、これは貸借対照表その他の決算書類に対して公認計理士が証明するというような制度だけでそれで足りるのではないか、殊に今申上げますように、公認計理士を使うような点につきましては、中小規模の会社にとりましては相当難儀な問題だろうと私は考えます。そういう今まで申上げましたような理由によりまして、監査役の制度を存置し、そうして監査の機能を発揮させて行きたい、こういうふうに考えておる次第であります。」(圏点—引用者)と述べていたこと[4]は注目に値する。また、商法の求める監査役の資格について、公認会計士に限ろうという議論もあったが、公認会計士の数の少なさゆえ、その当時は実現しなかったと指摘されている[5]。

なお、証券取引法上、財務計算に関する書類について公認会計士による会計監査を受けるべき会社については、商法における監査役の監査と重複することになるという問題はあり得たが、証券取引法上の会計監査が本格的に実施される前であったためか、重要な問題として認識されることはなかった(鈴木=竹内〔1977〕182頁)。

2 昭和25年改正後商法の下での監査役監査の問題点

昭和25年改正により、会計監査が監査役の主たる任務とされたが、監査役の身分的保障が十分に図られていないことに加え、業務監査権限なくして完全な会計監査の実効を期しがたい、業務監査権がなく、したがって、取締役

---

3) 第7回国会参議院法務委員会会議録第15号(昭和25年3月17日)9頁〔林武雄公述人〕。
4) 第7回国会参議院法務委員会会議録第14号(昭和25年3月16日)11頁〔稲脇修一郎公述人〕。
5) 鈴木=竹内〔1977〕181-183頁(商法の立法をしている限りにおいては、「大会社だけに適用を限るという考え方」は浮かんでこなかったと述べられている点は注目される)、鈴木=石井〔1950〕190頁、太田ほか〔1956〕92頁〔鈴木竹雄発言〕など参照。

会に出席する権利すら有しない監査役に，その取締役の作成する会計に関する書類の監査権を名目的に与えてみたところで，会計監査の実効が挙がらないこと，および，証券取引法に基づく公認会計士の強制監査が，昭和32年1月1日以降開始する事業年度から正規監査として実施され，公認会計士に比して，いわば素人の監査役による会計監査は，名実ともにその必要性も意味も失われてきたことなどが指摘されるようになった（神馬［1958］180頁，浦野［1970］105-106頁・125頁）[6]。

3 『商法と企業会計原則との調整に関する意見書（中間報告）』

　企業会計基準審議会は，昭和26年9月16日に，『商法と企業会計原則との調整に関する意見書（中間報告）』を公表し，同時に，これを商法改正意見書として，当時の法務府に建議した。『商法と企業会計原則との調整に関する意見書（中間報告）』の第五「監査役と証券取引法による公認会計士の監査」においては，「資本金1億円以上の有価証券報告書提出会社ならびに取引所上場会社は，証券取引法の規定により公認会計士の監査をうけなければならない。公認会計士監査と監査役監査とは，監査機能としては，若干の差異はあるとしても，計算書類の監査に関する限り実質上の差異は認められず，独立の職業的専門家たる公認会計士の監査をうけた場合において，さらに監査役の監査を必要とする理由は見出されない。重複した監査をうけることは会社の営業に支障をきたさしめるおそれもあり，監査の効果を却って減殺するものであるから，公認会計士を監査役の監査に代らしめるべきである。」として，「証券取引法に基き公認会計士の監査をうける会社は，計算書類に関する監査役の監査を要しないものとすること」を勧告した。この勧告は，監査役制度自体にふれたものではなく，ましてや監査役制度の廃止を主張しているものではないとの説明もなされたが（黒沢［1955］67頁），廃止論と評価した方が自然であった（山村［1956］1196頁）。

　また，学界からも，公認会計士の監査を受ける会社については監査役制度

---

6) 曽野［1961］220-242頁および掲げられた文献も参照。

を廃止または任意機関とすることが適切である（矢沢［1951］58頁，石井［1951］288頁など。また，大住［1952］256頁），証券取引法上の監査を受けることが要求されている会社については，計算書類に関する監査役の監査を要しないとすべきである（黒沢［1951］53頁），問題の徹底的な解決としては公認会計士を監査役に選任するのが適当である（大隅＝大森［1951］316-317頁，大隅＝大森［1953］96頁など），監査役の1人を公認会計士から選任することが考えられる（鈴木［1951］145-146頁。鈴木［1956］215頁も参照）などの意見が表明された。さらに，経済団体連合会「公認会計士の監査証明制度実施に関する意見」（昭和25年7月）のほか，日本造船工業会（昭和27年8月。（法務省民事局［1952］138頁所収））や東京商工会議所（昭和27年11月。（法務省民事局［1952］109頁所収））などから，公認会計士監査と監査役監査の重複を避けること，監査役の任期は2年以内とすること等の監査役制度改正を含む商法改正要望書が提出され，昭和28年2月には，経済団体連合会が，「証券取引法193条の2にもとづく公認会計士の監査証明制度は，商法の監査役制度との間に会社の会計処理に関して二重の検査を行なうこととなるが，相互の間に意見の喰い違いを生ずるときは，法律上，その責任の帰属をめぐって複雑な関係を生ずる。故に，監査制度の一元化につき商法及び証取法にこれが調整のための適当な改正が必要である」として，「公認会計士監査と監査役制度について調整をはかること」という商法改正要望書を提出した（法務省民事局［1952］133-134頁）。

4 大蔵省の商法改正要綱案

　昭和32年1月1日以降開始する事業年度から，証券取引法上，正規監査が導入されることを受け，経済団体連合会からの強い要望もあって（鈴木＝竹内［1977］336-337頁，曽野［1961］228頁参照），大蔵省（阪田委員〔理財局長〕）は，昭和29年12月22日開催の法制審議会商法部会小委員会に，公認会計士監査と監査役監査を調整する改正要綱案を提出した（吉田［1956a］22頁）。この要綱案は，①公認会計士と監査役の重複排除について（証券取

引法193条の2の規定による公認会計士の監査を受けた会社は，計算書類に関する監査役の監査を要しないものとし，監査役を任意機関とする）および②計算書類の確定について（商法281条の計算書類（利益処分案を除く）について，証券取引法193条の2の規定による公認会計士の監査を受けた会社は，その確定を定時株主総会の承認事項からはずし，取締役会の決議により確定し得るものとすること）の2つを内容とするものであったが，いずれも株式会社の機関の改正につながる根本問題を含んでいたうえ，緊急改正に適しないものとして棚上げされ，後日の検討を期するものとされた（曽野［1961］228-229頁）。

5　法制審議会商法部会第3回会議

　会社法制の在り方全般をテーマとした法制審議会商法部会第3回会議（昭和30年10月5日）においては，「株式会社の機関」に関する問題が取り上げられ，監査役制度も検討の対象とされることになった（大住［1956］12頁）。そして，大蔵省は，ふたたび，法制審議会商法部会第6回会議（昭和31年2月1日）に，「証券取引法第193条の2の規定により公認会計士の監査証明を受ける会社については，監査役を任意機関とすること」のみを求め，かつ，公認会計士の権限・責任の強化，独立性維持のための措置等[7]を追加した上で，「監査役監査と公認会計士監査との調整に関する要綱案」を提出した（詳細については，羽柴［1956］参照。また，曽野［1961］229-230頁，大住［1956］7頁および横田［1956］7頁参照）。そこで，公認会計士をどうするか（監査役を廃止し公認会計士は独立した第三者として会計監査をするか，監査役の補助機関として必ず公認会計士を使用しなければならないことにするか，公認会計士による強制監査を廃止するかなどの問題）が検討の対象となった。そして，業務監査権限を取締役会に属させるか，監査役に属させるかの問題のほか，監査役の会計監査と公認会計士監査とをいかに調整するか

---

[7]　公認会計士は，3年以上継続して同一会社の計算書類について，監査証明をなすことができないものとすることが提案されていたことは注目に値する。

の問題について討論の重点が置かれ，監査役に業務監査の権限まで認めるべきであるとする意見，監査役を業務監査役とすべきであるとする意見，監査役を廃止して公認会計士監査一本にすべきであるとする意見などが表明され，見解の統一をみることができなかった。また，この要綱案は法制審議会審議の対象とされたが，要綱案の内容に対する批判的な方向性が強く示され[8]，また，法務省部内において，株式会社の根本的改正に際し会社機関と同時に検討すればよいという意見が有力であったため（上田［1956b］89頁参照），この要綱案については，十分な審議はなされなかった[9]。公認会計士監査が全面監査として行われる昭和32年以降に，その全面監査の結果をみて，その結論を出すのが妥当であるとの方向性が商法部会で承認され，結論を出すことは将来に持越すこととされた（吉田［1956b］）[10]。

なお，田中誠二は，「公認会計士を監査役の従属的地位としないで，少なくともドイツ法の決算検査役程度（但し，…独立性維持のため第三者的地位を与えるべきである）の独立の監査制度として監査役と並行して監査させることを認めること」を提唱し（田中［1956］102頁），大隅健一郎および西原寛一も公認会計士は会社の機関としての地位とは別の独立の立場で監査を行わせるべきであるとの見解を示していた（大隅ほか［1956］8頁〔大隅発言〕〔西原発言〕）。

6 『監査制度に関する問題点』

山陽特殊製鋼の会社更生手続きの申立て（昭和40年3月）を皮切りに，大企業における粉飾決算が判明し（たとえば，味村＝加藤［1977］3-4頁および河本＝大武［2008］11頁参照。また，上田［1999］369-370頁も参照），監

---

8) たとえば，監査役の任意機関化は，実質上，監査役制度を廃止するものであるとの批判がなされた（吉田［1956a］24頁参照）。
9) 浦野［1970］114頁および116頁注3。なお，昭和31年5月に神戸商工会議所が，両者の調整を図るよう大蔵省に意見書を提出した。
10) 大住［1956］。また，鈴木＝竹内［1977］338頁，上田［1956a］8頁。もっとも，法制審議会商法部会第9回会議（昭和31年7月4日）においても，監査役制度についての検討が加えられた。

査制度を改正する必要性が広く認知されるに至った。また，大蔵省証券局は，監査制度の一元化に向けた制度改善を求める意見を表明した（大蔵省証券局企業財務課『商法及びその関連法の改正の必要性』（昭和40年11月15日））。さらに，公認会計士法の改正に際して，衆議院大蔵委員会は，附帯決議の四として「政府は公認会計士制度が一層社会の要請に応えるために，更に商法，証券取引法，税法，企業会計原則等について引き続き検討を行い，速やかに総合的改善を行なうべきである。」（圏点—引用者）との決議を行った[11]）。このような背景で，法制審議会商法部会第41回会議（昭和41年11月2日）において，株式会社の監査制度をめぐる問題が取り上げられることになった。そして，商法部会は，第42回会議（昭和42年3月22日）[12]および第43回会議（昭和42年4月26日）における議論を踏まえて，昭和42年5月に『監査制度に関する問題点』を公表して，広く一般の意見を徴することとした。

『監査制度に関する問題点』は，わが国の株式会社における監査制度について，監査役は会計監査のみを行うものとするA案と監査役は会計監査ばかりでなく，業務監査をも行うものとするB案とを提示していた。そして，証券取引法上，公認会計士の強制監査を受ける会社については，A案の1つの形で，監査役の資格を公認会計士に限定するという案（第1案），監査役を廃止して公認会計士による監査のみとし，その任免，報酬，権限，義務，責任を規制するという案（第2案），B案を前提として，監査役は会計監査を行わず，それを公認会計士に委せるという案（第3案）および公認会計士の会計監査の結果を監査役が受けて，それに監査役が自分の意見を加えて総会に報告するという案（第4案）が想定されていた（矢沢=鴻［1968］98頁以下，鈴木［1968］3-4頁参照）。他方，A案では，資本金額が一定額以上の

---

11) 第51回国会衆議院大蔵委員会議録第38号（昭和41年4月28日）1頁。
12) この会議には，幹事から『監査制度に関する問題点』（味村=加藤［1977］10-15頁所収）が提出され，「A 監査役は現在のとおり会計監査を行うものとし，独立性の保持その他会計監査機能の強化のための措置を講ずるものとすべきか」，「B 監査役は業務監査をも行うものとし，独立性の保持その他監査機能の強化のための措置を講ずるものとすべきか」，「C 監査役会を設けて，これが業務監査とともに取締役の選任および解任をも行うものとし，監査機能強化のため監査役制度と取締役会制度をあわせて検討すべきか」，「D 監査役を廃止し，取締役会の業務監査機能を強化する措置を講ずるものとすべきか」という4案が提出された。また，味村=加藤［1977］8-9頁および味村［1967］参照。

会社の監査役は公認会計士でなければならないとすることが考えられていた。

なお，第2案は，証券取引法に基づく監査は，独立の第三者たる公認会計士による監査であるから，その独立性を保持したままで公認会計士による監査を株主総会における計算書類の承認に反映させることが望ましいことなどを根拠とし，第1案を支持する論者は，大会社は債権者その他の利害関係人も多いから証券取引法による監査を受けると否とに関係なく，監査役は会計の専門家である公認会計士とするのが適当である，証券取引法による監査が行われる会社であっても，取締役が株主総会に提出する計算書類だけでなく，臨時総会に提出する計算に関する書類を監査して，その意見を株主総会に報告する者があることが必要であるので，監査役を廃止すべきでないし，また，公認会計士が監査役に就任したためにその独立性が害されることはないと考えられることなどを指摘していた。

7 法務省民事局参事官室試案

法制審議会商法部会小委員会における検討を踏まえ，法制審議会商法部会第44回会議（昭和43年1月31日）においては，改正の実現可能性から考え，一応B案の方向で審議を進めることが決定された（鈴木＝竹内［1977］484-485頁参照）。ここで，監査役に業務監査権限を与え，公認会計士による監査を導入することとされたのは，証券取引法による公認会計士監査の結果について，これを株主総会による計算書類の承認決議に反映することが粉飾決算の防止に効果的であるが，監査役が会計監査のみを行うとすると，監査役を廃止するか，公認会計士を監査役とする必要があるところ，前者の方法では，決算時の計算書類以外の会計事項について監査をする会社機関がなく，また後者の方法では公認会計士による監査が第三者監査であるべき要請に反することになる，という理由に基づくと指摘されている（味村＝加藤［1977］18頁）。

これを受けて，法務省民事局参事官室は，『株式会社監査制度改正に関する民事局参事官室試案』を取りまとめ（味村［1968］，田辺［1968］，味村＝田辺＝居林［1968］など参照），昭和43年9月3日に公表した。民事局参事

官室試案では，監査役に業務監査の権限を与える一方で（第一），資本金一億円以上の株式会社は，計算書類について公認会計士または監査法人の監査を受けなければならないとすることを提案していた（第一一，一）[13]。理由書によると，大会社にあっては，株主，債権者その他の利害関係人が多く，経理内容も複雑であるから，その計算書類については，独立した専門家の監査を受けることが望ましいことによる。その監査を行う公認会計士または監査法人（会計監査人）は，監査役の同意を得て，会社が選任するものとされ，解任するには監査役の同意を得なければならないとすることも提案していた（第一一，二①および五①）。「監査役は，会計監査人が行なった監査の方法又は結果を相当でないと認めるときは，その旨，その理由及び自己が行なった監査の方法又は結果を第八の報告書に記載しなければならない。」（第一一，七⑥）とされていた。

　これに対して，たとえば，経済団体連合会は，『株式会社の監査制度に関する商法改正意見』（昭和43年11月26日。商事法務468号14-17頁［1968］所収）の第一の一〇において，①会計監査人（公認会計士または監査法人）の監査を商法上，義務づける場合，その範囲は上場会社等の株式の公開会社に限定するものとすること，および，この場合，証券取引法の適用会社の範囲も，これと同一にすること，②現在，証券取引法により公認会計士監査を免除されている銀行・保険業はもちろんのこと，その他の免許業についても①の例外とすること，③会計処理の基準，計算書類の様式，表示等について，商法と証券取引法とを調整するとともに，実務上混乱の起らないように商法監査と証取監査を調整すること，などを要望した。経済団体連合会は，また，『監査制度に関する商法改正に再び要望する』（昭和44年6月24日。商事法務490号14-15頁［1969］所収）においても，「本来，私法としての商法監査と，行政法としての証券取引法監査とを統一すること自体非常に困難がある。」と指摘しつつ，「①公認会計士の監査を義務づける大会社の範囲については，

13）なお，証券取引法による公認会計士監査制度を廃止することは予定されていなかったので，制度上は二重監査は解消されないという問題点があった。この点について，理由書では，「実際上は，同一の公認会計士又は監査法人が試案による監査と証券取引法による監査をあわせ行うことにより，監査の重複を避けることができると考えられる」と指摘されていた。

商法上，株式の公開会社に限定し，公開会社の細目は商法施行法令に委ねるものとする。その細目としては，原則として上場会社に限るものとする」，「②行政監査が充分に行なわれている免許業については，商法施行法令により，公認会計士監査を免除する特例を設けるものとする」こと，および「③証券取引法の適用会社は商法における公認会計士監査会社と同一にする」ことを要望した。そして，その理由としては，株主，投資家ならびに債権者保護の観点から社会的に重要な会社に公認会計士監査を導入すれば足るものと考えられるので，株式の非公開会社（同族会社，上場会社の子会社等）についてまで一律に公認会計士を導入する必要はないこと，資本金1億円以上という定義は，余りにも形式的すぎると考えられること，銀行，信託・損保，生保，証券，電力，瓦斯，民営鉄道の各業種においては，主管官庁が公益的見地からその権威と責任において厳格な行政監査を行っており，熟練された専門的な行政官によって，会計監査を含む総合的監査を実施しているので，公認会計士監査が目的とする監査の趣旨はすでに十分徹底されているものと考えられることなどを挙げていた。

8　株式会社監査制度改正要綱案および商法の一部改正法案要綱案

　参事官室試案に対して提出された意見を斟酌しつつ，商法部会小委員会において検討し，試案を若干修正または削除して，商法部会第51回会議（昭和44年7月16日）において『株式会社監査制度改正要綱案』が決定され（味村［1969］参照），その後，商法部会第57回会議（昭和45年3月4日）において，一部修正（会計監査人についての規律についての修正はなかった）の上，『商法の一部を改正する法律案要綱案』が決定され（味村［1970］および田辺［1970］など参照）。要綱案は，昭和45年3月30日に法制審議会総会で決定され，『商法の一部を改正する法律案要綱』として法務大臣に答申された。すなわち，「第一四　大会社の特例」の一は「資本金1億円以上の株式会社は，計算書類について公認会計士又は監査法人の監査を受けなければならない。」としつつ，その（注）においては，「会計監査人の監査を受けるべき会社の

うち，証券取引法上の被監査会社については本項を直ちに適用し，その他の会社については公認会計士及び会社の実情等を考慮し，適切な経過措置を講ずる。」とされた。また，一の「監査を行なう公認会計士又は監査法人（以下「会計監査人」という。）は，監査役の過半数の同意を得て，会社が選任する。」とされ（二1），「会社が会計監査人を解任するには，監査役の過半数の同意を得なければならない。」（五1）とされていた。また，「監査役は，会計監査人が行なった監査の方法又は結果を相当でないと認めるときは，その旨，その理由及び自己が行なった監査の方法又は結果を第八の報告書に記載しなければならない。」（七6）とされていた。

　資本金の額を基準として会計監査人の設置義務を課すこととした経緯および根拠については以下のように説明されている（味村＝加藤［1977］30頁）。すなわち，公開の有無によって範囲を画すべきであるという意見は，①閉鎖会社については公認会計士等の監査をするまでの必要がないこと，②資本金1億円以上とすると，すでに証券取引法による監査を受けている会社で資本金1億円未満のものがあり，このような会社については証券取引法に基づく監査と監査役の監査とが調整されないこと，③資本金を基準とすると，資本金額が多額である有限会社についても公認会計士等の監査を行わなければ均衡がとれないこと，④証券取引法による監査においては，公認会計士等の監査を行政機関がレビューしているが，このレビューがないと公認会計士等の監査に誤りがある場合にこれを正す途がないこと，⑤資本金基準によって公認会計士等の監査を受ける会社の数が多くあること，⑥公認会計士の数その他の状況からみて実効が挙がるかどうかに疑問があること等を根拠としていた。しかし，①計算書類の公認会計士等による監査は，投資家のためばかりでなく会社債権者のためでもあること，②株主数は変動するため基準として適当でないこと，③資本金1億円未満の証券取引法適用会社はわずか37社であって，例外的であること，④行政機関がレビューしなくとも，公認会計士等のような職業的会計人による監査によって粉飾決算の防止に効果のあることが期待できることなどの反論が加えられ，結局，商法部会においては，資

本金を基準とすることとされた[14]。そして，その閾値をいくらにするかについてはドイツ，フランス，スイス等において会計監査の専門家の監査を要求されている会社の最低資本金の額，株式上場基準，資本金ごとの会社数，総資産額，株主数および従業員数，公認会計士の数その他の状況等を考慮して，試案における提案を維持して，資本金1億円以上の会社を会計監査人の監査の対象とすることとされた。しかし，当時の調査によると資本金1億円以上の会社は約6400社あったが，そのうち証券取引法による監査を受けている会社は約2200社にとどまっている一方で，公認会計士および公認会計士補の数は約4700名で，そのうち監査に従事している者の数は約2400名程度という状況にあったので，直ちに資本金1億円以上のすべての会社について公認会計士等の監査を行うより，証券取引法による監査を受ける会社について即時実施し，その他の会社については，段階的に実施する方が，効果的な監査を円滑に行うのに望ましいとして，要綱第十四の一の（注）が付された。

9 株式会社の監査等に関する商法の特例に関する法律案

ところが，日本税理士会連合会は，会計監査人制度を導入しても，粉飾決算の防止には役立たない，会計監査人制度の商法への導入は，被監査会社における監査業務と税理士業務を同時に行うことにつながり，税理士の職域が侵害される[15]，粉飾決算の防止は，むしろ取締役の責任の厳格化で対応すべきであるなどと主張して，商法の一部改正法案要綱の方向での商法改正に対する反対運動を強力に展開した（加藤［1984］74頁，上田［1999］392-398頁。湖東［1974］および牧野［1974］も参照）。この運動に中小企業団体も合流したため，商法改正について，与党・野党の同意を得ることが困難にな

---

14) なお，昭和49年商法特例法制定前の段階で，「大会社を資本金で画することは簡明ではあるが，会計監査人による監査を強制する趣旨が，株主，債権者等多数の利害関係人の利益を擁護するためにあることを考えると，会社のその他の規模（たとえば，株主数）等も考慮すべきであるという反論も十分考えられる（そうでないと，資本金1億円以上の有限会社については，何故，会計監査人の監査を要しないのか説明できないであろう）」という指摘がなされていた（浦野［1970］341頁）。
15) 大蔵省と法務省は，昭和45年6月30日に，『監査制度改善問題に関する一問一答』（法務省民事局＝大蔵省証券局［1970］）を公表し，日本税理士会連合会などを説得しようとしたが，失敗に終わった。

り，昭和45年から昭和47年まで，商法改正法律案を国会に提出することが見送られた（鈴木＝竹内［1977］494-495頁）。

　結局，昭和48年3月16日に，「商法の一部を改正する法律案」（内閣提出第102号），「商法の一部を改正する法律等の施行に伴う関係法律の整理等に関する法律案」（内閣提出第104号）とともに「株式会社の監査等に関する商法の特例に関する法律案」（内閣提出第103号）が閣議決定され，同月20日に，第71回特別国会の衆議院に提出された。商法の一部改正法案要綱とは異なり，「株式会社の監査等に関する商法の特例に関する法律案」では，会計監査人の設置義務が課される大会社は資本金5億円以上の会社とされた[16]。この点について，法務省民事局長は，「法制審議会の要綱では会計監査人の監査の制度を導入しておりまして，その対象となる会社を資本金一億円以上のものに限るということにいたしております。これに対しまして，改正案は資本金五億円以上ということに引き上げております。このように変更いたしましたのは，一億円以上の会社というのは現在一万以上あるわけでございますが，これを会計監査人に監査させるといたしました場合に，会計監査人となる者は公認会計士あるいは監査法人でございますが，公認会計士は四千六百人程度，監査法人は三十程度でございますので，やや会社の数が多くて，実際にそれだけの会社がやれるかどうかわからないといったような問題もあったわけでございます。資本金五億円以上の会社というのは二千七百七十社でございまして，こういう数でありますれば，公認会計士が現在四千六百人おりますから，その数で足りるであろうというような点を配慮いたしたわけでございます。」[17] あるいは「株式会社の決算に専門家の監査を受けさせるということは，まあ粉飾決算の問題が契機となってにわかに要望が高まってきたわけでございますけれども，しかしその以前からあったわけでございます。その目的とするところは，株主とか債権者，従業員，まあそういった者の利益を保護するということでございまして，特に大会社の場合には，決算が不適

---

16) 法務省は，昭和47年3月に，資本金3億円未満の株式会社については別に法律で定める日まで会計監査人監査を要しないという方針を定めたが（商事法務591号32頁［1972］），さらに，適用範囲を限定した法律案を提出したわけである。
17) 第71回衆議院法務委員会議録第24号（昭和48年5月8日）4頁〔川島一郎政府委員〕。

正であったために会社が倒産したり営業状態が悪くなるという場合には，その及ぼす影響が非常に大きいという点を考慮されたわけでございます。したがいまして，もともと大会社ということを念頭に置いておったわけでございますけれども，その場合，これを一億円以上とするのがいいのか，あるいは二億，三億とするのがいいのかということは，ある程度見込みの問題でございます。したがいまして，この商法改正案を法制審議会で審議しておりました当時には，おおむね一億ということで，その辺が切りがよかろうということできめられたものでございまして，法制審議会自体といたしましても，一億以上の会社に対して直ちに，即刻足並みをそろえてこの制度を運用していくということは考えていなかったわけでございます。そのことは要綱にも，段階的に適用するということが注で書いてございます。そういうわけでございましたところ，その後いろいろな情勢を見てまいりますと，会社の規模が急速に拡大していく，それから公認会計士の数とか会社の数といったものを考えますと，必ずしも一億が絶対の線ではないというふうにも考えられたわけでございまして，この点につきましては，法制審議会におはかりいたしましたところ，そこは必ずしも一億という数字にこだわる必要はないというような御意見もございましたので，いろいろな実情を勘案いたしまして，修正いたしたわけでございます。」[18]と説明していた。

　もっとも，法務省民事局長は「御承知のとおり今回の改正では，公認会計士あるいは監査法人といったものを株式会社の決算の監査に充てるという点があったわけですが，この点につきましては税理士会のほうから，これを商法上強制することによって自分たちの職域が侵害されるおそれがあるということで，これもかなり強い反対が示されたわけでございます。」とも答弁しており[19]，また，法務省官房審議官も，「会計監査人の監査適用会社につきましては，法制審議会の決定当時の株式会社の数，これと現在法律案を審議いただいております現在の数との比較から，法制審議会の予定した監査対象会社というものが現在では非常に多くなった，つまり株式会社が現在百一万

18）第71回衆議院法務委員会議録第36号（昭和48年6月22日）4頁〔川島一郎政府委員〕。
19）第71回衆議院法務委員会議録第36号（昭和48年6月22日）3頁〔川島一郎政府委員〕。

五千余りございます。で，法制審議会の答申どおりで押えますと，約一万社がこの対象になるわけでございます。これに対して，この監査を担当いたします公認会計士登録有資格者が約四千五，六百名と，こういう陣容でございます。これがまず監査を実効的に法制審議会の結論どおりに行なうためにはたして十分であるかという問題点が一つ。もう一つの問題は，日本税理士連合会から，この公認会計士の監査が資本金一億円以上の株式会社に適用された場合に，従前から税理士としてこれらの会社の業務に関与しているが，これらの職域を侵犯されるおそれがあると，こういう主張が強硬になされたわけでございます。で，これらの理由も勘案して，原案は資本金五億円以上という線で一応の区切りをいたしまして，その対象会社を約二千七百社というふうに限定したわけでございます。で，もともと巨大会社の経理適正を期するという趣旨から申しますと，おおむね資本金五億円以上の会社というものの規模から考えて，この法案，制度が考えている株主及びその他の債権者等の利害関係者が非常に多いクラスとして，この対象にするのに適当であろうという判断で，五億円という線で区切りをいたしたわけでございます。」と説明していた[20]。

10 株式会社の監査等に関する商法の特例に関する法律

「株式会社の監査等に関する商法の特例に関する法律案」は，昭和48年4月3日に，衆議院法務委員会に付託されたが，同月6日に，この法案の提案理由が説明され，会計監査人制度の導入については，「大規模の株式会社にあっては，株主をはじめ，従業員，取引先，下請企業者等の利害関係人の保護のため，その経理の適正を期することが特に重要でありますので，資本金五億円以上の株式会社は，計算書類について，定時総会前に公認会計士または監査法人の監査を受けるものとし，その会計監査の充実をはかることといたしております。」と説明された[21]。

---

20) 第72回参議院法務委員会会議録第13号（昭和48年7月5日）16頁〔田邊明説明員〕。
21) 第71回衆議院法務委員会議録第16号（昭和48年4月6日）14頁〔田中伊三次法務大臣〕。

その後，衆議院法務委員会および法務・大蔵・商工各委員会連合審査会において審議が行われ，同年7月3日に，法務委員会において，自由民主党・民社党から修正案が共同提案され，法案は修正の上，可決された。修正の1つは，施行日についてのものであり，「監査制度に対する会計監査人たる公認会計士，監査法人及び監査の対象となる会社の準備等のため相当の期間を置くことが適当であると考え」られるとして「一般会社及び銀行等に対する適用基準を資本金五億円以上としているのを十億円以上に，資本金五億円以上十億円未満の一般会社及び銀行等に対する適用日を別に法律で定める日に修正」するものであった[22]。同日，衆議院本会議において可決され，参議院に送付されたが，継続審議となり，第72回国会において審議が行われ，昭和49年2月21日に，参議院法務委員会において，法案は施行日などについて修正[23]の上，可決された。そして，同月22日に，参議院本会議において可決され，同年3月12日に衆議院法務委員会において，同月19日に衆議院本会議において可決成立した（昭和49年4月2日法律第22号）。

第2節　昭和56年改正

　昭和49年改正後，商法改正に向けた検討においては，当初から，商法特例法上の大会社の範囲を拡大すべきであるという意見が強かったが，資本金1億円の線まで拡大することは，再び税理士会の職域擁護運動を誘発することになりかねないことを考慮し（竹内［1983］22頁），法務省民事局参事官室『株式会社の計算・公開に関する改正試案』（昭和54年12月25日）の一の7では，資本の額が5億円以上，1年間の営業収入が200億円以上または貸借対照表上の負債総額が100億円以上という3つの基準のうち，いずれかを満たす株式会社は会計監査人の監査を受けなければならないものとすることが提案された。

---

22)　第71回衆議院法務委員会議録第39号（昭和48年7月3日）9頁〔大竹太郎委員〕。
23)　第72回参議院法務委員会議録第6号（昭和49年2月21日）8頁〔後藤義隆委員〕。

資本の額が 5 億円以上という基準が提案されたのは，資本金 5 億円以上は，東京証券取引所および大阪証券取引所が上場基準として定めている金額であり，それ以外の証券取引所では 2 億円あるいは 1 億円を上場要件としているところもあることからも明らかなように，資本金 5 億円以上の株式会社はかなり大規模な会社であり，「そのような企業が万一倒産した場合には，労働者はもちろん，子会社，関連会社や下請企業など，多数の中小企業・零細企業が深刻な打撃を受けることになる」ことに注目したものであった（竹内［1983］23頁）。

　そして，資本金基準は，登記によって公示される固定的な基準であるという点では優れているが（元木［1980］26頁），自己資本は少なくても，多額の借入金によって大規模な企業活動を行うことも可能であり，資本金額が常に企業規模を正確に反映するとは限らないし，資本金基準だけでは，増資を避けて借入金を利用することにより，会計監査人監査を回避しようとするおそれがあると指摘されていた（竹内［1983］23-24頁）。そして，会計監査人監査を要求する趣旨が対象会社の国民経済上の影響の大きさにあるという観点からは，資本金額を低額に抑えることにより，規制を逃れることを認めることは適当ではないことから，商法部会では，売上高，負債総額，従業員数などの実体的基準を併用して，会計監査人の監査を要求される会社の範囲を画することが検討された。まず，従業員数については，業種により，それと企業規模との相関関係に非常に大きな差があるし，また実質的に同一企業で働いている者でも形式上別会社の従業員ということにすれば従業員数は大幅に減ってしまうという欠点があるので，従業員数基準はとらないこととし[24]，売上高と負債総額を基準として採用することとされた（竹内［1983］24頁）。そして，売上高200億円，負債総額100億円という数字は，資本金 5 億円の会社の平均と資本金10億ないし15億円の会社の平均との中間の数字であり，これらの要件を満たす会社は，売上高と負債総額からみる限り，平均して資本金 5 億円の会社よりも大規模な企業活動をしていると認められるこ

---

24) わが国の従業員の雇用形態は複雑であり，従業員数を確定することが困難であり，容易にこれを基準とすることができないことも理由として挙げられていた（元木［1980］26頁）。

とから，このような基準が提案された（元木［1980］25-26頁）。なお，資本の額を基準の１つとして採用しているため，使用総資本（総資産）の額を基準として採用しなかったと説明されているが（元木［1980］25頁，竹内ほか［1980］110頁〔元木伸発言〕），窪内義正（経済団体連合会理財部調査役）は，資産総額の方が「もっと実態」を表すのではないかと指摘していたし（竹内ほか［1980］111頁〔窪内義正発言〕），竹内昭夫は，「試案のとる基準のほかにも，使用総資産あるいは従業員数というような基準を並べまして，そのうち１つなり２つなりの基準をみたした会社には会計監査人の監査を強制するという考え方もありうるでしょう」と述べていた（竹内ほか［1980］112頁〔竹内昭夫発言〕）。

　この提案に対して，たとえば，日本税理士会連合会は，商法特例法施行後も，会計監査人の適正・適法の監査証明がついているにもかかわらず，一部大企業において粉飾決算が行われているということは，現行監査制度が有効に機能していない証左であるから，まずその実効性を確保することが急務であり，その実現前に対象会社の範囲を拡大することには反対するという趣旨の『「会計監査人監査を受けなければならない会社の範囲」に関する要望書』（昭和55年11月17日）を法務大臣および法務省民事局長に提出した（商事法務889号40頁［1980］）。

　それにもかかわらず，法制審議会商法部会『商法等の一部を改正する法律案要綱案』（昭和55年12月24日）および法制審議会『商法等の一部を改正する法律案要綱』（昭和56年１月26日。竹内［1983］352頁以下所収）の第二の一の１は，『株式会社の計算・公開に関する改正試案』における提案を維持し，資本の額が５億円以上，１年間の営業収入が200億円以上または貸借対照表上の負債総額が100億円以上という３つの基準のうち，いずれかを満たす株式会社は会計監査人の監査を受けなければならないものとすることとした。また，第二の一の６は，資本金１億円以上５億円未満の会社も定款で会計監査人監査を受ける旨を定めることができることを前提としていた。ところが，昭和56年３月20日に閣議決定され，同月24日に国会に提出された「商法等の一部を改正する法律案」（内閣提出第59号）では，１年間の営業収入が200億

円以上という基準は削除され，貸借対照表上の負債総額に着目した基準は200億円以上に引き上げられるとともに，会計監査人監査を受ける旨の定款の定めを設けることができるとする規定も設けられなかった。

第3節 『商法・有限会社法改正試案』

1 『大小（公開・非公開）会社区分立法及び合併に関する問題点』

昭和59年5月9日に，法務省民事局参事官室から，『大小（公開・非公開）会社区分立法及び合併に関する問題点』が公表されたが，そこでは，「公開株式会社」（資本金額が1億円以上の会社については，株式の譲渡制限を設定できないとすることを提案）と，非公開会社（「非公開株式会社」（資本金が1億円以下の会社については，株式の譲渡制限を一律に強制することを提案）および有限会社）のうち一定規模[25]以上のものについては，会計監査人監査を強制することを提案し（七，4），「非公開株式会社」で会計監査人監査を受けない会社のうち一定の規模以上のものについても，会計専門家（公認会計士，監査法人，会計士補，税理士）による，会計帳簿の記載漏れ，または，不実記載ならびに貸借対照表，損益計算書および附属明細書の記載の会計帳簿との合致の有無等に限定した「監査」（「限定監査」）を強制すること（七，5）が提案された。なお，公開株式会社は必ず会計監査人監査を受けるべきものとすることが提案された理由としては，「閉鎖的でないという

---

[25] 注2では，「一定規模は現行商法特例法2条に定められたところと同一とすることはどうか」とされていた。稲葉［1984］113頁が，「負債基準は…資本基準との比較においてややバランスが崩れている感じ（総体的に負債基準が高きに過ぎる…）がしないでもないが，わが国では会社の規模を測るのに資本金額を用いることが多く，これが主体で，負債基準は補完的なものと考える限り，やむを得ないとみることもできる。昭和49年改正および昭和56年改正のいきさつから考えると，この基準を次の改正において直ちに変更することは難しい（基本的には，昭和56年改正において，公認会計士と税理士との職域争いの要素をもつ会計監査人監査を強制される会社の範囲の問題は，一応の結着がつけられたというべきであろう）。理念的には，会計監査人監査の拡大は望ましいことであるが，現実的にはこの問題特に強制適用会社の拡大の問題を蒸し返すことは，新しい会社法の改正の実現の障害になるおそれがある。」という見方を示していたことによるものであろう。

以上,会社の構成員としての株主の地位の交替は容易であり,いわば開かれた構造をもつことになる。そのような会社にあっては,規模が現行法で定められた強制の規準に達していなくても,新しく株主として参入して来る者の利益を守るためには,監査がきちんと行われている必要がある」ことが挙げられ(稲葉［1984］114頁),他方で,稲葉威雄は,「任意(会計監査人)監査の考え方は合理的であると考えるので,可能であれば閉鎖的会社について全般的に任意監査を導入することは望ましい。ただ,そこまで戦線を拡大することは,法改正の実現のためには得策とは思われない。」としていた(稲葉［1984］115頁)。

『大小(公開・非公開)会社区分立法及び合併に関する問題点』における提案に対しては,日本弁護士会連合会,裁判所などからは賛成の意見が寄せられ,経済団体の中にもこれに賛成するものもあったが(法務省民事局参事官室［1985］78-79頁)[26],限定監査の導入については,中小企業の負担増をもたらすという観点から各地の商工会議所や中小企業団体からの反対意見が寄せられたほか,「限定監査」が強制される範囲を限定することを求める意見が多かった(法務省民事局参事官室［1985］81-82頁)。さらに,「限定監査」の強制導入に対しては,監査の質の低下を招くとして,日本公認会計士協会などは反対したが(法務省民事局参事官室［1985］81頁),日本税理士会連合会などは,導入に条件付きで賛成した(法務省民事局参事官室［1985］80頁)。これは,税理士の職域の大幅な増加となることは歓迎するが,「税理士のエゴを前面に押し出すのは得策ではないし,中小企業の負担増となることに配慮すべき」と判断したからであると指摘されている[27]。

2 『商法・有限会社法改正試案』

『大小(公開・非公開)会社区分立法及び合併に関する問題点』に対して

---

26) しかも,規模基準の引下げ(資本金1億円以上あるいは3億円以上または負債総額100億円以上など)を提案する意見も少なくなかった。
27)「税理士連合,簡易監査,条件付きで賛成—会社区分立法で意見書」日本経済新聞1984年10月6日朝刊1面。

寄せられた意見を踏まえて，法務省民事局参事官室は，昭和61年5月15日に，『商法・有限会社法改正試案』を公表した。その「四　計算・公開」では（稲葉＝大谷［1986］76-89頁参照），①商法特例法上の大会社の基準（資本金5億円以上または負債総額200億円以上）に該当する株式会社および有限会社には，会計監査人の監査を強制すること（四，3a）[28]，②一定の基準（たとえば，資本金1億円未満かつ負債総額10億円未満）に該当する会社以外の株式会社は，定款で会計監査人の監査を受ける旨を定めることができるとすること（四，3b），③株式会社で会計監査人の監査を受けないものは，会計調査人による調査を受けなければならないとすること（ただし，資本金が3000万円未満で負債総額が3億円未満のものは，調査を省略することができる），有限会社については，たとえば，資本金1億円以上または負債総額が10億円以上のものについて，会計調査人による調査を義務づけること（四，4aおよびb），④会計調査人となることができるものは，公認会計士，監査法人，会計士補，および税理士とすること（四，4d），⑤会計調査人による調査は，「会社の貸借対照表及び損益計算書が相当の会計帳簿に基づいて作成されていると認められるかどうか」を報告することを目的とし（四，4c），会計調査人は，調査を通じて商法に則した会計帳簿ならびに貸借対照表および損益計算書が作成されているかどうかについての一応の検証をすべき相当の注意義務を負うとすること（四，4c，注4），などが提案された。なお，会計専門家が「指導」することで「調査」に代替することも，なお検討するとされた（四，5）。

　会計監査人の監査の対象会社の範囲を有限会社に拡大することを除き，商法特例法2条の基準を変更することが提案されなかったことについては，会計監査人の監査を強制する株式会社の範囲の「拡大については，これを制約するいくつかの要因がある。それは，担当者たる公認会計士の数（その数は7,000人台に過ぎず，現在の会計監査人監査会社は5,000社に満たない。一方，株式会社・有限会社の総数は200万社を超える），対象会社の費用負担を含め

[28) ただし，注で，商法特例法2条の基準を修正して会計監査人の監査を受けなければならない会社の範囲を拡大することについては，「なお検討する」とされていた。

た受入体制（最近の中小企業庁の調査でも，調査について費用があまりかからないならという条件を付けた意見がかなりある），さらに公認会計士と税理士の間の職域争いである」（稲葉＝大谷［1986］78頁）と説明されている。

　会計監査人監査を任意に受けることを認めることについては，「会社が任意に会計監査人監査を受けようとするときは，…前記の制約要因のうち会社の受入体制が問題になることはない。担当者たる公認会計士の数の問題も，この範囲の会社がなだれをうって任意監査を受けるようになるというようなことも予想されないので，公認会計士の数の問題もそれほど深刻に考える必要はない（また任意であるから，監査を引き受ける者がいなければ，監査を行わないことで特に問題は生じない）。職域の問題は，本来の筋からいえば副次的なものであるし，数が少なければ深刻ではないはずである。会計監査人監査が会社の計算の適正をはかるため有用であることは，すでに述べたとおりであるが，強制会社以外の会社において単に公認会計士による任意の監査という事実上のレベルにとどめておくより，商法上の会計監査人としての権限・責任によって裏打ちされた監査として遂行されるように制度化することが望ましい」とする一方で，有限会社や一定規模に達しない株式会社は，任意の会計監査人監査を受けることはできないことにされているのは，「監査役の監査との関連を考慮したものである。現行の会計監査人監査は，監査役監査と連繋し，会計に関しては，一次的に会計監査人がチェックをし，二次的に監査役がレビューすることになっている。ところが，有限会社や小規模の株式会社…では，監査役が任意の機関とされていて，この建前が貫けない会社がでてくるおそれがあることに配慮したものである。また，職域に関する争いをできるだけ拡大しないという政策的配慮もある」と述べられていた（稲葉＝大谷［1986］78-79頁）。

　会計調査人制度の導入については，会社の社員有限責任の前提として，「計算の適正（責任財産の分別管理）を確保する必要がある。それは，第一次的には取締役の責任であるが，取締役のした計算の結果の第三者によるチェックも有効な方策である。現行商法は，これを監査役監査に依存しているが，必ずしも実効が挙がっておらず，またその改善の見込みもついていない。」

という問題意識を示した上で，新しく会計調査人による調査という制度を設けることで，会計監査人による監査の対象会社の拡大の障害を克服しようとしていると説明されていた。公認会計士・監査法人のほか，税理士，会計士補を加えることで担当者の数の問題を解消し，受入会社にとってのコストも軽減し，職域問題も回避できると立案担当者は考えていたようである（稲葉＝大谷［1986］79-80頁参照）。

3 法律案要綱

『商法・有限会社法改正試案』の提案に対しては，商法特例法2条の基準を修正して会計監査人の監査を受けなければならない会社の範囲を拡大することにつき日本弁護士会連合会などは賛意を示したが，経済団体や税理士会関連団体は現状を維持すべきであるとの意見を表明した（法務省民事局参事官室［1987］68頁）。また，任意監査を認めることについても，税理士関連団体には消極的意見が多かったが，日本弁護士会連合会や大学関係などは積極的であり，認められる会社の範囲を限定すべきではないとの意見を述べた（法務省民事局参事官室［1987］69頁）。会計調査人による調査については，大学関係では意見が分かれ，経済団体の中にも積極意見を述べるものがみられた（法務省民事局参事官室［1987］69-71頁）。

日本税理士会連合会は，税理士の活用には賛成であるが，制度の在り方についてさらに検討が必要であるとしたが（法務省民事局参事官室［1987］69頁），たとえば，全国青年税理士連盟は，社会的な要請がなく，有用性に欠けるため，形骸化のおそれがあり，会社にとっても過重負担となる，制度の内容や責任の在り方が不明確であるとして（法務省民事局参事官室［1987］71頁），全国婦人税理士連盟も，①受入体制の整っていない中小会社には過酷な負担となる，②調査を導入すべき社会的要請はない，③調査基準の制定は困難で，制度の形骸化をもたらす，税理士法上の助言義務が厳しくなり，納税者の代理人としての税理士制度の変容をもたらすなどとして（法務省民事局参事官室［1987］71頁），それぞれ，反対した。税経新人会も，①調査

の対象・方法は正規の監査と異なるところがない，「一応の確からしさ」の基準の確立は不可能である，事実上，税務調査の肩代わりの役割を担うことになり，納税者の代理人としての税理士制度を崩壊させる，顧問税理士は，会社の会計方針に深くかかわっているため，第三者性を欠き，調査人として不適格である，調査人には，貸借対照表等の作成責任，会社・第三者に対する責任，秩序罰，刑事罰，懲戒処分等の重い責任を負わされることになることなどを理由として，調査の導入に強く反対した（法務省民事局参事官室［1987］71頁）。

また，日本公認会計士協会は，①調査は，目的・対象項目に関する限り，監査と質的に差異がない，②調査で求められる心証の程度につき統一的，客観的基準の設定は困難である，③調査の程度は個々の調査人の注意義務に委ねられている結果，質的に不統一となり，社会的信頼を得られるものとして定着せず，形骸化する，④監査を安易に簡易化するもので有用性がない，⑤第三者に対する調査人の責任が曖昧である，⑥監査専門家でない税理士をも調査人とすることは，専門的職業制度を軽視するものである，⑦専門的な技術や職業倫理を維持する統一的機構の構成は実際上不可能である，⑧税務と同時に調査も担当できるとすると，証明機能に不可欠の第三者性が事実上欠けるなどと主張して，反対した（法務省民事局参事官室［1987］71頁）。

このように，会計調査人となることができる者の団体である日本公認会計士協会も日本税理士会連合会（北野ほか［1986］33頁〔安村長生発言〕〔北野弘久発言〕参照）も，この提案の方向での改正に必ずしも積極的ではなかったこともあり（竹内＝稲葉＝多田［1988］29頁〔稲葉威雄発言〕）[29]，法制審議会商法部会『商法等の一部を改正する法律案要綱案』（平成2年2月28日。商事法務1209号9-17頁［1990］所収）および法制審議会『商法等の一部を改正する法律案要綱』（平成2年3月14日）には，会計監査人の監査を受け

---

29) 日本証券アナリスト協会も調査によっては計算書類がどの程度信頼できるか疑問である，調査の基準が設定できるか疑問であり，設定できるとしてもきわめて幅のあるものにならざるを得ず，確からしさの程度の判断には役立たない，調査の存在により監査の水準の低下を招くおそれがあるなどとして，中小会社の計算書類の信頼性確保は，正規の監査の実施か監査役監査の充実によるべきであり，「一応の確からしさ」によった調査によるべきでないとしていた。

るべき会社の範囲の拡大および会計調査人制度の導入は織り込まれなかった。

第 4 節　平成14年商法特例法改正

　委員会等設置会社の創設にあたって，委員会等設置会社には会計監査人の設置を義務づけることとされた（平成14年改正後商法特例法21条の26第 4 項）。これは，委員会等設置会社においては，会計監査人の適法意見が表明され，かつ，監査委員会の監査報告に会計監査人の監査の方法または結果が相当でない旨の記載がない場合には，利益の処分または損失の処理を取締役会決議限りで行うことができるようにしたこと（平成14年改正後商法特例法21条の31），委員会等設置会社はアメリカの制度を参考としたものであるが，アメリカにおいては証券諸法上，独立会計士による監査が要求されていることおよび執行役に対して広範な業務執行決定権限を委任することが認められているにもかかわらず，三委員会の委員の過半数は社外取締役であり，かつ，常勤の監査委員を置くことが要求されなかったことに鑑み，監査委員会による監査，三委員会の十分な機能および取締役会による監督にとって，会社の計算書類およびその附属明細書・連結計算書類という形での情報が重要であることに鑑み，それらの信頼性を確保する必要性がより高いと考えられたことによる（相澤［2005］112-113頁。また，江頭［2005b］ 6 - 7 頁，相澤＝石井［2005a］93頁参照）。

　資本の額が 1 億円を超える株式会社（大会社および清算中のものを除く）は，定款をもって，商法特例法第 2 章第 2 節に規定する特例（監査等に関する特例）の適用を受ける旨を定めることができるものとされ（ 2 条 2 項）[30]，会計監査人の監査を受けることが認められた。これは，大会社以外の会社であっても，証券取引法により有価証券報告書の提出を義務づけられている会社などは，計算書類について公認会計士等の監査を受けているところ，この

---

30) そのような定めを置いた会社は，みなし大会社［平成14年改正後商法特例法 1 条の 2 第 3 項第 2 号］と呼ぶこととされた。

ように公認会計士等の監査を受けている会社について，大会社でないからという理由で，会計監査人の監査を受けることに伴う商法特例法上のメリットを享受させないとする合理的な理由は見当たらないという理由に基づく（始関［2002］16頁）。みなし大会社の制度は，『大小（公開・非公開）会社区分立法及び合併に関する問題点』において提案されていた実質を実現したものとみることもできよう[31]。

第5節　（平成17年）会社法

1　『会社法制の現代化に関する要綱試案』

(1)　会計監査人の設置を強制される会社の範囲

　法制審議会会社法（現代化関係）部会での検討を背景として公表された，『会社法制の現代化に関する要綱試案』（平成15年10月22日）（『要綱試案』）の第4部の11では，まず，株式会社について会計監査人の設置が強制される範囲を画する現行基準の見直しの要否については，なお検討するとされ（(1)①），有限会社のうちの大規模なもの（会計監査人の設置が強制される株式会社に相当する規模のもの）についても，会計監査人の設置を強制するものとする方向で検討する（(1)②）とされていた。

　法務省民事局参事官室『会社法制の現代化に関する要綱試案補足説明』（平成15年10月）（『補足説明』）では，会計監査人の設置強制の範囲を画する従来の基準については，主として，①「現行の資本金と負債という基準に代えて，又はそれらに加えて，他の基準を用いることとするかどうか」，および，②「仮に現行の資本金と負債という基準を維持することとした場合において，

---

[31]　稲葉［1984］114頁では，公開株式会社はその規模にかかわらず，会計監査人監査を受けるものとすべきであるとしつつ，公開株式会社と閉鎖的株式会社を区分する方法として，「一定規模（…多分資本金額を基本的な基準とすることが予想されるが，その場合には5,000万円ないし1億円。この金額は証券市場における取扱いと関連する）以上の会社で公開株式会社たることを選択したものとするのがよいと考えられる」とされていた。

その金額の引下げ又は引上げを行うこととするかどうか」という2つの視点から見直しを行うべきという指摘がされていると述べられていた。そして，①との関連では，「EU諸国等においては，総資産，売上高，従業員数等の基準を用いて会社の区分を画する例が多いことなどにかんがみ，従前から，他の基準を用いることも検討すべきであるという意見があったところである。部会においても，平成13年の第79号改正における額面株式制度の廃止や保有する自己株式の資本の部における控除科目としての計上等の措置によって現在では資本金と株式との関係が切断されていることなどを踏まえると，会社の規模を画する基準としての資本金の有用性に疑問を呈する意見が述べられた。もっとも，部会においては，資本金は，その額が登記事項とされていることもあって基準としての明確性に優れているという指摘や，EU諸国等で多く用いられている基準についても，例えば売上高については，会社の業態によってばらつきがあり，会社の規模を示す基準としての有用性に疑問があり，従業員数についても雇用体系が複雑化している現況では基準として明確性に欠けるといった指摘が出され，見直しの方向性について一定のコンセンサスを得るに至らなかった。」とされ，②に関しても，昨今の外部監査の重要性の高まりを指摘して金額の引下げを求める意見もあったが，現行の基準を維持すべきであるという意見もあり，見直しの方向性についての一定のコンセンサスを得るに至らなかったとされていた[32]。

　もっとも，「大規模な会社においては株主，債権者等の多数の利害関係人を有することが多いことから，独立した職業的な専門家の監査を受けて計算書類の適正さを図ることが必要であるという会計監査人制度の趣旨にかんがみると，有限会社であったとしても，商法特例法上の大会社に相当する規模のものについては，会計監査人の設置を強制することが整合的と考えられ，部会においても，これを支持する意見が多かった」が「大規模な有限会社について規制強化となる点につき実務上の負担を懸念する意見も出された」と

---

[32] 『補足説明』第4部，第4，11 (1) ①。

『補足説明』では指摘されていた[33]。

(2) 会計監査人の任意設置

『要綱試案』では，会計監査人の設置が強制されない会社は，(平成17年法律第87号による廃止前) 商法特例法上の小会社 (資本金1億円以下かつ負債総額200億円未満) の範囲の会社であっても，会計監査人を任意に設置することができるものとすることが提案されていた ((2))。『補足説明』では，「小会社であっても，いわゆるベンチャー企業等の中には，円滑な資金調達を図る等の目的から，外部の会計専門家による監査を受けることによって自社の計算書類の適正さを確保したいというニーズがあるという指摘がされて」おり，「そのような会社についても，単に公認会計士又は監査法人による任意の監査という事実上のレベルのものにとどまらず，法律上の会計監査人としての権限・責任によって裏打ちされた監査により計算書類の適正さの確保が図られるような制度化をすることは望ましいといえ，小会社であるが故に会計監査人の監査を受けることができないという法的制約を維持しておく合理性は乏しいものと考えられる」ことから，「試案では，小会社であっても，会計監査人を任意に設置することができるものとしている」と指摘されていた。そして，「部会においては，このような会計監査人の任意設置の範囲を拡大するという方向性については，特段の反対意見はなかったものの，より多くの会社が外部の会計専門家による監査を導入することを可能とするよう，会計監査人が設置される場合の機関設計について，現行の委員会等設置会社又は監査役会設置会社以外の機関設計の在り方を認めるなどの手当てをすることが望ましいとする意見が出された」と紹介されていた。

そして，(3) では，「会計監査人が設置される場合の機関設計に関し，①会計監査人の設置が強制される範囲の会社のうち譲渡制限株式会社，②会計監査人を任意で設置することができる範囲の会社について，現行の委員会等設置会社又は監査役会設置会社以外の機関設計の在り方を認めるものとする

---

33) なお，国税庁企画課『税務統計から見た法人企業の実態』(平成12年分) によると，資本金額が5億円以上の有限会社数は，86社であった。

かどうかについては，なお検討する」とした上で，その（注）では，機関設計の在り方として，a案「取締役会+監査役+会計監査人」という機関設計を認める，b案　a案の機関設計に加え，譲渡制限株式会社については，「取締役+監査役+会計監査人」という機関設計を認める，c案　b案の機関設計に加え，譲渡制限株式会社については，「取締役+会計監査人」という機関設計を認める，のような取扱いが考えられるとされていた。

　昭和49年商法特例法制定により会計監査人制度が導入された当時は，a案と同様の機関設計が認められていたが，b案およびc案は，譲渡制限株式会社において当時の有限会社の機関に関する規律に相当する規律の選択を可能とした場合において，そのような選択をした会社が会計監査人を設置することを容易にすることを意図した案であったが，特に，c案については，『補足説明』において，「現行の会計監査人による監査制度が，業務監査権限を有する監査役による監査役監査と連携する形で制度設計されており，会計監査人の選解任等における監査役の関与はもちろん，監査手続に関しても，会計に関しては，一次的には会計監査人が外部の専門家としてチェックをし，二次的に監査役がレビューするという仕組みとなっていることから，これを認める場合には，現行制度とは相当異なる特例を設ける必要があるものと考えられ，仮にそのような特例を認めることとした場合には，そのような制度を現行の会計監査人制度と同様のものとして法制的に位置付けることの可否，適否についての検討も必要となるものと考えられる」とされていた。

（3）完全子会社の特例

　たとえば，完全子会社の貸借対照表・損益計算書が，法令または定款に違反し完全子会社の財産および損益の状況を正しく示しておらず，これを修正して連結計算書類（連結貸借対照表・連結損益計算書）を作成した場合には，その旨，内容および理由の連結計算書類への記載，および，連結計算書類ならびにこれについての親会社の会計監査人および監査役会（監査委員会）の監査報告書の完全子会社における備置き，債権者による閲覧等および公告を要件として，連結計算書類作成会社の完全子会社については，大規模な会社

であっても会計監査人の設置を強制しないものとする方向で検討するとされていた（（1）③）。『補足説明』では，「完全子会社は，株主が一人しか存せず，かつ，株主が増加することも想定されない典型的な非公開的株式会社であって，利害関係人としての株主の存在を考慮する必要は乏しいと言い得るものであるため，実務界からは，その規模のみに着目して大会社と同様の厳格な規制をしている現行法上の取扱いについて，緩和を求める意見が寄せられている」とされた。そして，「会計監査人による連結計算書類の監査がされることによって，連結の範囲に含められる完全子会社の個別計算書類についても間接的に会計監査人による監査が及んでいるとみることができ」，「このような点にかんがみると，連結計算書類作成会社の完全子会社については，商法特例法上の大会社に相当するものであっても，会計監査人の設置を強制しないものとする例外的な取扱いをすることも考えられるところである」と指摘された。他方で，部会においては，このような完全子会社についての例外的な取扱いについては，①「連結計算書類作成会社の完全子会社に会計監査人の設置を不要とする例外的な取扱いを認めるためには，完全子会社の債権者保護の見地から，連結計算書類作成会社が当該完全子会社の債務について一定の責任を持つような措置を講ずるべきである」，②「会計監査実務においては，いわゆる重要性基準に基づく運用がされており，連結計算書類の監査においては，連結計算書類に与える影響の大きさという意味での重要性基準に基づいて監査が行われることとなるため（連結財務諸表原則注解2ただし書参照），連結計算書類作成に当たって完全子会社の個別計算書類の修正が行われたことの連結計算書類への記載を義務付ける措置を講じたとしても，その記載内容は，会計監査人が，完全子会社の会計監査人として個別計算書類に対して直接的に監査が行うことによって確保することができるレベルより低いものとなる」，③「現行法では，会計監査人の監査の対象は，貸借対照表・損益計算書だけでなく，利益処分・損失処理案の適法性にも及んでいるため（商法特例法13条2項2号，商法281条ノ3第2項7号），連結計算書類作成会社の完全子会社には会計監査人の設置を不要とするのであれば，連結計算書類作成会社の会計監査人が完全子会社の利益処分案等についても

チェックを行うことができるような措置を講ずるかどうかを検討する必要がある」などの意見も表明されていたとされていた。

2 会社法

『要綱試案』に対して寄せられたコメントを踏まえ，法制審議会会社法（現代化関係）部会において検討が加えられ，平成16年12月8日に，法制審議会会社法（現代化関係）部会『会社法制の現代化に関する要綱案』（『要綱案』）が取りまとめられ，平成17年2月9日に法制審議会総会において『会社法制の現代化に関する要綱』が決定され，法務大臣に答申された。

『要綱案』では，第二部，第三の1の(6)として，「会計監査人を設置するには「監査役（監査役会を含む。）又は三委員会等（大会社であって株式譲渡制限会社でない株式会社にあっては，監査役会又は三委員会等）のいずれかを設置しなければならない」と，(7)として，「会計監査人を設置しない場合には，三委員会等を設置することができない」と，(8)として，「大会社には，会計監査人を設置しなければならない」と，それぞれされた。

(7)および(8)は，商法特例法上の規律を踏襲したものであり，(7)は，「三委員会（とりわけ監査委員会）は，会社の業務執行に対する監督を内部統制システムを利用する形で行うものであるところ…，会計監査人が置かれないと，内部統制システムの重要要素である「企業の財務報告の信頼性を確保する」仕組み…の構築が難しく，したがって三委員会が十分機能しないと考えられるからである」と説明され（江頭［2005b］6-7頁。また，相澤＝石井［2005a］93頁)，(8)は「一般に，大会社は，その規模が大きく，計算関係が複雑となる上，債権者等の利害関係者も多数にわたることが多い。したがって，計算書類に対する独立した会計に関する職業的専門家の監査を受けることを通じ，会社の会計処理の適正さを担保することが必要となる」と説明されている（相澤＝石井［2005a］93頁）。

他方，(6)は，監査役を置けば，会計監査人を設置することができるとする点で，(平成17年法律第87号による廃止前）商法特例法18条1項，18条の

2第1項および1条の2第3項と比較すると，規律の柔軟化を図ったものである。公開会社ではない会社または大会社ではない会社においては，会計監査人を設置するためには，監査役は1人以上設置すれば足り，常勤監査役・社外監査役を選定・選任することは求められていない。昭和56年改正により常勤監査役制度が導入される前に認められていた形を，公開大会社以外には許容するものである（江頭［2005b］6頁）。また，会計監査人を設置するためには，取締役会が設置されていることは要求されていないので，公開会社以外の会社（全株式譲渡制限会社）においては，「取締役＋監査役＋会計監査人」という組み合わせが許容される。もっとも，会計監査人は，業務監査を行う機関（監査役・監査役会・三委員会）とセットでなければ本来の機能を果たしえないと考えられるため，試案において検討されていた「取締役＋会計監査人」という機関設計は認められなかった（江頭［2005b］6頁）。

なお，会計監査人監査を受ける連結計算書類作成会社の完全子会社について，会計監査人の設置義務を免除する特例は設けられなかった。これは，「試案に対する意見照会において，債権者保護の観点等から反対が相当あったこと等にかんがみ，今後企業結合法制を集中的に見直す機会があれば再検討するという含みで，現時点では見送りとされたものである」[34]と説明されている（江頭［2005b］6頁）。

また，合同会社については，その規模にかかわらず，会計監査人の設置義務を課さないこととされた。これは，会計監査人の設置は監査役等の設置につながり，それでは「組合的規律」を維持できないという理由に基づくものである（江頭［2005a］12頁（注8））。

第6節　平成26年会社法改正

　会計監査人の選解任等に関する議案等の内容および報酬等を，会計監査人による監査を受ける立場にある取締役または取締役会が決定するという会社

---

34) 意見照会において，反対が多かったことにつき，相澤ほか［2004］52頁参照。

法の仕組みは，会計監査人の独立性の観点から問題があるという指摘[35]を受けて，これらの決定権を監査役もしくは監査役会または監査委員会に付与すべきかどうかが検討された。

法務省民事局参事官室『会社法制の見直しに関する中間試案』（平成23年12月）では，監査役（監査役会設置会社にあっては，監査役会）および監査委員会は，会計監査人の選解任等に関する議案等および報酬等についての決定権を有するものとする案（【A案】），監査役（監査役会設置会社にあっては，監査役会）および監査委員会は，会計監査人の選解任等に関する議案等についての決定権およびその報酬等についての同意権を有するものとする案（【B案】）および現行法の規律を見直さないものとする案（【C案】）が示された（第1部，第2，1）が，【B案】にそって法制審議会会社法制部会『会社法制の見直しに関する要綱案』（平成24年8月1日）は取りまとめられ，法制審議会総会『会社法制の見直しに関する要綱』（平成24年9月7日）を経て，会社法の一部を改正する法律案（第185回国会閣法第22号）が国会に提出され，この法律案は平成26年6月27日法律第90号として可決成立した。

第7節　今後の課題

昭和56年商法改正に向けた検討段階から，資本金額を基準として，会計監査人の設置義務の要否を決することは不適切ではないかという認識は示されてきたが，第5節でみたように，会社法制の現代化の検討にあたって，当時，

---

[35] 公認会計士法等の一部を改正する法律案の可決に際して，衆議院財務金融委員会において，「財務情報の適正性の確保のためには，企業のガバナンスが前提であり，監査役又は監査委員会の機能の適切な発揮を図るとともに，監査人の選任決議案の決定権や監査報酬の決定権限を監査役に付与する措置についても，引き続き真剣な検討を行い，早急に結論を得るよう努めること」との附帯決議が（第166回国会衆議院財務金融委員会議録第19号（平成19年6月8日）12-13頁），参議院財政金融委員会において「財務情報の適正性の確保のためには，企業内におけるガバナンスの充実・強化が不可欠であることにかんがみ，監査役等の専門性及び独立性を踏まえ，その機能の適切な発揮を図るとともに，監査人の選任議案の決定権や監査報酬の決定権を監査役等に付与する措置についても，引き続き検討を行い，早急に結論を得るよう努めること」との附帯決議が（第166回国会参議院財政金融委員会議録18号（平成19年6月15日）19頁），それぞれ，なされた。

粉飾決算等が社会問題となっていなかったためか，事務局は，この論点の重要性は高くないものと位置づけ，法制審議会会社法（現代化関係）部会においては，さほど議論はされなかったし，合同会社への導入もまったく検討されなかったに等しかった。

しかし，会社法の下では，最低資本金制度は廃止され，資本制度の意義は低下していること，なによりも，額面株式の廃止，1株当たり純資産額規制の不存在を前提とする限り，資本金額と会社の（財産）規模との間の連関はまったくないといっても過言ではないことに鑑みると，資本金額に注目して，設置義務を課すか否かを分けることの理論的合理性はないといえよう。

また，諸外国，とりわけ，欧州連合（EU）構成国における外部監査人監査の規律と比較すると，会社法が定める設置義務が及ぶ会社の範囲は相当狭いということができる。平成24年度の株式会社数は，国税庁［2014］によれば，約242万社であるが，平成24年度に公認会計士の監査を受けている会社（金融商品取引法・会社法）は，日本公認会計士協会［2014］によると，9,363社である。すなわち，監査を受けている割合は，0.38％である。

他方，たとえば，EC会社法第4号指令（Fourth Council Directive of 25 July 1978 based on Article 54 (3)(g) of the Treaty on the annual accounts of certain types of companies (78/660/EEC), OJL222, 14.8.1978, p.11) 51条は，計算書類はEC会社法第8号指令に基づいて加盟国が認めた外部監査人の監査の対象としなければならないものと定め，51条2項は，構成国は，11条に定められた会社について，法定監査の対象外とすることができると定めていた。11条が定める要件は，総資産額が440万ユーロ以下，純売上高880万ユーロ以下，1年間の平均従業員数が50人以下という3つの要件のうち，2つ以上を満たすことであった。すなわち，社員の有限責任が認められる会社は原則として外部監査人の監査の対象とすべきであるが，例外的に一定の小規模会社は対象としないという（オプト・アウト）選択権を構成国に認めるというものであった。

EU構成国等における株式会社・有限会社と法定監査人

	2005年				2011年11月			
	小規模企業			監査対象割合(%)	非監査対象会社の規準			
	総資産(100万ユーロ)	純売上高(100万ユーロ)	従業員数(人)		総資産(100万ユーロ)	純売上高(100万ユーロ)	従業員数(人)	
オーストリア	3.65	7.3	50	10.12	4.84	9.68	50	
ベルギー	3.65	7.3	50	4.6	3.65	7.3	50	
デンマーク	3.9	7.8	50	100	0.53 (2012)	1.07 (2012)	12	
フィンランド	3.65	7.3	50	100*	3.65	7.3	50	
フランス	3.65	7.3	50	5.57	1.55	3.1	50	**
ドイツ	4.01	8.03	50	10.77	4.01	8.03	50	
ギリシャ	1.5	3	50	100	2.5	5	50	
アイルランド	1.9	3.81	50	***	4.4 (2012)	8.8 (2012)	50	****
イタリア	3.125	6.25	50	100	4.4	8.8	50	
ルクセンブルク	3.125	6.25	50	22.99	3.125	6.25	50	
オランダ	3.65	7.3	50	10.96	4.4	8.8	50	
ポルトガル	3.65	7.3	50	14.78	0.5	1	20	
スペイン	2.37	4.75	50	5.22	2.85	5.7	50	
スウェーデン	2.46		10	100	0.16	0.3	3	
連合王国	4.1	8.3	50	5.02	4.84	9.68	50	
ノルウェー				100	2.44	0.61	10	

原則として，2005年段階の情報は，European Commission, DG Internal Market [2005] に，2011年11月段階の情報はLeVourc'h and Morand [2011] に，それぞれ拠っているが，スウェーデン，デンマーク，フランス，ノルウェーについては追加・修正を加えている。

* 2005年時点では，きわめて小規模な会社の監査は監査の専門家ではない者も行うことができた。
** 株式会社はすべて監査対象会社。表の数値は有限会社についての規準。
*** 2005年時点では，小規模会社の一部（総資産150万ユーロ以下，純売上高1,904,607ユーロ以下，従業員数50人以下という3つの規準のうち2つ以上を満たすもの）については，法定監査を受けることが免除されていた。中規模会社および大規模会社の割合は6.29%であったので，これらの会社は少なくとも，原則として監査対象会社であった。
****Statutory Instrument 308 of 2012により，引き上げられた。

　これに対して，EC会社法第4号指令および同第7号指令に代わるものとして定められた会計指令[36]の34条1項は，加盟国は，社会的影響度の高い

---

[36] Directive 2013/34/EU of the European Parliament and of the Council of 26 June 2013 on the annual financial statements, consolidated financial statements and related reports of certain types of undertakings, amending Directive 2006/43/EC of the European Parliament and of the Council and repealing Council Directives 78/660/EEC and 83/349/EEC, OJ L 182, 29.6.2013, p. 19.

事業体（public-interest entities），中規模および大規模企業の財務諸表が法定監査指令に基づいて法定監査を行うことを加盟国が認める1人または複数の法定監査人または監査事務所によって監査されることを確保しなければならないと規定し，同条2項は連結財務諸表について第1項を準用している。ここで，社会的影響度の高い事業体とは規制市場に上場している有価証券を発行しているもの，銀行等（credit institution），保険会社および加盟国が社会的影響度の高い事業体として指定したものをいい（2条1号），大規模企業とは総資産額2000万ユーロ，純売上高4000万ユーロ，平均従業員数250人という3つの規準のうち2つ以上の規準を超えるもの（3条4項），中規模企業とは総資産額2000万ユーロ，純売上高4000万ユーロ，平均従業員数250人という3つの規準のうち2つの規準を超えず，かつ小規模企業（総資産額400万ユーロ[37]，純売上高800万ユーロ[38]，平均従業員数50人という3つの規準のうち2つの規準を超えないもの。3条2項）でも極小企業（総資産額35万ユーロ，純売上高70万ユーロ，平均従業員数10人という3つの規準のうち2つの規準を超えないもの。3条1項）でもないものをいう（3条3項）。すなわち，EC会社法第4号指令とは異なり，加盟国がオプト・アウトするという構造にはなっておらず，会計指令の下では，加盟国が自発的に，小規模企業について外部監査人の監査を受けることを要求するというオプト・イン型が想定されている。

さらに，会社法の下では，会社債権者保護のための資本制度の役割は大幅に低下しており，株主有限責任を支える根拠は情報開示に求められている。すなわち，任意債権者（契約債権者）は，会社の計算に関する情報に基づいて，自衛せよというのが基本姿勢である（郡谷＝岩崎［2005b］19頁参照）。また，分配可能額の算定は，計算書類（および連結計算書類）上の数値に基づいてなされるから，会社の計算の適正性の確保は不可欠である。以上に加えて，株主有限責任の前提として，会社財産と株主の個人財産との分離が挙げられるが，それを制度的に担保するという点[39]からも，会社の計算は重

---
37) 構成国は600万ユーロまで引き上げることができる。
38) 構成国は1200万ユーロまで引き上げることができる。
39) たとえば，稲葉［2010］231頁は「会社と社員との計算の分離つまり会社の財産の分別管理とその管理に関する計算の適正」という。

要な意味を有している。

　株主有限責任の代償あるいは会社債権者保護という観点からだけではなく，会社法や倒産法におけるさまざまな制度において，会社の計算書類等の情報は用いられており，（少数）株主保護などの点からも，会社の計算の適正性を確保する仕組みを設けることを，株式会社および合同会社には要求すべきであろう。たとえば，譲渡制限株式の譲渡不承認の場合において，会社または指定買取人が買い取るときの買取価格については，会社法144条4項は，同条「第2項の期間内に同項の申立てがないとき（当該期間内に第1項の協議が調った場合を除く。）は，一株当たり純資産額に第140条第1項第2号の対象株式の数を乗じて得た額をもって当該対象株式の売買価格とする。」（圏点―引用者）と規定しているし，裁判所が価格を決定する場合にも（福岡高決平成21・5・15金判1320号20頁，千葉地決平成3・9・26判タ773号246頁，東京高決平成元・5・23金判827号22頁，福岡高決昭和63・1・21金判788号13頁，大阪高決昭和60・6・18金判722号23頁，東京高決昭和59・6・14金判703号3頁など参照），貸借対照表上の純資産額（簿価純資産額）や損益計算書上の利益額（収益額）が重要な考慮要素とされていることが少なくないし，いわゆる類似業種比準方式による場合にも計算書類上の数値が用いられる。

　このように考えると，せめて，会社の計算の信頼性を確保するための制度は整備されるべきであり，原則として，会計監査人による監査を要求し，それがコスト・ベネフィットの観点から合理的ではない会社には会計参与の設置を求め，きわめて小規模な会社についてのみ，会計参与の設置も免除するというのが穏当なのではないかと思われる[40]。

---

40) なお，合同会社については，上述のように，監査役等の設置につながるという理由で会計監査人の設置義務を課すことは適当ではないとされたが，債権者保護（とりわけ，非任意債権者保護）の必要性は，株式会社と差異はないのであり，会計監査人を置くことが持分会社の本質に反するというのであれば，持分会社について社員全員の有限責任を認めることの当否が問われることになりそうである。郡谷=岩崎 [2005a] 47頁は，合同会社は，「法規制によって不特定多数の者から広く資金を募ることまで円滑化させようとする会社類型ではないため」会計監査人の監査に相当する制度などは設けていないとするが，沿革的にも，また，連結計算書類作成会社の完全子会社についての設置免除の規定が設けられなかったことからも，会計監査人制度は，会社債権者保護を主眼とする，少なくとも，重要な目的とする制度であるから，資金公募会社ではないことが，会計監査人の設置を要求しないことを合理的に説明できる根拠とはならないように思われる。稲葉 [2010] 160頁も参照。

すなわち，中小会社の計算書類の適法性を担保する仕組みとして，会計監査人監査以外の方策を導入することは複数の保証水準をもたらす可能性があり，会計監査人監査をより広範囲な会社に要求すべきであるという考え方（会計監査人監査拡大論）と会計監査人監査とは異なる仕組みを導入するという考え方があり（上述第3節。また，弥永［2003］参照），会社法は，会計参与という制度を創設した[41]。しかし，会社法は，会計参与を任意的機関と位置づけ（取締役会設置会社のうち，公開会社でないものは，監査役に代えて会計参与を設置することで足りるとされている），会計参与も会計監査人も設置することを要しない株式会社がほとんどである。会社法が，会社の計算を規律し，貸借対照表等の公告・公開を要求しつつ[42]，――コストの問題を十分に考慮に入れなければならず，慎重な検討を要するが[43]――会社の計算の適法性を担保する制度がほんの一部の株式会社にのみ導入されているという状況が適切なのか，そのような制度なしに，――最低資本金制度が廃止されている現在において――株式会社や合同会社のすべての社員につき有限責任が認められることの合理性（たとえば，江頭［1985］76頁，稲葉［2010］231-232頁参照）はどのように説明できるのかは熟考する必要があるかもしれない[44]。また，公開会社以外の会社（会計監査人設置会社および監査役会設置会社を除く）においては，監査の範囲を会計事項に限定する監査役を置くことが認められているが（389条1項），そのような監査役については，会計監査を行うことができる知見を要求しなければ，制度としての合理性を欠くのではないかという問題もある。

なお，わが国において，貸借対照表等の公告・公開義務の懈怠が広くみられることは周知の事実であり，また，その違反に対する過料（976条2号・

---

[41] 会計参与についての包括的検討の成果の公刊は後日を期したい。
[42] この点でも，わが国の制度には課題があることについて，たとえば，浜田［1984］166頁，弥永［1997］8頁以下参照。
[43] 竹内［2001］103頁は「小株式会社といえども株主有限責任の特権を享受する以上は，会社債権者の利益保護の面では規整の簡素化は許されないであろう。…特に計算について「手抜き」を許すことは，小会社自体の健全経営のためにも望ましくないことではないかと考える」としていた。
[44] 経済社会における，それらの会社の重要性が低いというのであれば放置してよいのであろうが，わが国における中小企業の重要性は折にふれて指摘されるところであり，そうはいえないであろう。

3号）が実際に科された事例を筆者は寡聞にして知らない[45]。その上，監査との関連でも，会計監査人の設置義務の履行を確認する手段は，資本金額5億円以上の会社については，資本金額が登記事項とされているため（911条3項5号・915条），存在するものの，負債総額200億円以上であることにより設置義務を負う会社については存在しないし[46]，会計監査人の設置義務懈怠に基づき過料（976条22号）が科されたという事案も知られていない。上述のように，そもそも，会計監査人の設置義務を課されている会社の範囲が，ヨーロッパ諸国などに比べ狭いにもかかわらず，その不遵守に対するサンクションすら適切になされていないのではないかという懸念も残る（脇田［1990］134-135頁，脇田［1994］20-21頁，吉田［2012］218頁も参照）[47]。

---

[45] なお，平成17年会社法の審議過程において，当時の法務省民事局長は，「決算公告義務違反ということの統計は取られておりませんけれども，…決算公告の義務違反というのはほとんどないというのが私どもの認識でございます」と回答し（第162回国会参議院法務委員会会議録第23号（平成17年6月14日）13頁〔寺田逸郎政府参考人〕），これに対して，富岡由紀夫委員は，「ほとんどないというふうに私も事前に伺っていたんですが，ゼロだということで伺っておりました。要は，過料ということがこの中でうたわれているんですけれども，これはもう改正する前からうたわれていたんですが，実際にそれが執行されたことは全然ないというような実態でございます」と指摘している（第162回国会参議院法務委員会会議録第23号13頁）。

　この折に，法務大臣は，「決算公告の重要性につきましては，これは現段階においてまだ関係者における認識が十分ではなく，その履行も十全なものではないというふうに承知いたしているところでございますが，したがいまして，このような状況の下では，直ちに決算公告義務違反があれば必ず罰則を掛けるとの扱いをすることは関係者に無用の混乱を生ぜしめるおそれがあると，必ずしも適切ではないというふうに考えますけれども，したがいまして，まずは関係者が決算公告の重要性に対する認識を深めて，各会社が自発的にこれを行うような環境をつくることに努め，その後の状況に応じて決算公告義務を怠る者に対して過料規定の実効性の確保も含めて適切な措置をとるように図ってまいりたいというふうに現時点で考えております。」と述べており（第162回国会参議院法務委員会会議録第23号14頁〔南野知惠子法務大臣〕），違反に対して過料を科すことに消極的であり，このことからも，公告義務違反に対して，過料の制裁は科されてこなかったと推察することが可能である。

[46] たとえば，平成23年2月に破たんした林原の資本金は1億円であったものの，負債が1300億円以上であったにもかかわらず，会計監査人を設置していなかった（「林原，会計監査人設置せず＝中国銀，確認せぬまま融資」時事通信社（平成23年2月8日19時22分）<http://www.jiji.com/jc/c?g=ind_30&k=2011020800845>参照）。

[47] 裁判所以外には，会社法の法執行機関が整備されていないからである（稲葉［2010］569頁，722頁参照）。

第2章

会計監査人の選任・解任・不再任・辞任

第1節　選任──平成26年改正前

　昭和49年制定当初の商法特例法では，会計監査人は監査役の過半数の同意を得て，取締役会の決議で選任するものとされていた。監査役の過半数の同意を要件としていたのは，取締役会の恣意をチェックし，会計監査人の独立性を確保するためであった（矢沢［1970］14頁，味村＝加藤［1977］252頁，龍田［1980］101頁，竹内［1983］213頁）。取締役会で選任することとしたのは，会計監査人が途中で死亡したり，欠格事由に該当した場合に，後任を補充するために株主総会を開かなければならないとすると実際上の不都合があるからであると説明されていたが[1]，株主総会[2]を選任機関としなかったのは[3]経済界からの反対に対する妥協であった（矢沢［1973］40頁）[4]。なお，会計監査人の選任を株主総会に報告させることによって，独立性の補強を図っていたと評価されている（龍田［1980］101頁）。

　しかし，取締役は，その業務執行の結果である計算書類につき会計監査人の監査を受ける立場にあるものであり，会計監査人の取締役会および代表取締役からの独立性を保障するため（竹内［1983］214頁，稲葉［1982］372頁），昭和56年改正で，会計監査人は株主総会の決議によって選任することに改められた（商法特例法3条1項）。しかし，代表取締役等が委任状などにより，総会の決議を事実上支配することができる場合が多いこと，そうで

---

*　本章で取り上げるテーマについての比較制度を行ったものとして，町田［2012］のほか，やや古いが詳細なものとして，弥永［2002］参照。
1) 第72回国会参議院法務委員会会議録第5号（昭和49年2月19日）6頁〔川島一郎政府委員〕。
2) 原田立委員が株主総会で選任することが会計監査人の独立性を担保するために優れていると指摘したのに対し，「独立性，地位の保障，どちらが強いかということになりますと，株主総会で選任したほうがすぐれているということは問題のないところであろうと思います」と回答している（第72回国会参議院法務委員会会議録第5号（昭和49年2月19日）6頁〔川島一郎政府委員〕）。
3) 法務省民事局参事官室『試案』（昭和43年3月）第十一の四（4）は，株主総会を選任機関とすることとしていた。
4) 法制審議会商法部会会議第45回（昭和44年2月26日）では，会計監査人の選任は，「いろいろ経済界の御意見等もございまして」監査役の過半数の同意を得て会社が選任することと『株式会社監査制度改正に関する民事局参事官室試案（修正後）』（昭和44年1月13日）では改めたと説明されている（法制審議会商法部会会議議事速記録第45回11頁〔味村発言〕）。

なくとも株主は経営者の提案には賛成するのが一般的であることから，会計監査人の選任に関する議案の提出には監査役の過半数の同意を要するものと昭和56年改正で定められ（竹内［1983］214頁，稲葉［1982］374頁），その後，監査役会制度の導入により，監査役の過半数を決議要件とする（商法特例法18条の3第1項）監査役会の同意（商法特例法3条2項）を要するものとされていた。また，監査役会は，その決議をもって，取締役に対し，会計監査人の選任を株主総会の会議の目的とすることおよび会計監査人の選任に関する議案の提出を請求することができるものとされていた（商法特例法3条3項）。

他方，委員会等設置会社においては，監査委員会が株主総会に提出する会計監査人の選任に関する議案の内容の決定権限を有するものとされていた（商法特例法21条の8第2項2号）。

会社法の下でも，平成26年改正までは，委員会設置会社以外の会社の取締役は，会計監査人の選任に関する議案を株主総会に提出することにつき，監査役設置会社（監査役会設置会社を除く）においては監査役（監査役が2人以上ある場合には，その過半数）の同意を，監査役会設置会社においては監査役会の同意を得なければならないとされ，かつ，監査役（監査役会設置会社においては監査役会）は，取締役に対して，会計監査人の選任に関する議案を株主総会に提出することまたは会計監査人の選任を株主総会の目的とすることを請求することができるとされていた（会社法344条）。他方，委員会設置会社においては，監査委員会が株主総会に提出する会計監査人の選任および解任ならびに会計監査人を再任しないことに関する議案の内容の決定をすることとされていた（会社法404条2項2号）。

第 2 節　任期

　当初の商法特例法は会計監査人の任期について規定を設けていなかった[5]。これは，会計監査人が会社の機関ではなく，会計監査人については厳格な資格の定めがあることを根拠にしていた（吉田［1977］13頁，龍田［1980］104頁）[6]。

　しかし，昭和56年改正の際に，一定の任期の保障を与えることは会計監査人の地位の独立性の基盤ともなり，監査の充実にも役立つこと，同一の会計監査人が継続して監査を担当することは効率的な監査に資することなどから（竹内［1983］219頁，稲葉［1982］381頁），就任後1年以内の最終の決算期に関する定時総会の終結の時までを会計監査人の任期として定めた（商法特例法5条の2第1項）。しかし，任期が満了する定時株主総会において別段の決議がなされない場合には，自動的に再任されたものとみなされるものとされた（商法特例法5条の2第2項）。これによって，会計監査人の地位の安定を図っているという指摘もある（稲葉［1982］381頁，片木［1987a］543頁）。なお，「長い任期の間に緊張感を失ったり，馴れ合いに陥ってはならない。まして長期間の契約を望むために職業的専門家としての良心に反するようなことになってはならない」という指摘があったことには留意すべきであろう（竹内［1983］219頁）。

　なお，会社法の下でも，会計監査人の任期は，選任後1年以内に終了する事業年度のうち最終のものに関する定時株主総会の終結の時までとされてい

---

[5]　なお，法務省法制審議会商法部会『監査制度に関する問題点』（昭和42年5月）では，大会社の監査役は公認会計士であることを要するものとすべきかという問題提起とともに，監査役の任期をたとえば3年に伸長すべきかという問題提起をしていた（A案，B案の二の1および三の1）。
[6]　法務省民事局参事官室『試案』（昭和43年3月）は，営業年度ごとに選任するものとしていた。なお，法制審議会商法部会会議第48回（昭和44年4月30日）では，証券取引法と同じく会計年度ごとに選任することに「なるのではなかろうか」という指摘がなされた一方（法制審議会商法部会会議議事速記録第48回38頁〔鈴木部会長発言〕），任期を自由とし，再任に関する規定を設けないこととされた（40頁〔鈴木部会長発言〕，41頁〔味村発言〕）。この際に，日本公認会計士協会，大蔵省の行政指導があるので任期を定めなくとも，再任の場合の規定を設けなくとも「それでいけるんじゃないか」と述べられている（40頁〔味村発言〕）。

るが，会計監査人は，その定時株主総会において別段の決議がされなかったときは，その定時株主総会において再任されたものとみなされる（会社法338条）。

第3節　解任・不再任・辞任──平成26年改正前

1　平成17年廃止前商法特例法

　法務省民事局参事官室『試案』（昭和43年3月）は，会計監査人の解任は株主総会の特別決議によるべきものとし（第十一の六（1）（2）），解任に関する会計監査人の意見を総会の招集通知に記載することを要求し，会計監査人に自己の解任議案につき総会で意見を述べることができることとしていた（第十一の六（3）（4））。

　しかし，経済界からの強い反対に妥協して（龍田［1980］117頁），当初の商法特例法6条は，監査役の過半数の同意を得て，取締役会決議で会計監査人を解任することができるものとし[7]，代表取締役が解任の旨およびその理由を総会に報告すべきこととすることとされた[8]。これは，会社と会計監査人との関係は民法656条の準委任であるから，会社はいつでも解任できるが，会計監査人が不当に解任されることを防止するために監査役の過半数の同意を要求したものであると説明されている（加藤＝黒木［1975］127-128頁，山

---

[7] これに対しては，株主総会の決議によらなければならないとした方が，会計監査人の独立性の強化に役立ったことは確かであろうという批判が加えられていた（龍田［1980］102頁）。
[8] これに対しては，公認会計士側から控えめながら，解任権が濫用されるおそれについて懸念が表明されていたし（第71回国会衆議院法務委員会議録第33号（昭和48年6月15日）4頁〔川北博参考人〕および第71回国会参議院法務委員会議録第14号（昭和48年7月10日）3頁〔尾澤修治参考人〕），税理士側からも，取締役会により選任または解任され，また被監査会社から報酬を受ける以上，完全な独立性を保つことは困難であり（第71回国会衆議院法務委員会議録第33号（昭和48年6月15日）5頁〔木村清孝参考人〕），株主総会で任免するのが独立性確保のためには妥当である（第71回国会参議院法務委員会議録第14号（昭和48年7月10日）4-5頁〔北川孝参考人〕）と指摘されていた。また，第72回国会参議院法務委員会議録第3号（昭和49年2月12日）13頁〔佐々木静子委員〕も参照。

村［1975］150頁，味村=加藤［1977］258頁）。また，解任の事実およびその理由を株主総会に報告させるのも，不当な解任を防止するためである（味村=加藤［1977］259頁）。また，解任された会計監査人が株主総会の会日の3日前までに会社に対して書面で解任についての意見を通知したときは，取締役は，その意見の要旨を株主総会に報告しなければならないとしていた（商法特例法6条3項）。これは，会計監査人が容易に解任されるのでは，取締役に迎合し，厳正な監査は期待できないと考えられたからである（龍田［1980］117頁）。

しかし，昭和56年改正において，選任機関が株主総会とされたことから，解任も原則として株主総会決議によって行うべきこととされた（商法特例法6条1項）。ただし，解任のための臨時株主総会の招集を省略する途をひらくという観点から（竹内［1983］221頁，稲葉［1982］385頁），会計監査人がその職務上の義務に違反し，または職務を怠ったとき，会計監査人たるにふさわしくない非行があったとき，心身の故障のため，職務の遂行に支障があり，またはこれに堪えないとき，のいずれかに該当するときは，監査役全員の同意をもって解任することができるものとされ，監査役会制度の導入後は，監査役の全員一致による監査役会の決議によるものとされていた（商法特例法6条の2第1項・18条の3第1項ただし書）。

法定の解任理由がないにもかかわらず，会計監査人が取締役会の決議によって解任された場合に，その解任の効力が問題となるが，法律関係の安定の確保の観点から，解任は有効であり，損害賠償の問題が生ずるにすぎないと立法関与者は考えていたようである（元木［1983］279頁，鴻ほか［1984］404頁〔前田発言〕・406頁〔竹内発言〕）。しかし，解任権の濫用を防止すべきであるとの観点から，解任は無効であるとする見解も有力である（神崎［1981］92頁，岸田［1982］57頁，稲葉［1982］387頁，鴻ほか［1984］404頁〔龍田発言〕，片木［1987a］552頁）。また，法定の解任事由がないことを知りつつ解任した場合には，解任は無効であるとする見解も存在する（大隅=今井［1992］337頁）。

なお，代表取締役が会計監査人の解任を株主総会の議題とするためには，

監査役の過半数を決議要件とする（商法特例法18条の3第1項）監査役会の同意を得ることが必要とされ（商法特例法6条3項・3条2項），会計監査人の独立性を確保するという観点から（稲葉［1982］382頁），会計監査人の不再任を議題とする場合も監査役会の同意が必要とされていた（商法特例法5条の2第3項）。また，監査役会は会計監査人を再任しないことまたは会計監査人の解任を株主総会の会議の目的とすることを取締役に請求することができるものとされていた（商法特例法5条の2第3項・6条3項・3条3項）。他方，委員会等設置会社においては，監査委員会が株主総会に提出する会計監査人の解任および会計監査人を再任しないことに関する議案の内容の決定権限を有するものとされていた（商法特例法21条の8第2項2号）。

　会計監査人は，株主総会に出席して会計監査人の選任・不再任または解任について自己の意見を述べることができ（商法特例法6条の3），監査役会によって解任された会計監査人は，次の総会に出席して意見を述べることができた（商法特例法6条の2第3項）。他の会計監査人の選任・不再任または解任について意見を述べることは十分に想定できるし，また自己の解任について意見を述べることができると考えなければ，会計監査人の独立性を確保するという観点から問題があるため，そのように考えるべきことに異論はない（竹内［1983］221-222頁）。他方，会計監査人が自己を選任することについて意見を述べる権利を有するということは，選任される前には会計監査人でない以上想定できない。しかし，自己の不再任について意見を述べる権利を有するか否かについては見解がわかれる。竹内昭夫は「任期をきめているということは，任期満了のときは理由の有無を一切問題にしないでその地位を離れるということを前提にしているのであり，自動再任につき心理的な期待感があったとしても，それはいかなる意味でも法律的な保護の対象となる利益ではない」[9]から，自己の不再任についてそれを不当とする意見を総会で述べるなどということは実際上考えられないことであるとされる（竹内［1983］221-222頁）。しかし，1年という任期はきわめて短く，自動再任と

---

[9] 片木［1987a］544頁も「会計監査人は自己の任期の更新についていかなる期待権も有しない」としていた。

セットになっていて初めて，会計監査人の独立性を担保する機能があるとすると（稲葉［1982］381頁参照），自己の不再任について総会で意見を陳述する権利を会計監査人は有すると解すべきであるという考えも十分に成り立つものと考えられる（田村［1984］369頁，片木［1987a］555頁）。

2　平成26年改正前会社法

いつでも，株主総会の決議によって会計監査人を，解任することができるが（会社法339条1項），委員会設置会社以外の会社の取締役は，会計監査人の解任を株主総会の目的とすることまたは会計監査人を再任しないことを株主総会の目的とすることにつき，監査役設置会社（監査役会設置会社を除く）においては監査役（監査役が2人以上ある場合には，その過半数）の同意を，監査役会設置会社においては監査役会の同意を得なければならないとされ，監査役（監査役会設置会社においては監査役会）は，取締役に対して，会計監査人の解任を株主総会の目的とすることまたは会計監査人を再任しないことを株主総会の目的とすることを請求することができるとされていた（会社法344条）。そして，委員会設置会社においては，監査委員会が株主総会に提出する会計監査人の解任および会計監査人を再任しないことに関する議案の内容の決定をすることとされていた（会社法404条2項2号）。

また，会計監査人が職務上の義務に違反し，もしくは職務を怠ったとき，会計監査人としてふさわしくない非行があったとき，または，心身の故障のため，職務の執行に支障があり，もしくはこれに堪えないときは監査役全員の同意により，監査役が，監査役会設置会社においては，監査役全員の同意により監査役会が，委員会設置会社においては，監査委員全員の同意により監査委員会が，その会計監査人を解任することができた（会社法340条）。解任事由がないにもかかわらず，解任がなされた場合の効果については，第1款でみた商法特例法の下での議論が妥当するものと考えられた。

会計監査人は，株主総会において，会計監査人の選任，解任もしくは不再任または辞任について，株主総会に出席して意見を述べることができ，会計

監査人を辞任した者または監査役・監査役会・監査委員会・監査等委員会によって解任された者は，解任後または辞任後最初に招集される株主総会に出席して，辞任した旨およびその理由または解任についての意見を述べることができるものとされている（会社法345条）。

第4節　平成26年改正

　平成26年改正前においても，委員会設置会社においては，会計監査人の選任等の議案の内容は監査委員会が決定するものとされていたが（会社法404条2項2号），それ以外の会社においては，取締役（会）に会計監査人の選任議案の内容の決定権限があることが前提とされていた。

　しかし，平成26年改正により，監査役設置会社においては，株主総会に提出する会計監査人の選任および解任ならびに会計監査人を再任しないことに関する議案の内容は，監査役（監査役会設置会社では監査役会）が決定するものとされた（改正後会社法344条）。同様に，株主総会に提出する会計監査人の選任および解任ならびに会計監査人を再任しないことに関する議案の内容の決定は，指名委員会等設置会社においては監査委員会が（改正後会社法404条2項2号），監査等委員会設置会社においては監査等委員会が（改正後会社法399条の2第3項2号），それぞれ行う。

　このように，解任の場合と同様，不再任の場合にも，監査役（会），監査等委員会または監査委員会が議案の内容を決定することとされており，会計監査人の任期が1年とされていても，定時株主総会において別段の決議をしない限り，再任されたものとみなされることとあいまって，会計監査人の身分的安定の程度はかなり高いということができる。しかも，不再任議案が株主総会で審議されるということになると，株主（ひいてはその他の利害関係者）の注目を集めることになるから，正当な事由，説得力のある理由を示さずに，不再任議案を提出することには慎重になることが期待できる。

　なお，平成26年改正前と同様，会計監査人が職務上の義務に違反し，もし

くは職務を怠ったとき，会計監査人としてふさわしくない非行があったとき，または，心身の故障のため，職務の執行に支障があり，もしくはこれに堪えないときは監査役全員の同意により，監査役会設置会社においては，監査役全員の同意により監査役会が，指名委員会等設置会社においては，監査委員全員の同意により監査委員会が，監査等委員会設置会社においては，監査等委員全員の同意により監査等委員会が，その会計監査人を解任することができる（改正後会社法340条）。

(1) 監査役設置会社において監査役(会)の専属的権限とすることの意義

　会計監査人の精神的独立性を担保するという観点からは，監査対象からのプレッシャーを受けないことが必要であるが，取締役(会)に選任議案の内容の決定権があるとすれば，会計監査人が計算関係書類を作成するあるいは計算関係書類の内容によって業績が評価される取締役からの要望等を考慮に入れるというインセンティブが生ずるおそれがある。監査役は取締役とともに一種の会社経営者であるとみる余地はあり得るが，会計監査人は被監査会社から独立した立場であることが本来必要であり，監査役に選任議案の内容を決定させることですら，問題があるという評価の余地すらある。もっとも，会計監査人と会社との間の信頼関係がなければ監査の実効性は確保できず，また，会社と会計監査人との間で契約させることによって，監査の効率性を高めるインセンティブが会計監査人に生ずるものと考えられるから，会社と会計監査人との間で交渉し，契約を行うという枠組みには相当の合理性がある。そのような枠組みの中で，会計監査人の精神的独立性が損なわれるおそれを低く抑えるためには，取締役(会)よりは監査役に選任議案の内容を決定させる方がよいものと考えられる。

　しかも，日本における会計監査人制度の枠組みを前提とすると，会計監査人設置会社における監査役の会計監査は会計監査人の監査を前提とするものであり，監査役にとってはだれが会計監査人であるかによって，自らの責任が生ずるリスクが左右される。したがって，監査役は適切な者を会計監査人候補者として株主総会に提案する動機を取締役(会)以上に有するものと，通

常は考えられる。

　他方で，監査制度においては，監査対象の情報を利用する者が監査が適切に行われていることを信頼することが重要な意味を有し，監査人が精神的独立性を有しているように情報利用者の目に映ること（外観的独立性）が不可欠である。もし，そうでなければ，監査が行われても，情報利用者は監査がなされていないのと同様に，当該情報についての信頼性を判断するであろうから，監査制度の意義は大きく減殺される。このような外観的独立性を担保するという観点からも，いわゆる「ねじれ」は望ましくなく，社外・独立取締役が大半を占める場合は格別，取締役（会）よりも監査役（会）が会計監査人の選任議案の内容を決定することとする方が，監査人の精神的独立性が確保されていると計算関係書類の利用者は知覚する可能性がより高いと推測される。

（2）監査役（会）の専属的権限とすることに不都合があるか

　上述のように，平成26年改正前会社法344条2項1号および3項も，監査役（会）は，取締役に対し，「会計監査人の選任に関する議案を株主総会に提出すること」を請求することができるものと定めていたのであり，これは実質的には，その限りにおいて，監査役（会）は株主総会に提出される会計監査人の選任議案の内容を決定できることを意味していた。したがって，平成26年改正前会社法の下でも，会計監査人の選任議案の内容の決定は取締役（会）の独占的決定事項ではなく，しかも，取締役（会）が会計監査人の選任議案の内容を決定する場合には監査役（会）の同意を要するとされていたのである（平成26年改正前会社法344条1項1号・3項）。そして，平成26年改正前会社法の下でも，監査役（会）が株主総会に提出することを要求した議案を取締役（会）が株主総会に提出しないことは許されないのに対して，監査役（会）が同意しない限り，取締役（会）は，自らが作成した選任議案を有効に株主総会に提出することはできないのであって，監査役（会）の意思が，選任等の議案の内容決定については，優先することになっていた。

　また，会計監査人が欠けた場合または定款で定めた会計監査人の員数が欠

けた場合において，遅滞なく会計監査人が選任されないときは，監査役（監査役会設置会社では監査役会）は，一時会計監査人の職務を行うべき者を選任しなければならないものとされていた（会社法346条4項・6項）。もし，監査役（会）が会計監査人の選任主体としてふさわしくないのであれば，この規定には合理性がないことになる（取締役が監査役（会）の同意を得て選任するとしても，機動的な選任の妨げになるとはいえないであろう）。

したがって，会計監査人の選任議案の内容の決定を，常に，監査役（会）の権限とするものとしても不都合はないものと考えられた。

（3）平成26年改正後会社法の問題点

本款の(1)でみたように，監査役設置会社においても，株主総会に提出する会計監査人の選任および解任ならびに会計監査人を再任しないことに関する議案の内容は，監査役（監査役会設置会社では監査役会）が決定するものとされた（改正後会社法344条）。この規定ぶりは，平成26年改正前会社法の下での委員会設置会社の監査委員会の権限についての規定ぶり（会社法404条2項2号）を踏襲したものであるが，平成26年改正前会社法344条2項2号・3号と異なり，監査役（会）は，もはや，会計監査人の選任または解任を株主総会の目的とすることおよび会計監査人を再任しないことを株主総会の目的とすることを請求することができなくなった——これは，平成26年改正前会社法の下での委員会設置会社の監査委員会，改正後会社法の下での指名委員会等設置会社の監査委員会および監査等委員会設置会社の監査等委員会にもあてはまるのであるが[10]——ようにも文言上は解される。会社法298条4項は，株主総会の目的である事項は取締役会の決議によって定めなければならないと規定しており，このことからは，あくまで文言上は，会社法その

---

10) もっとも，改正前会社法の下での委員会設置会社においては，監査委員会はいわば取締役会の委員会であり（だからこそ，取締役会の招集請求権ではなく，招集権を委員会が指名した委員が有するものとされていると解することができる），委員会の決議を取締役会の決議とみる余地があるため，議題追加請求という構成をとることは必ずしも必要ではないと考えることができる。これに対して，監査役（会）は，取締役会とはまったく別の機関なので，会社法298条4項の例外を認めるためには明文の定めが必要なのではないかとも思われる。

他の法律に別段の規定が設けられない限り，取締役会設置会社においては，取締役会以外のものが議題を定めたり，議題追加請求できると解するのは難しいと考えられるからである。

　万一，このように解すると，平成26年改正によって，かえって，監査役（会）の権限は縮小され，議案の内容の決定権は絵に描いた餅になってしまうおそれがある。すなわち，取締役会が，会計監査人の選任・解任・不再任を株主総会の目的としなければ（会社法298条4項・1項2号），監査役（会）は選任・解任・不再任議案を提出することはできないからである（会社法304条および305条参照)[11]。指名委員会等設置会社または監査等委員会設置会社であれば，複数の社外取締役が影響を与えて，取締役会において，会計監査人の選任または解任を株主総会の目的とすることおよび会計監査人を再任しないことを株主総会の目的とすることを決議させることがいくぶんかでも期待できるのに対し，監査役設置会社についてはそのように期待することはより難しいと考えられる。

　もっとも，平成26年改正前においても，委員会設置会社の監査委員会は会計監査人の選任または解任を株主総会の目的とすること，および，会計監査人を再任しないことを株主総会の目的とすることを請求することができると解されてきたようであり（始関［2003］92頁以下，坂本ほか［2014］13頁参照），もし，そのように解することができれば，問題はない。

第5節　ディスクロージャー

　会計監査人の選任，不再任または解任の議案に株主が賛成するかどうかを判断するために必要な情報を提供するため，株主総会参考書類には一定の事項を記載しなければならないこととされているが，これには，会計監査人の選任，不再任または解任が適切に行われるよう動機づけるという機能も期待

---

11) 会社法303条，304条および305条は，「一定の事項を株主総会の目的とすること」と「株主総会の目的である事項につき議案を提出すること」とを明確に区別している。

されている。しかし，会計監査人の選任，不再任または解任の議案が株主総会に提出されることは通例的ではない——いったん，選任された後は自動的に再任されるのが通常である——ことから，会計監査人に関する事項を事業報告において開示することも求められている。

1 会計監査人の選任議案

　会社法施行規則77条は，取締役が会計監査人の選任に関する議案を提出する場合に，株主総会参考書類に記載すべき事項を定めている。候補者が公認会計士である場合にその略歴の記載が，候補者が監査法人である場合にその沿革の記載が，それぞれ求められている（第1号）のは，候補者の経歴・沿革は会計監査人としての適格性を判断する重要な情報だからである。もっとも，株主総会参考書類の分量などを考慮すれば，選任の判断にとって参考となる略歴で足りるが，最近の経歴等には限定されない。

　平成27年会社法施行規則改正により，会計監査人の選任議案を提出するときには，株主総会参考書類には，監査役（監査役会設置会社では監査役会，指名委員会等設置会社では監査委員会，監査等委員会設置会社では監査等委員会）が当該候補者を会計監査人の候補者とした理由を記載しなければならないこととされた（第3号）。これは，監査役等が選任議案の内容を適切に決定するインセンティブを与え，また，株主が議決権を行使するにあたっての参考となる情報となることが期待されるためである。

　なお，会計監査人の解任または不再任の方針は事業報告に記載することが求められているのに対し，選任の方針の記載は要求されていない。しかし，コーポレートガバナンス・コードでは，監査役会は，少なくとも，外部会計監査人候補を適切に選定し外部会計監査人を適切に評価するための基準の策定および外部会計監査人に求められる独立性と専門性を有しているか否かについての確認を行うべきであるとされている（補充原則3-2①）。同様に，会社の経営者からの会計監査人の独立性を確保するために，会計監査人は，株主総会において，会計監査人の選任について意見を述べることができるも

のとされているが（会社法345条5項・1項），株主総会に出席しない株主にも，そのような意見があるときには，知らせることが適切であるので，株主総会参考書類には，その内容の概要を記載しなければならないものとされている（第4号）。

　また，平成27年改正により，候補者と当該株式会社との間で責任限定契約を締結しているときまたは締結する予定があるときは，その契約の内容の概要も記載しなければならないものとされた（第5号）。

　他方，会社法の下では，公認会計士法の規定により，計算書類について監査をすることができない者は，会計監査人となることができないものとされているが（会社法337条3項1号），公認会計士法上，業務停止については，「行為の態様や監査法人の内部管理の態様等（監査法人内の一部分（部門，従たる事務所など）又は一部の業務のみ問題がある場合など）を踏まえ，監査法人全体に対してではなく，一部分又は一部の業務に対してのみ業務停止を行うことができる」ものとされているため，業務停止処分を受け，その停止の期間を経過しない者であっても，ある株式会社の会計監査人となることができる場合がある。しかし，業務停止処分の根拠となった事実次第では，その候補者が業務停止処分を受けたという事実は，その候補者の会計監査人としての適格性に疑問を投げかける根拠となり得るため，そのような事実は，株主の議決権行使のために重要な事項であると考えられる。そこで，その候補者が現に業務の停止の処分を受け，その停止の期間を経過しない者であるときは，その処分に係る事項を記載させることとしている（第6号）。その「候補者が現に業務の停止の処分を受け，その停止の期間を経過しない者である」ことを知らず，または，その処分の根拠となった事実等を株主が知らずに，株主総会において，そのような候補者を会計監査人として選任するということになるのは適当ではないという考えに基づくものと推測される。同様に，その候補者が過去2年間に業務の停止の処分を受けた者である場合には，その処分に係る事項のうち，その株式会社が株主総会参考書類に記載することが適切であるものと判断した事項を記載させることとしている（第7号）。「株主総会参考書類に記載することが適切である」か否かの判断にあた

っては，業務停止処分の根拠となった事実の重大性，業務停止期間終了後の期間の長短，その株式会社の会計監査人としての候補者の適格性にその業務停止処分があったことが影響をどの程度与えるか，その業務停止処分の後の候補者における体制の整備・改善の状況はどのようなものか，株主総会による選任にあたって株主が知っておく必要性がどの程度あるか，などを考慮に入れることになろう。もちろん，2年以上前に業務停止期間が終了している場合についても，株主の議決権行使の参考となると認められる，その業務停止処分に係る事項を，株主総会参考書類に記載することは可能である（会社法施行規則73条2項）。

以上に加えて，株式会社が公開会社である場合には，①当該株式会社に親会社等（親会社と株式会社の経営を支配している者（法人であるものを除く）とをあわせて親会社等という。会社法2条4号の2，会社法施行規則3条の2第2項第3号参照）がある場合には，当該株式会社，当該親会社等または当該親会社等の子会社等（子会社と会社以外の者がその経営を支配している法人とをあわせて子会社等という。会社法2条3号の2，会社法施行規則3条の2第1項第3号参照）（当該株式会社を除く）もしくは関連会社（当該親会社等が会社でない場合におけるその関連会社に相当するものを含む）から，②当該株式会社に親会社等がない場合には，当該株式会社または当該株式会社の子会社もしくは関連会社から，その候補者が多額の金銭その他の財産上の利益（これらの者から受ける会計監査人としての報酬等および公認会計士法2条1項の業務の対価を除く）を受ける予定があるときまたは過去2年間に受けていたときは，その内容を株主総会参考書類に記載しなければならない（会社法施行規則77条第8号）。公認会計士法24条の2は，公認会計士は，その公認会計士，その配偶者または当該公認会計士もしくはその配偶者が実質的に支配していると認められるものとして内閣府令で定める関係を有する法人その他の団体が，大会社等（会計監査人設置会社［資本金の額が100億円未満であり，かつ，最終事業年度に係る貸借対照表の負債の部に計上した額の合計額1000億円未満のものを除く］を含む）から一定の業務（会計帳簿の記帳の代行その他の財務書類の調製に関する業務，財務または会計

に係る情報システムの整備または管理に関する業務，現物出資財産その他これに準ずる財産の証明または鑑定評価に関する業務，保険数理に関する業務，内部監査の外部委託に関する業務，証券業，投資顧問業その他監査または証明をしようとする財務書類を自らが作成していると認められる業務または被監査会社等の経営判断に関与すると認められる業務［公認会計士等に係る利害関係に関する内閣府令4条］）により継続的な報酬を受けている場合には，その大会社等の財務書類について，財務書類の監査証明を行ってはならないと，公認会計士法34条の11の2は，監査法人は，その当該監査法人または当該監査法人が実質的に支配していると認められるものとして内閣府令で定める関係を有する法人その他の団体が，大会社等から一定の業務により継続的な報酬を受けている場合には，その大会社等の財務書類について，財務書類の監査証明を行ってはならないと，それぞれ，定めている。そして，会計監査人が，株式会社ではなく，その株式会社が属する企業集団内の他の会社から監査証明以外の業務により，多額の報酬を受け取ることにも，精神的独立性の確保と独立性を保持している外観の維持という観点から問題があり得る。そこで，株式会社の親会社等などから多額の金銭その他の財産上の利益（これらの者から受ける会計監査人としての報酬等および公認会計士法2条1項の業務の対価を除く）を受ける予定があるときまたは過去2年間に受けていたときは，その内容を開示させ，株主がその独立性に影響を与える可能性のある情報を知りつつ，会計監査人を選任することを可能にしようとしている。

　「当該親会社等の子会社等（当該株式会社を除く）」には，いわゆる兄弟会社およびその子会社が含まれるほか，その株式会社の子会社も含まれる（会社法施行規則3条1項3項・3条の2第1項第3項参照）。「当該親会社等が会社でない場合におけるその関連会社に相当するものを含む」とされているのは，親会社は会社であるとは限らないところ，関連会社とは会社が他の会社等の財務および事業の方針の決定に対して重要な影響を与えることができる場合における当該他の会社等（子会社を除く）をいうものとされているから（会社法施行規則2条3項20号，会社計算規則2条3項18号），ある会社からみて連結計算書類の対象となる企業集団に含まれるすべての会社その他

の事業体を対象とするためである（相澤＝郡谷［2006a］10頁参照）。

「これらの者から受ける会計監査人としての報酬等及び公認会計士法2条1項の業務の対価を除く」とされているのは，監査証明業務による報酬等であれば，独立性を損なうおそれは少ないと考えられる一方で，公認会計士法2条1項の業務の対価は有価証券報告書において開示され（企業内容等の開示に関する内閣府令第3号様式 記載上の注意（38），第2号様式 記載上の注意（58）），会計監査人としての報酬等もその株式会社の事業報告において開示されるからであろう（会社法施行規則126条2号）。

「株式会社が公開会社である場合」にのみ，株主総会参考書類に記載すべき事項とされているのは，公開会社である会社については，株主の保護の観点からコーポレートガバナンスの充実を図る必要性が高いと考えられるからである。他方，公開会社以外の会社では，書面または電磁的方法による議決権行使を認めないことが多く，その場合には株主総会参考書類は株主に提供されないし，また，書面または電磁的方法による議決権行使を認めても，株主総会に現実に出席する株主の割合が多いと推測され，株主総会参考書類に記載させなくとも，議場において説明を求めれば十分だからであろう。

「内容」とは，金額にとどまらず，金銭以外の財産上の利益を受けたあるいは受ける場合にはその具体的内容を意味すると考えられる。すなわち，会社法361条1項各号に掲げる事項（額が確定しているものについては，その額，額が確定していないものについては，その具体的な算定方法，金銭でないものについては，その具体的な内容）に相当する事項であると解してよいのではないかと思われる。

2 会計監査人の解任・不再任議案

会社法施行規則81条は，会計監査人の解任または不再任に関する議案を提出する場合に，株主総会参考書類に記載すべき事項を定めている。

まず，会計監査人をその任期中に解任したり，再任しないことは異常な事態であるから，解任または不再任議案の場合については，そのような議案の

内容を決定した理由を記載しなければならない（第2号）。正当な事由がなくとも，会計監査人を株主総会の決議でいつでも解任できることから（会社法339条1項），株式総会の決議による解任との関係では，その理由は正当なものでなくともよいが，事実に反する記載がなされた場合には，解任決議取消事由となる。

また，会社の経営者からの会計監査人の独立性を確保するために，会計監査人は，株主総会において，会計監査人の解任または不再任について意見を述べることができるものとされており（会社法345条5項1項），そのような意見があるときには，その内容の概要を記載しなければならない（第3号）。

3 事業報告における会計監査人に関する事項の開示

(1) すべての会計監査人設置会社

会社法施行規則126条は，株式会社が当該事業年度の末日において会計監査人設置会社である場合には，会計監査人に関する一定の事項を事業報告の内容とすることを要求している[12]。

まず，会計監査人が現に業務の停止の処分を受け，その停止の期間を経過しない者であるときは，その処分に係る事項（第5号）を事業報告の内容とすることが求められている。これは，会計監査人の選任議案に係る株主総会参考書類の記載事項とパラレルなものである。すなわち，会社法の下では，業務停止処分を受け，その停止の期間を経過しない者であっても，ある株式会社の会計監査人となることができる場合がある。しかし，業務停止処分の根拠となった事実次第では，会計監査人が業務停止処分を受けたという事実は，その者の会計監査人としての適格性に疑問を投げかける根拠となり得るため，そのような事実は，株主の議決権行使のために重要な事項であると考えられる。そこで，会計監査人が現に業務の停止の処分を受け，その停止の期間を経過しない者であるときは，その処分に係る事項を記載させることとしている。その「会計監査人が現に業務の停止の処分を受け，その停止の期間を経過しない者である」ことを知らず，または，その処分の根拠となった

事実等を株主等が知らずに，会計監査報告に信頼を置き，また，その会計監査人を不再任しないという意思決定をするのは適当ではないという考えに基づくものと推測される。同様に，会計監査人が過去2年間に業務の停止の処分を受けた者である場合におけるその処分に係る事項のうち，その株式会社が事業報告の内容とすることが適切であるものと判断した事項（第6号）を含めるべきものとされている。「事業報告に記載することが適切である」か

12) なお，会社法施行規則126条10号は，剰余金の配当等を取締役会が定めることができる旨の定款の定め（会社法459条1項の規定による定款の定め）があるときは，その定款の定めにより取締役会に与えられた権限の行使に関する方針を事業報告の内容としなければならないものとしている。
　会社法459条1項は，取締役の任期の末日が選任後1年以内に終了する事業年度のうち最終のものに関する定時株主総会の終結の日以前の日である会計監査人設置会社であって監査役会設置会社であるものおよび委員会設置会社は，自己株式の取得に関する事項（特定の株主から取得する場合を除く），欠損の填補のための準備金の額の減少，損失の処理，任意積立金の積立てその他の剰余金の処分（剰余金の減少を伴う資本金または準備金の額の増加，剰余金の配当その他株式会社の財産を処分するものを除く）に関する事項，および，剰余金の配当に関する事項（配当財産が金銭以外の財産であり，かつ，株主に対して金銭分配請求権を与えないこととする場合を除く）を取締役会が定めることができる旨を定款で定めることができると定め，会社法460条1項は，さらに進んで，株式会社は，これらの事項を株主総会の決議によっては定めない旨を定款で定めることもできるものとしていることを背景とするものである。
　このような場合には，株主総会から剰余金の配当等に関する事項の決定権限を奪うことになるので，取締役が適切に剰余金の配当等に関する事項の決定を行ったかを株主が判断し，その結果，現在の取締役を再任するかどうかを決定するにあたって重要であると考えられる事項を本号は定めている。平成18年改正前商法施行規則141条は，商法特例法21条の31第1項の委任に基づき，委員会等設置会社において，貸借対照表，損益計算書および利益処分（損失処理）案が取締役会の承認があったときに確定した場合に，①利益の処分または損失の処理に関する中長期的な方針（1号），②①の方針を変更したときは，その内容および理由（2号），③売上高または経常利益その他の利益もしくは損失が著しく増減したときは，その原因（3号），④その他委員会等設置会社の財産または損益の状態に重要な影響を及ぼす事実があるときは，その内容および原因（4号）を取締役は株主総会で報告しなければならないものと定めていたが，このうちで，①および②に相当する事項の記載を本号では要求している。
　すなわち，会社法459条1項および460条1項は，剰余金あるいは会社財産を会社内部に留保することによって将来の事業活動のために用いるのか，それとも株主に還元するのかという判断にあたっては，会社の事業活動についての将来の計画と見通し，それに関する資金需要の予測が必要であり，それは業務執行の性質を有するということもできることに鑑みた規定である。このような権限を与えられた取締役会がその権限を適切に行使するインセンティブを与え，また，その権限を適切に行使することを株主が期待するためには権限の行使の方針が示されていることが望ましいと考えられる。そこで，内部留保と株主に対する分配に関する方針，また，株主に対する分配については自己株式の取得と剰余金の配当とをどのように使い分けるのかについての方針，さらに，諸積立金・任意準備金の設定・積立て・取崩しの方針などを記載することを要求している。これによって，株主としては，取締役がそのような方針に基づいて，会社法459条1項（および460条1項）の権限を行使しているかどうか，場当たり的に権限を行使していないかどうかを確かめることになる。また，示された方針に不満がある場合には，取締役を再任しないなどの行動にでることも考えられる。

否かの判断にあたっては，業務停止処分の根拠となった事実の重大性，業務停止期間終了後の期間の長短，その株式会社の会計監査人としての適格性にその業務停止処分があったことが影響をどの程度与えるか，その業務停止処分の後の会計監査人における体制の整備・改善の状況はどのようなものか，などを考慮に入れることになろう。もちろん，2年以上前に業務停止期間が終了している場合についても，その業務停止処分に係る事項を，事業報告に記載することは可能である。

　さらに，会計監査人とその株式会社との間で会社に対する損害賠償責任について責任限定契約を締結しているときは，その契約の内容の概要（その契約によってその会計監査人の職務の適正性が損なわれないようにするための措置を講じている場合には，その内容を含む）（第7号）も事業報告の内容としなければならない。すなわち，株式会社は，会計監査人の任務懈怠に基づく損害賠償責任（会社法423条）について，その会計監査人が職務を行うにつき善意でかつ重大な過失がないときは，定款で定めた額の範囲内であらかじめ株式会社が定めた額と最低責任限度額とのいずれか高い額を限度とする旨の契約を会計監査人と締結することができる旨を定款で定めることができる。最低責任限度額が法定されており（会社法425条1項，会社法施行規則113条・114条），また，この責任限定契約は会計監査人に軽過失がある場合に限り有効なので，濫用のおそれは低いと期待されるが，「定款で定めた額の範囲内であらかじめ株式会社が定めた額」も1つの基準となるところ，その額は代表取締役・代表執行役あるいは取締役会において定められると考えられることから，その内容を記載させることに意義が認められる。また，責任限度額以外についても，会社法および会社法施行規則の定めの範囲内で，会社が責任限定契約の内容を定めることができるため，責任限度額以外の契約内容も株主にとっては重要な情報であると考えられる。

　責任限定「契約によって当該会計監査人の職務の適正性が損なわれないようにするための措置」としては，会計監査人の解任・不再任について適切な方針を定めることや会計監査人が職務遂行を適正に行うことができるような環境を整備すること（会計監査人に応対するスタッフの独立性の確保，会計

監査人に対する必要な情報の適時提供）などが考えられる。
　以上に加えて、その事業年度中に辞任した会計監査人または解任された会計監査人（株主総会の決議によって解任されたものを除く）があるときは、辞任または解任の事実と会計監査人がその解任について意見を述べたときにはその意見、その辞任について理由を述べたときはその理由を事業報告に記載しなければならない（第9号）。これは、会計監査人が辞任し、または解任されるということは例外的なこと、異常なことであるので、株主等の注意を喚起しようとするものである。辞任または解任の事実と会計監査人がその解任について意見を述べたときにはその意見、その辞任について理由を述べたときはその理由を記載すべきものとされているのは、解任された者はその解任が正当なものであると捉えているのか、辞任した理由はどのようなものなのかが、株主や会社債権者にとって重要な情報となり得るからである。また、監査役、監査役会、監査委員会または監査等委員会が解任できるのはきわめて例外的なので（職務上の義務に違反し、または職務を怠ったとき、会計監査人としてふさわしくない非行があったとき、心身の故障のため、職務の執行に支障があり、またはこれに堪えないときに限られている）、解任の理由の記載が要求されている。
　なお、「株主総会の決議によって解任されたものを除く」とされているのは、これらの者は、株主総会または種類株主総会において意見を述べることができたはずであるし（会社法345条1項・5項）、株主総会参考書類にはその意見が記載されたはずなので（会社法施行規則81条4号）、重複して情報を提供する必要がないからである。

（2）公開会社の追加的開示事項

　当該事業年度の末日において公開会社である会計監査人設置会社の事業報告には、さらに、当該事業年度に係る各会計監査人の報酬等の額など（会社法施行規則126条第2号）、会計監査人に対して非監査業務の対価を支払っているときは、その非監査業務の内容（第3号）、および、会計監査人の解任または不再任の決定の方針（第4号）を含めなければならない（第2号およ

び第 3 号については，第 3 章参照）。

　会計監査人の解任または不再任の決定の方針を含めることが要求されているのは以下のような発想に基づくものである。すなわち，会計監査人の解任および不再任は株主総会の決議によるのが原則であるが（会社法339条 1 項），平成26年改正前会社法の下では，一定の場合には，監査役全員の同意または監査委員会の委員全員の同意によって解任することができた（平成26年改正前会社法340条 2 項・ 4 項・ 5 項）。そして，株主総会に対して解任または不再任の議案を提出するのは委員会設置会社においては監査委員会，委員会設置会社以外の会社においては取締役であるが，監査役設置会社においては監査役の過半数（監査役会設置会社においては監査役会）の同意が必要とされた（平成26年改正前会社法344条）。ところで，一方では，会計監査人の解任および不再任の議案が，恣意的に株主総会に提出されることになると，会計監査人の独立性を損なうおそれがあった。他方では，会計監査人は不再任の議案が可決されない限り，自動的に再任されたものとみなされるため（会社法338条 2 項），不再任の議案を提出することを取締役または監査委員会が怠っている場合に，株主総会の監督が及ばないという問題も懸念された。そこで，株主や会社債権者が，株式会社の会計監査人の解任または不再任の決定の方針を知ることができるようにすることには意義があり，また，このような方針を開示することによって，取締役や監査委員会に，会計監査人の再任・不再任または解任について，あらかじめ方針を定めるインセンティブが与えられ，また，その方針に従って，毎事業年度ごとに検討を加えることが促進されるのではないかと期待されたのである（相澤＝郡谷［2006c］15頁）。

　これは，平成26年改正後においては，監査役(会)，監査委員会または監査等委員会について妥当する。

（3）大会社の追加的開示事項

　株式会社の会計監査人以外の公認会計士または監査法人（外国におけるこれらの資格に相当する資格を有する者を含む）がその株式会社の子会社（重要なものに限る）の計算関係書類（これに相当するものを含む）の監査（会

社法または金融商品取引法（これらの法律に相当する外国の法令を含む）の規定によるものに限る）をしているときは，その事実を記載すべきこととされている（第8号ロ）[13]。これは，子会社には外国会社などが含まれるため，その株式会社の会計監査人である公認会計士（外国公認会計士）または監査法人以外の職業専門家である者が法定監査を行っていることが一般的なので，その事実を記載させようというものである。しかし，「その事実」の記載とされており，仮に，たとえば，「当社の会計監査人以外の監査法人（外国におけるこれらの資格に相当する資格を有する者を含む）が当社の子会社の計算関係書類（これに相当するものを含む）の監査を行っております」というだけの記載がされるとしたら，情報としての価値はほとんどないのではないかとも思われる。子会社の名称，当該監査人の氏名または名称の記載および根拠法令の記載が必要であるという解釈も可能であるが，もし，そのような趣旨であれば，立法論としては明示的に要求すべきであったのではないかと考えられる。

---

[13] 第3章で取り上げるが，第8号イでは，会計監査人である公認会計士（外国公認会計士を含む）または監査法人にその株式会社およびその子会社が支払うべき金銭その他の財産上の利益の合計額を，大会社の事業報告には記載すべきこととされている。

第3章

会計監査人の報酬

第1節　（平成17年）会社法制定前

1　会計監査人の報酬の決定手続きおよび実体的規制

　平成17年法律第87号による廃止前商法特例法は，会計監査人の報酬の確保について特段の規定を置いていなかった[1]。

　もっとも，昭和30年代に，公認会計士監査の実効性が低いという認識の下に，監査報酬を共同の基金のように積み立てさせておいて，そこから払わせることが考えられると法務省の民事局参事官が指摘していた（大隅ほか［1956］9頁〔上田発言〕）。また，商法特例法制定の審議の際に，報酬は「公認会計士協会として被監査会社からもら」うべきだという主張がなされていた[2]。さらに，被監査会社から報酬をもらって監査するのは「ある意味では自己矛盾」であるという指摘もなされ[3]，報酬をプールする案は委員から提案されていた[4]。

　しかし，監査人の独立性の確保という観点からは，だれが監査報酬を支払

＊　本章で取り上げるテーマについての比較制度を行ったものとして，やや古いが詳細なものとして，弥永［2002］参照。また，アメリカにおける実態を調査したものとして町田［2010］。さらに，日本の制度について，林＝町田［2012］も参照。

1) もっとも，「公認会計士の自制（報酬ダウンによる誘致の抑制）に期待している」という立法関与者による指摘があった（稲葉［1982］376頁。また，稲葉［1980］18頁）。また，証券取引法監査との関連でも，報酬の基準を株主総会の承認にかかわらしめることが検討されていた（矢沢＝鴻［1968］95頁〔矢沢〕）。すなわち，企業会計審議会「証券取引法に基づく公認会計士監査を実効あらしめるための具体的方策について（試案）」（昭和42年7月4日）の第二の2では，監査報酬の額を公正にし，監査水準の向上に寄与することを目的として，公認会計士の監査報酬の基準は株主総会の承認を得なければならないこととすること，および毎期の監査報酬支払実績額と監査日数を有価証券届出書または有価証券報告書に項目を設けて記載することが提案されていたが（安井［1966］47頁，村山［1992］52頁），証券取引法上の公認会計士監査と商法上の監査役監査との調整に焦点が置かれることになったせいか，これらの提案は，証券取引法監査の改善策としては日の目をみなかった。なお，稲葉［1980］18頁は，「報酬額を総会で決めることも報酬の確保に直ちにつながるかどうか疑問で」あるとし，「報酬額の認可制等行政機関の関与も，公認会計士の自由職業性から疑問が呈される」としていた。
2) 第71回国会衆議院法務委員会議録第28号（昭和48年6月1日）16頁〔佐藤観樹委員〕
3) 第71回国会衆議院法務委員会議録第33号（昭和48年6月15日）2頁〔北野弘久参考人〕
4) 第72回国会衆議院法務委員会議録第12号（昭和49年3月5日）20頁〔沖本泰幸委員〕

うのかという問題よりも，監査人の選任・解任権限あるいは株主総会への提案内容の決定権限がだれにあるのかという方がより重要な問題であると考えられる。そして，報酬をだれが負担するのかという問題より，報酬額をだれが実質的に決定するのかという問題が重要である。したがって，公認会計士等による監査が従来有していた性質を完全に変えるという判断をしない限り，立法論としては，報酬の決定権限は選任権限を有する株主総会に与えるのが適当であるし，また，その提案については，選任・解任と同様，業務執行を行う取締役から独立した者の関与を要求するのが適切であるということになろう。株式会社の機関構造を前提とすれば[5]，監査役会が報酬額の決定について関与することが考えられた（森田［2001］23頁）。

他方，第46回国会において，公認会計士特例試験等に関する法律案が審議された際に，公認会計士の監査報酬がアメリカ等の公認会計士に対して世界銀行の融資を受けている日本企業が支払っている報酬に比べて異様に低い，および監査報酬の額からみて十分な監査は不可能ではないかという指摘がなされていた[6]。そして，その際に，政府委員は，企業と対等の立場で交渉ができていないことを認め，パートナーシップの導入および公認会計士協会の強化によって，問題を解決する方向を示唆していた[7]。また，日本公認会計士協会を特殊法人化し，監査法人制度を導入した昭和41年の公認会計士法改

---

[5] 法制審議会商法部会『商法等の一部を改正する法律案要綱中間試案』（平成13年4月18日）の第十七は，商法特例法上の大会社について，取締役会の中に監査委員会を設ける場合には，監査役（会）を置かなくともよいとすることを提案していたが，監査委員会に会計監査人の報酬決定権を与えることまでは言及していなかった。

[6] 第46回国会衆議院大蔵委員会議録第52号（昭和39年6月12日）12-14頁〔堀昌雄委員〕，同17-18頁〔田中角栄大蔵大臣〕。公認会計士特例試験等に関する法律案の審議の過程で，大蔵大臣が，アメリカの会計士は「1回の監査に何億も報酬を取る。……将来はそうなるべきだと思います。将来はそうでなければ，公認会計士制度というものを実際に価値あらしめることはできないし，また証券取引法に基づく投資者保護にもならぬ……。東電を40万円でやれといってもやれるものではありません。4千万も5千万も1億ももらわなければ，それはとてもやれないという事実がございます」（第46回国会参議院大蔵委員会会議録第43号（昭和39年6月26日）6頁〔田中角栄大蔵大臣〕）と述べていたが，当時の貨幣価値を考えると，現在の監査報酬ははたして，適切な監査をするのに見合っているのかという疑問が残る。

また，井口［1965］23-24頁は具体的な数値を示して，公認会計士の監査報酬の低さを指摘していた。最近でも，公認会計士の監査報酬が安いという指摘がある（「塩崎恭久参議院議員インタビュー　企業会計審に代わる民間主体の設定機関の検討も」週刊経営財務2488号（平成11年10月25日）6頁など）。

[7] 衆議院大蔵委員会議録第52号（昭和39年6月12日）17頁〔吉岡英一政府委員〕

正の審議の際に，参議院大蔵委員会は附帯決議の三として，「……監査内容を充実するため，監査日数，監査報酬等の面での措置について，その自主性，独立性を損なわれることのないよう政府として十分に検討すべきである」としていたのであり，このことは，適切な監査報酬が決定されていないという立法者の認識を前提とするものと考えられる[8]。

なお，昭和56年改正に至る法制審議会商法部会における「審議の段階では…監査役が会計監査人と契約を結ぶということも考えたのですけれども，これに対しては会社側からも監査役側からも非常に強い抵抗が」あったとされている（前田＝岩城［1981］26頁〔前田発言〕）。

2　監査報酬の開示

監査報酬の開示は，昭和56年改正に向けた法制審議会商法部会における議論の中でも取り上げられていたが，日本公認会計士協会が，その開示は不要であるとの意見を述べたこと，報酬額の開示が「ほかの弊害を引き起こす危険」があると考えられたことなどから，試案や法案には盛り込まれなかった（稲葉［1980］18頁参照）。

しかし，アメリカ，ヨーロッパ諸国やオセアニア諸国では監査報酬あるいは（会計）監査人やその関連事務所が提供する非監査業務に対する報酬の額の開示が求められるようになっていること，監査報酬や非監査業務報酬が多すぎると会計監査人の独立性に悪影響を与える一方，監査報酬が少なすぎると，十分な監査が行われないおそれがあることから，直接開示をすることが有意義であると考えられる。そして，監査報酬等は，秘密として保護されるような情報でない一方，開示されることによって，監査報酬等が不適切である場合には，ある程度の知識と経験を有する者には不適切であることが推測できるので，監査報酬をダンピングすることが抑止されると同時に，監査資

---

8) 他方，証券取引法上の公認会計士監査の公正を担保する方法として考えられたものとして，公認会計士の報酬を公定することがあったとされている（吉田［1956c］3頁）。このような事実は，わが国では，公認会計士・監査法人と被監査会社との間の自由な交渉によって監査報酬を決定させていたのでは，十分な品質を有する監査が行われない可能性があることを示唆しているようにも思われる。

源を適切に配分するインセンティブとなり，適正な報酬決定につながると期待される[9]。

金融審議会公認会計士制度部会『公認会計士監査制度の充実・強化』（平成14年12月17日）で「監査報酬などの公開を義務付ける方向で検討することが適切である」とされたことや，経済産業省経済産業政策局長の私的研究会である「企業経営と財務報告に関する研究会」報告書（平成14年4月）において，外部監査人の独立性確保などの観点から，監査業務および非監査業務の報酬等の開示の重要性が指摘されたことを背景として，平成15年2月28日法務省令第7号による改正後商法施行規則105条1項は，連結特例規定適用会社の営業報告書の記載事項の1つとして，会計監査人の報酬等に関する事項を定めるに至った。

まず，会計監査人に支払うべき会計監査人としての報酬その他の職務遂行の対価である財産上の利益，すなわち，連結特例規定適用会社の会計監査人にその連結特例規定適用会社（親会社）およびその子法人等が支払うべき金銭その他の財産上の利益の合計額を記載すること（連結ベースでの記載）が要求された（第1号）。これは，会計監査人としての監査報酬のみならず，コンサルティングなどのいわゆる非監査業務に対する報酬も含む。もっとも，子法人等については，その営業報告書を作成すべき決算期に係る連結損益計算書に記載すべきものに限るとされていたので，連結対象にならない子法人等が連結特例規定適用会社の会計監査人に支払うべき金銭その他の財産上の利益の合計額は含まれなかった。

また，連結特例規定適用会社およびその子法人等が連結特例規定適用会社の会計監査人に公認会計士法2条1項の業務（監査証明業務）の対価として支払うべき金額の合計額も記載しなければならないものとされていた（第2号）。これは，監査報酬の額の大きさを示すことを要求するものである。この監査報酬には，会計監査人としての監査報酬のみならず，証券取引法に基づく監査の監査人としての報酬も含まれていた。

さらに，第2号の額のうち，連結特例規定適用会社が支払うべき会計監査

---

[9] 後掲注23参照。

人としての報酬その他の職務遂行の対価である財産上の利益の額を記載しなければならないものとされていた（第3号）。これは，連結特例規定適用会社が単体でその利益の額を記載することを求めるものであった。

連結特例規定適用会社が支払うべき会計監査人としての報酬その他の職務遂行の対価である財産上の利益の額の開示は，連結特例規定適用会社の会計監査人の独立性および監査の実効性確保の点から基本的なものと考えられるが，子法人等からの収入に会計監査人が大きく依存するような場合や企業集団全体にコンサルティングサービスなどを提供する場合を考えると，連結ベースでの開示が必要と考えられたので，第1号のような開示事項となっていた。第2号で監査報酬の総額の開示が要求されるのは第1号の数値とあわせて，監査報酬と非監査業務報酬とのバランスが適切かどうかを判断させるためである。

なお，会計監査人としての報酬等の額と証券取引法上の監査に対する報酬等の額とが公認会計士または監査法人との契約において明確に区分されておらず，かつ，実際上も区分できないような場合が現実にはあり得る。そのような場合には合算した金額を第3号の金額にあたるものとして記載することは許されると解されていた（濱=郡谷=和久［2003］42頁）。

第2節　日本公認会計士協会の倫理規則等

日本公認会計士協会の（昭和60年変更前）紀律規則7条は業務の委嘱の懇請を禁止していたが，7条でいう「懇請」には，「独立性を阻害する惧れがあるような依頼又は勧誘」その他これに準ずる行為を含み，なすべき業務に対して不当に低廉な報酬で引受ける行為は「独立性を阻害する惧れがある」と解されていた（「紀律規則の実施について」（昭和56年7月8日変更後）の通ちょう第1号の第1の2②イ）。これに対して，（昭和60年変更後）紀律規則の3条は「会員は，直接であると間接であるとを問わず，業務の委嘱を受ける目的をもって次の行為又はこれらに準ずる行為をしてはならない。（略）

二　独立性を阻害するおそれがあるような方法を用いること。」と定めた。昭和60年変更に際して通ちょう第１号が廃止されたため，「紀律規則の解釈指針制定について」(JICPA NEWS 378号（昭和62年））の3.(4)が，「独立性を阻害するおそれがあるような方法を用いること」の具体例として，「なすべき業務に対して不当に低廉な報酬で引受けること」による勧誘行為を挙げていた。

　また，（昭和60年変更前）紀律規則25条は「会員は，本会の公認会計士報酬規定を遵守し，報酬について競争を行ってはならない」と定め，「紀律規則の実施について」（昭和56年７月８日変更後）の通ちょう第１号の第５が，「報酬について競争」とは，他の会員と競争する目的をもって当該会員よりも低廉な報酬により自己に業務の委嘱を受けようとすることをいうとしていた。しかし，昭和60年変更により紀律規則15条は「会員は，本会の報酬に関する規定を遵守し，正当な根拠に基づかない低廉な報酬をもって業務の委嘱を受けてはならない」と規定が改められ，通ちょう第１号は廃止された。

　平成18年12月11日変更前倫理規則４条は，「会員は，業務の内容及び価値に基づいた適正な報酬を請求し，正当な根拠に基づかない低廉な報酬の提示及び請求を行なってはならない」[10]と定め，注解６の１は[11]，「報酬は，会員が提供した業務の価値の適正な対価でなければならない」とした上で，報酬を算定するにあたり，関与する業務に要求されている知識および技能，業務に従事する上で必要とされる者の訓練および経験の程度，業務に従事する者が要する執務時間，業務の遂行に課されている責任の度合を「考慮しなければならない」としていた。また，注解６の２は，会員は報酬額を提示するにあたり，①業務の品質が損なわれないように，専門的基準および品質管理の充実に正当な注意が払われていること，②提供されるべき業務の正確な範囲

---

10) 従来の紀律規則の15条は「会員は，本会の報酬に関する規定を遵守し，正当な根拠に基づかない低廉な報酬をもって業務の委嘱を受けてはならない」としていた。
11) 倫理規則（修正案）の段階では，会員相互の信頼関係を損なう方法による業務の受嘱を禁止する３条３号の注解として「会員は，合理的な根拠なくして現任の会員より著しく低い報酬額を提示することによって，業務を自己と契約するよう勧誘してはならない」と定めていたが，最終的には削除された。

およびその提供により請求される報酬の算定根拠が，依頼人に適切に説明され，理解されていることを「留意しなければならない」としていた。

平成18年12月11日変更後倫理規則10条1項は，変更前4条と同一の規定であったが，10条2項は，「会員は，報酬を算定するに当たり」，業務に要求されている知識および技能，業務の従事者に必要とされる訓練および経験の程度，業務を適切に遂行するために必要とする執務時間，業務の遂行に課されている責任の度合を「考慮し，提供する業務の範囲及び報酬の算定根拠を依頼人に適切に説明しなければならない」と定めた。

そして，平成22年7月7日変更後倫理規則の21条は，「会計事務所等所属の会員は，専門業務の内容又は価値に基づいた報酬を請求することが適切である。報酬を算定又は請求する際，基本原則を遵守するために概念的枠組みアプローチを適用しなければならない」[12]と定め，注解18の2では，「概念的枠組みアプローチを適用する際のセーフガード」の例として，「報酬を請求する基準，専門業務の内容及び専門業務の提供の条件等について依頼人の理解を得ること」と「業務に合理的な時間をかけ，有能な従事者を起用すること」とを挙げている。なお，注解18の1では，「会計事務所等所属の会員が他の者よりも低い報酬を提示すること自体は，直ちに倫理上の問題が生じるとはいえない」が，「報酬の水準によっては，基本原則の遵守を阻害する要因を生じさせる可能性がある。例えば，正当な根拠に基づかない低廉な報酬の提示及び請求は，一定の水準の専門業務を実施することが困難となることが考えられることから，職業的専門家としての能力及び正当な注意の原則の阻害要因を生じさせる」と指摘している[13]。

---

12) 概念的枠組みアプローチは，基本原則との関係では，「基本原則の遵守を阻害する要因を認識する」，「認識した阻害要因の重要性の程度を評価する」，「基本原則の遵守を阻害する要因の重要性の程度が，許容できる水準ではないと評価された場合，セーフガードを適用して，阻害要因を除去するか，又はその重要性の程度を許容可能な水準にまで軽減しなければならない」，「阻害要因の重要性があまりに重大か，阻害要因に対しセーフガードを適用することができない場合，専門業務を辞退するか，又は必要に応じて，依頼人との契約を解除するか，若しくは雇用主との関係を終了しなければならない」というものとされている（8条）。
13) これらの規定は，平成26年7月9日改正によっては，変更されていない。

第3節 会社法

1 監査役等の同意

　平成14年商法特例法の改正にあたっても，委員会等設置会社における会計監査人の報酬の決定手続きが検討されたが，報酬は，執行役が所管する会社財産の管理に直接かかわってくるという面があったため，「会計監査人の報酬も監査委員会が決めるというところまでは法律の規定として踏み込めなかった。そこまで踏み込むのはやめたほうがよいだろうということになった」とされている（森本ほか［2003］12頁〔始関発言〕）。しかし，会計監査人の報酬を，会社が，監査委員会の同意にかかわらしめるとすることは許容されているし（森本ほか［2003］12頁〔始関発言〕），相当な報酬であれば監査委員会が決定できると解されるという有力な見解も示されていた（森本ほか［2003］12頁〔岩原発言〕）。

　このような背景をもって，『要綱試案』（平成15年10月20日）の第4部の11では，監査役会または監査委員会に，会計監査人の報酬の決定に関する同意権限を付与するものとしていた。これは，『補足説明』によれば，従前から，代表取締役等の会社経営陣からの会計監査人の独立性を担保するため，その選解任と同様，会計監査人の報酬に関しても，監査役会または監査委員会の関与に関する規定を設けるべきであるという指摘がされていることによるものであり，たとえば，アメリカにおいて，監査委員会が外部監査人の選任，報酬および監督について責任を負わなければならないものとする定めを有する法律が制定されるなどの動きがあること（The Sarbanes-Oxley Act of 2002, §301）など，諸外国の状況も踏まえたものであるとされていた。さらに，『要綱試案』では，委員会等設置会社については，監査委員会が，監査役会と異なり会計監査人の選解任議案の決定権限を有することとされていることとの整合性から，報酬についても監査委員会がその決定権限を有するも

のとすべきであるという部会での意見[14]を踏まえて，この点については，なお検討することとしていた（（注2））。

しかし，同意権を与えることだけでも，大きな前進であり[15]，監査役（会）に決定権を与えることについては検討しなければならない課題が多いことから，監査委員会にも決定権を与えることは見送られ，『会社法制の現代化に関する要綱』の第2部の第3の6(3)では，「監査役会（監査役の過半数）又は監査委員会に，会計監査人の報酬の決定に関する同意権限を付与するものとする」とされ[16]，会社法では，取締役は，会計監査人または一時会計監査人の職務を行うべき者の報酬等[17]を定める場合には，監査役（監査役が2人以上ある場合には，その過半数，監査役会設置会社では監査役会，指名委員会等設置会社では監査委員会，監査等委員会設置会社では監査等委員会の同意を得なければならないものとされている（会社法399条）。このような同意権が定められたのは，会計監査人の独立性を担保する一方で，監査品質を確保するためである。すなわち，会計監査人の報酬等が不当に高く定められ

---

[14]「監査役会は同意でいいと思うのですが，監査委員会はむしろ決定の方ではないかと思います。といいますのは，人事においても，監査委員会の方が提案権を持っているということで，監査役会はたしか同意のはずだと思いますので，やはり位置づけが違うのではないかということで，私は，同意権ではなくて，監査委員会においては報酬の決定権を付与するという提案もあっていいのではないかと思います。」（法制審議会会社法（現代化関係）部会第11回会議（平成15年9月3日）議事録）。なお，「更に厳密に言えば，監査役会におきまして，同意権限のみならず，提案権もあるという格好にした方が平仄が合っていいのではないかというふうに思います。」という発言もなされていた。

[15] 同意権を与えてみて，それでは不十分であるということが判明してからでも，決定権を与えるのに遅すぎることはないという発想があったのではないかと推測される。

[16] 法制審議会会社法（現代化関係）部会第27回会議（平成16年7月21日）では，ある委員から「現実には私ども，実はこれは決定権を付与するという意見を申し上げたのですけれども。監査役会あるいは監査委員会，常時折衝していろいろ私どもの考えも先方の考えも述べて，意見交換することになっておりますので，そういう中でこの報酬の改定，あるいは新規報酬について当然話し合いを行って，経営者に対してうまくいかない場合にはプレッシャーを掛けていただくと，そういう役割を期待しているわけで，そこは同意しなかったらどうするということまでを決めると大変固くなると現段階では思います。そういう意味では，現段階では同意権ということで，あとは実務にゆだねて，どうしてもそれがまたうまくいかない場合は，いよいよ決定権を与えるという形のことも考えていただきたいというふうに申し上げます。」という発言があった。

[17] ここでいう報酬等は，会計監査人としての報酬，すなわち，計算関係書類の監査に係る報酬等をいい，会計監査人が会社に対して非監査業務を提供した場合のそのサービスに対する報酬等は含まないことはもちろんのこと，金融商品取引法上の監査人としての報酬等も含まれない。しかし，実務上は，会社法上の会計監査人監査に係る報酬等と金融商品取引法監査に係る報酬等を区別できないときは，その総額について，同意するか否かを判断することになる。

ると，会計監査人はその会社の会計監査人として再任されることを願って，会社の経営者に対しての精神的独立性を堅持することが難しくなる可能性がある一方で，会計監査人の報酬等が低く定められると，会計監査人はその報酬等に見合った資源しか投入できない，投入しないことになるから，会計監査人の監査の品質が低下するおそれがある。

　「同意」とされている以上，監査役(会)，監査委員会または監査等委員会が自ら報酬等の額を計算する必要はなく，会計監査人または会社の担当部署が積算した見積額に基づき，その積算の根拠や考え方を確認するなどして，報酬等の額が相当であるか否かを判断すればよい。もっとも，企業人としての経験に基づいて，監査役(会)，監査委員会または監査等委員会が会計監査人の報酬等の額が過少であることを認識し，または認識することができたにもかかわらず，同意を与えることは，会計監査人が監査上の失敗を犯した場合に，監査役・監査委員・監査等委員が信頼の抗弁を主張することができないことにつながる可能性を完全には否定できない[18]。すなわち，報酬等の額が相当であるかどうかは積算の根拠なしには判断できない。より具体的には，どのようなレベルの公認会計士，会計士補あるいはそれら以外の補助者をその会社の監査にどれだけの時間を振り当てるのかということ，および，会計監査人内部における審理・レビューにどれだけのレベルの公認会計士をどれだけの時間を貼り付けるのかということを抜きにしては，会計監査人または会社の担当部署が積算した見積額の相当性は判断できないはずである。たとえば，あるレベルの公認会計士を，1時間，監査業務に貼り付けるための単価については，会計監査人と会社との交渉によってある程度の差が生ずることから，監査役(会)，監査委員会または監査等委員会がその相当性を判断す

---

18) そして，必要な場合には，報酬等の額の増額が保証されるように，監査役，監査委員会または監査等委員会は，報酬等の額に対する同意を与える際に，留意すべきであると思われる。会社や業種によって事情は異なるが，会計監査人側のバーゲニング・パワーが弱いと認識している場合には，監査役，監査委員会または監査等委員会は同意権を通じて，適切な報酬等の額が決定されるように行動する必要がある。会計監査人が，結局，報酬等の額に見合うように資源を投入するおそれがぬぐえない以上，「会計監査人はきちんとした監査を行いますと約束していましたので，それを信用しました」というのでは，必ずしも，善良なる管理者としての注意義務を払って，任務を遂行したとはいえないからである。

る上では，経営者等の裁量を尊重することになろうが，監査時間については，慎重にその相当性を判断すべきであるといえよう。すなわち，会計監査人の報酬等の額について同意を与えるということは，監査計画，中でも，どのレベルの公認会計士等がどれだけの時間をその会社の監査のために割くのかという点に同意を与えるのと同意義であるという面が認められるのである。したがって，会計監査人または会社の担当部署が積算にあたって用いた前提に問題がある場合には，監査役(会)，監査委員会または監査等委員会としては，報酬等の額について同意を与えるべきではないということになろう。会計監査人が過少な見積りをしてきた場合であっても，それに同意を与えると，監査役，監査委員または監査等委員は善良な管理者としての注意義務を果たしていないと評価されるおそれがある。

　たしかに，このような場合には，会計監査人としては，報酬等の額が少なかったせいで，十分な監査をすることができなかったから責任を負わない，あるいは責任は軽減されるべきだと主張できないのは当然であるが，だからといって，報酬等の額の算定根拠となっている監査計画・人員計画に問題がある以上，監査役(会)，監査委員会または監査等委員会としては，会計監査人の監査の方法が相当ではないと判断せざるを得ないのであって，結局，自ら十分な会計監査を行わない限り，監査役・監査委員・監査等委員としての任務を怠ったということになるはずである。つまり，報酬等の額の算定の前提となっている監査計画・配員計画に問題があることを放置しつつ，会計監査人の監査の方法が相当であると監査役(会)，監査委員会または監査等委員会が意見を表明することはできない。

　そこで，監査役(会)，監査委員会または監査等委員会としては，報酬等の額について同意を与えるにあたって，報酬等の額の算定の前提となっている監査計画・配員計画の相当性について判断しなければならないが，そのためには，会計監査人との間で十分な意思疎通を図り，監査計画・配員計画の相当性について会計監査人と意見交換をすることが必要である。また，監査の過程において，問題が発見された場合には，監査手続きの拡張，とりわけ実証手続きの追加などが必要とされ，その場合には，報酬等の額の増額の必要

性があることを踏まえて，報酬等の額が固定額として提案されている場合には，原則として，同意を与えるべきではないように思われる。

2 監査報酬等の開示

平成18年改正前商法施行規則105条1項と同様の趣旨に基づいて，会社法施行規則126条は，会計監査人設置会社のうち，公開会社であるものまたは大会社であるものについては，会計監査人の報酬等の額などを事業報告の内容とすることを要求している。

(1) 公開会社

まず，その事業年度に係る各会計監査人の報酬等の額を事業報告に記載すること（個別開示）が求められている（第2号）。会計監査人としての報酬等の額と金融商品取引法上の監査に対する報酬等の額とが公認会計士または監査法人との契約において明確に区分されておらず，かつ，実際上も区分できないような場合が現実にはあり得るが，そのような場合には合算した金額を記載することは許されよう（濱＝郡谷＝和久［2003］42頁参照）。

なお，平成27年会社法施行規則改正により，公開会社の事業報告には，当該事業年度に係る各会計監査人の報酬等の額のみならず，当該報酬等について監査役（監査役会設置会社では監査役会，指名委員会等設置会社では監査委員会，監査等委員会設置会社では監査等委員会）が同意をした理由を含めなければならないこととされた（126条2号）。十分な検討を行った上で同意をするというインセンティブを監査役等に与えようとするものである。また，コーポレートガバナンス・コードでは，取締役会及び監査役会は，少なくとも，高品質な監査を可能とする十分な監査時間の確保を行うべきとされており（補充原則3-2②），これはスケジュールの問題にとどまらず，十分な監査時間の確保がなされるような監査報酬の決定をすべきであることも含意しているとみる余地があろう。

また，会計監査人に対して非監査業務の対価を支払っているときは，その

非監査業務の内容を事業報告の内容としなければならない（第3号）。公認会計士等に係る利害関係に関する内閣府令8条3号は，監査証明書に，公認会計士または監査法人が被監査会社等（公認会計士法24条の2に規定する大会社等に限る）から他人の求めに応じ報酬を得て，財務書類の調製をし，財務に関する調査もしくは立案をし，または財務に関する相談に応ずる業務（公認会計士法2条2項の業務）のうち同時提供が禁止されていないものの提供により継続的な報酬を受けている場合には，その旨を記載すべき旨を定めているが，本条では，その非監査業務の内容を記載すべきものとしている。これは，会計監査人が株式会社に対して非監査業務を提供し，報酬を得ることによって，精神的独立性が損なわれるおそれがあるからである。

株式会社が当該事業年度の末日において公開会社でない場合には，これらの記載は要求されない。これは，公開会社以外の会社においては，事業報告の必要的記載事項はできるだけ簡素化しようとするものである（そのような会社においては，株主総会において説明を株主が求めた場合に説明することで十分であると考えてよいのではないかと思われる）。

（2）大会社

事業報告に，株式会社の会計監査人である公認会計士（外国公認会計士を含む）または監査法人にその株式会社およびその子会社が支払うべき金銭その他の財産上の利益の合計額を記載すべきこととされている（第9号イ）。会計監査人としての監査報酬のみならず，コンサルティングなどのいわゆる非監査サービスに対する報酬も含む。もっとも，「当該事業年度に係る連結損益計算書に計上すべきものに限る」とされているため，非連結子会社が株式会社の会計監査人に支払うべき金銭その他の財産上の利益の合計額は含まれない。株式会社が支払うべき会計監査人としての報酬その他の職務遂行の対価である財産上の利益の額の開示（第2号）は，株式会社の会計監査人の独立性および監査の実効性確保の点から基本的なものと考えられるが，子会社からの収入に会計監査人が大きく依存するような場合や企業集団全体にコンサルティングサービスなどを提供する場合を考えると，連結ベースでの開

示が必要と考えられたので,開示が要求されている。

　なお,平成18年改正前商法施行規則105条1項2号は,監査報酬と非監査業務報酬とのバランスが適切かどうかを判断させるため,連結特例規定適用会社およびその子法人等が連結特例規定適用会社の会計監査人に公認会計士法2条1項の業務の対価として支払うべき金額の合計額も記載しなければならないものとしていたが,現在の会社法施行規則では,このような記載は要求されていない。このような情報の有用性が乏しいと判断したのであろうが,そのような開示を求めることによる負担は必ずしも大きくはないことを考えると,立法論としては理解に苦しむ面がないわけではない。

第4節　今後の課題

1　監査契約の主体

　監査報酬についての同意権を除き,現在の会社法には,会社と会計監査人との間の監査契約の内容の決定に,監査役(会),監査委員会または監査等委員会が関与すべき旨の明文の規定は設けられておらず,監査契約の締結は業務執行の一環として,取締役または執行役の権限であると解されている[19]。しかし,会計監査人設置会社においては,監査役(会),監査委員会または監査等委員会は,会計監査人による会計監査を前提として,その職務を執行するという建てつけになっており,会計監査人により会計監査が適切に行われることに重大な利害を有しているのみならず,会計監査人の監査の方法または結果が相当でない場合には,その旨を自らの監査報告に記載・記録しなければならないものとされている。とりわけ,会計監査人の監査の方法が相当でないという意見を表明しつつ,その会計監査人の監査の内容を規定する監査契約の内容には影響を与えられないというのは矛盾であるし,そもそも,

---

19)　前田=岩城［1981］26頁〔前田発言〕) 参照。報酬について同意権という構成が採用されている背景にはそのような思考があるとみることもできる。

取締役等が適切な内容を有する監査契約を締結してくれなければ，監査役（会），監査委員会または監査等委員会は会計監査人の会計監査の結果に依拠できないことになるとすると，これは，わが国における会計監査人制度の位置づけと首尾一貫しないといわざるを得ない。

とりわけ，一時会計監査人は監査役（監査役会設置会社では監査役会，指名委員会等設置会社では監査委員会，監査等委員会設置会社では監査等委員会）が選任することとされているが（会社法346条4項・6項・7項），監査役(会)，監査委員会または監査等委員会が一時会計監査人に選任した公認会計士または監査法人との契約の締結を取締役や執行役が拒否した場合に，とりわけ，報酬額を監査役(会)，監査委員会または監査等委員会が決定できないとすると重大な問題が生ずるのではないかと思われる（前田=岩城［1981］26頁〔岩城発言〕）。

したがって，ドイツでは，かつては，取締役が監査契約の締結権限を有しているとされていたが，「企業領域におけるコントロールと透明性のための法律（KonTraG）」により，監査役会（Aufsichtrat）がその権限を有するものとするように法改正が行われたことを参考に（株式法111条2項）[20]，わが国においても，監査契約の締結権限を監査役(会)，監査委員会または監査等委員会に与えることを立法論としては考えることが望ましいのではないかと思われる。会計監査人との間の監査契約は，単なるサービスの提供を受ける契約ではなく，その締結を業務執行行為と性質決定すべき必然性はないこと，および，取締役・執行役と会社との間の訴訟においては，監査役・監査委員・監査等委員が原則として会社を代表することとされており，監査役等に代表権を与えることがそれらの者の職務執行と矛盾するものではないことは念頭に置くべきであろう。

---

20) Vgl. Begründung, Referententwurf zur Änderung des Aktiengesetz (Zeitschrift für Wirtschaftsrecht, 1996, SS. 2132-2133).

2 監査報酬

　法制審議会第167回会議（平成24年9月7日）において，『会社法制の見直しに関する要綱』が採択されたが，この要綱には，会計監査人の報酬の決定を監査役(会)または監査委員会の権限とすることは織り込まれず，平成26年改正においても盛り込まれなかった。これは，「会計監査人の報酬等は，株式会社の財務に関わる経営判断と密接に関係することを踏まえ，取締役又は取締役会がこれを決定することが適切であるとの考えに基づくものである」と説明されている（法務省民事局参事官室［2011］16頁）。

　たしかに，監査報酬は会社が会社以外の者に金銭等を支払うものであり，監査報酬の決定は業務執行の一環であるから，取締役または取締役会で決定することが筋であるという考え方（森本ほか［2003］12頁〔始関発言〕）がこれまでは暗黙の前提とされていたのかもしれない。

　しかし，監査役の監査費用請求権（会社法388条）・指名委員会等設置会社の委員の費用請求権（会社法404条4項）・監査等委員の監査費用請求権（会社法399条の2第4項）を踏まえると，監査費用の額については，監査役・監査委員・監査等委員が本来判断するものであるという立場を採用していると理解できる[21]。たとえば，会計監査人設置会社以外の会社において，監査役が公認会計士または監査法人を会計監査のための補助者として用いた場合の報酬額は監査役が定め，会社に求償または前払いを求めることができることになる。そして，会計監査人設置会社においては，監査役(会)，監査委員会または監査等委員会の会計監査は会計監査人の会計監査を前提とすることに鑑みれば，会計監査人の監査報酬は監査役・監査委員・監査等委員にとって一種の監査費用としての面を有するという見方も可能である。そうであれば，監査役・監査委員・監査等委員に会計監査人の報酬の決定権があるが，その額が過大であることを取締役会・代表取締役または執行役が立証した場

21）森本ほか［2003］12頁〔岩原発言〕は，監査委員会に関する文脈においてであるが，「会計監査人選任議案の決定という監査委員会の役目をきちんと果たすためには，それだけは必要なのだ，そのための相当な費用の一部なのだ（商法特例法21条の9第4項参照），ということでよい」と指摘している。

合には減額できるとした方が，立法論としては，平仄がとれるということができる。

　また，監査役が業務執行を行うべきではないと考えられる根拠の1つは，監査役が業務執行を行うと，取締役の業務執行を監査することと矛盾する，中立性が確保できない，あるいは監査にあたっての独立性が確保できないおそれがあるというものであろうが，会計監査人の報酬等の決定は，取締役が行う会社の事業に係る業務執行と不可分のものとは考えられず，むしろ，取締役が作成した計算書類の監査を行う主体を取締役が自ら選任することを業務執行と性質決定することの方が不自然であるともいえるし，監査役が会計監査人の報酬等の決定を行うことによって，監査役が取締役の職務執行を監査する上で何らかの支障が生ずる，あるいは，独立性が損なわれるということは考えにくい。また，監査役が業務執行を行うべきではないと考えられる根拠としては，経営判断をするのは取締役（会）の任務であり，監査役がそのようなことに口をさしはさむことは会社の効率的・統一的運営を損なうということも考えられる。しかし，会計監査人の報酬等は，会社の業績によって変動させるべきものではなく，むしろ，会社の財政状態および経営成績が悪化している時にこそ，粉飾の誘因は高まるので，会計監査上のリスク（固有リスク）は高まり，会計監査人としては，より丁寧かつ広範に監査手続きを実施しなければならないはずである。このように考えると，会計監査人の報酬等の決定は経営判断の問題ではなく，会社法の下で，要求される水準の監査を実施するために必要な額に係るものであると評価すべきである。監査報酬が多額すぎることによって，会計監査人の独立性が損なわれるという議論との関係でも，取締役等が決定するからこそ，そのような弊害が生ずる可能性があるのであって，会計監査人の報酬等の決定を業務執行の一環として位置づけることは適当ではない。

　さらに，会社法上，会社と取締役との間の訴訟は，本来，会社の業務執行と代表という性質を有するにもかかわらず，監査役が会社を代表することと

されているが[22]，訴訟の提起の判断と遂行は，典型的な業務執行行為であり，経営的な判断が働く典型的な行為のはずである。それにもかかわらず，会社法は，たとえば，取締役と会社との間の訴訟においては，監査役が会社を代表すべきものとしているのであって，ある行為が業務執行の性質を有する場合であっても，監査役に行わせることによって，会社ひいては株主の利益につながると定型的に考えられる場合には，監査役の権限としているのである。すなわち，立法論として，ある行為が業務執行にあたるという一事をもって，監査役の権限とすることはできないという立場は現行法においてすら採用されていない。

しかも，取締役の責任の一部免除・責任限定契約の締結に係る定款変更などとの関連でも監査役（会）・監査委員会・監査等委員会の同意は要求されている（会社法425条・426条・427条）。また，株式会社の支配に関する基本方針および具体的取組みに関する事項が事業報告の内容となっているときは（会社法施行規則118条3号），その事項についての意見を監査役監査報告および監査役会監査報告の内容としなければならないものとされている（会社法施行規則129条1項6号・130条2項2号）。これも，会社の業務執行という面を併せ有していると考えられる事項について，直接的な介入は認めてはいないものの，監査役の意見を表明させ（，株主総会等によるフィードバックを可能にす）るものである。

したがって，立法論として，監査報酬の決定権を監査役（会）に与えることは現行法の基本的な枠組みと首尾一貫しないというわけでもないし，監査委員・監査等委員は取締役なのであるから，監査委員会・監査等委員会に監査報酬の決定権を与えることにはなおさら障害はない。

かつて，監査役との関係であるが，「制度の実効性を担保する仕組みが制

---

22) どのように訴訟追行するか，和解するかなどの意思決定も監査役がするものと解されている。取締役の会社に対する責任の追及の訴えを提起するか否かの判断が監査役には委ねられているが（会社法386条），訴えを提起するか否かは適法性の判断にとどまるものではなく，妥当性のレベルの判断が必要とされる可能性がある。会社法施行規則218条3号は，取締役等に損害を賠償する責任が「あると判断した場合において，責任追及等の訴えを提起しないときは，その理由」を不提訴通知に含めることを要求するが，これは，損害賠償責任があると判断しても訴えを提起しないことが正当であるとされる場合があることを示唆している。

度自体に組み込まれておらず，もっぱらその制度を動かす人の個人的性格にたよろうとしているような場合には，われわれはそのような制度に信頼することはできないわけである。……法律制度としては，できるだけ無理のない仕組みを作り，とび抜けて勇気にあふれた人でなくてもその職責を果たせるような仕組みにしておかなければならない」との指摘があったが（竹内［1984］129頁），このような発想を前提とするならば，特に，取締役(会)に決定権を残さなければならない合理的な理由がないのであれば，同意権にとどめることは不適当であると考えられる。

　以上に加えて，会計監査人の選任，解任または不再任議案の内容を決定することを，監査役(会)，監査委員会または監査等委員会の権限とする平成26年改正後会社法の下で，取締役会，代表取締役または執行役が，監査報酬を含む監査契約の内容を左右できるとすると，監査役(会)，監査委員会または監査等委員会が提出した議案が総会で可決されても，そこで選任された会計監査人との契約の締結を拒める，あるいは会計監査人が監査契約を締結しないと判断するような契約内容を提示できることになり[23]，整合性を欠くということもあわせて指摘できよう[24]。なお，現行法の下においては，監査役(会)，監査委員会または監査等委員会と取締役・執行役との意見が異なり，同意が得られなかった場合には，監査契約が締結できなくなるという問題が生じかねない[25]。

　監査においてすべての不正・誤謬を発見することはできないのは当然であるが，どのような信頼水準を確保するかを厳密には定量化できないことを考

---

23) なお，稲葉威雄は，株主「総会でまたは監査役によって選任された会計監査人を忌避するために，取締役が特に低い報酬額に固執するような場合は，取締役としての任務を懈怠したことになり，それによって会社または第三者に損害を与えたときは，取締役は損害賠償責任を負うことになろう」との解釈を示していた（稲葉［1980］18頁）。
24) 監査委員会の文脈においてであるが，「監査委員会が報酬の面もある程度影響力を持っていないと，いわば選任権だけ持っていても，報酬のほうで締められてしまったら，依頼したい公認会計士事務所にも頼めないということになりますから，実質的に選任権を担保する意味でも監査委員会が影響力を持っていたほうがよい」という指摘があった（森本ほか［2003］12頁〔岩原発言〕）。
25) 法制審議会会社法（現代化関係）部会第27回会議（平成16年7月21日）では，同意できなかった場合には，「報酬契約が結べないということですね。結べるようになるまで内部で頑張っていただくしかないのではないでしょうか。」と指摘されている。

慮に入れると，日本の社会において外部監査に求められている信頼水準の高さが，監査報酬の大きさに反映されているのだという可能性も否定できない。——現在も，このように考えることができるかどうかはきわめて疑問であるが——山一證券事件判決（大阪地判平成18・3・20判時1951号129頁）は「会計監査人は，…被監査会社からの委託を受け，被監査会社から受け取る報酬から合理的に割り出される人員及び時間をもって監査手続を実施せざるを得ない」と指摘していた。現実に行われている監査手続きの質と量に問題があり，外部監査の有効性が損なわれていると考えるのであれば，要求されるレベルの監査手続きの質と量を確保するために必要な監査報酬が決定される仕組みが必要なのではないかと考えられる。

　たとえば，不正に会社の経営者や上級管理者が関与している場合において，不正の端緒が発見された場合の監査報酬の追加を担当取締役（現実には関係部署の上級管理者の提案に基づくことが少なくないであろう）と交渉するというのは不適切である。すなわち，計算書類や財務諸表の作成について関与していない監査役，監査委員会または監査等委員会が報酬を決定する権限を有しないとすると，必要な監査に対応する監査報酬が定められるということは，十分には期待できないといわざるを得ないであろう。

　監査の実施の過程で適切な追加的手続きが実施される必要性を考慮すると，監査報酬を固定額で定めることは首尾一貫しないのではないかとこれまでも考えられてきたが，『監査における不正リスク対応基準』においては，「監査人は，監査実施の過程において，不正による重要な虚偽の表示を示唆する状況を識別した場合には，不正による重要な虚偽の表示の疑義が存在していないかどうかを判断するために，経営者に質問し説明を求めるとともに，追加的な監査手続を実施しなければならない」（第二，10），「監査人は，監査計画の策定後，監査の実施過程において不正による重要な虚偽の表示の疑義があると判断した場合には，当該疑義に関する十分かつ適切な監査証拠を入手するため，不正による重要な虚偽の表示の疑義に関する十分な検討を含め，想定される不正の態様等に直接対応した監査手続を立案し監査計画を修正しなければならない」（第二，12）とされ，「監査人は，不正リスクに対応する

手続として積極的確認を実施する場合において，回答がない又は回答が不十分なときには，安易に代替的な手続に移行してはならない」(第二，7) とされている。

　したがって，『監査における不正リスク対応基準』の下では，追加的な監査手続きの要求は高まるといえるが，「不正による重要な虚偽の表示を示唆する状況を識別した」場合において，経営者の関与が疑われるときに，そのような経営者と報酬の増額交渉をすることは不適切であると考えられる。「不正による重要な虚偽の表示を示唆する状況を識別した」ことを明らかにすることは隠蔽工作のインセンティブを高めかねないし，そうでなくとも，経営者としては報酬増額に積極的にはなり得ないかもしれない（逆に，口封じのために多額な報酬を約束する可能性もある）。

　このように，「不正による重要な虚偽の表示を示唆する状況を識別した」段階で報酬の交渉をすることが適切でなく，また，その段階で，監査役(会)，監査委員会または監査等委員会が報酬増額のイニシアティブをもっていないという現在の法制——しかも，予想される会社法改正の下では変更がない——の下では，あらかじめ，監査契約において，事後の報酬増額を規定しておくことが必要かどうか，かつ，そのような監査報酬の決定方法によらなくても弊害はないのかという点について，監査役(会)，監査委員会または監査等委員会は，会計監査人の報酬に同意を与えるかどうかにおいて，考慮に入れる必要性が高まったということができよう。とりわけ，不正リスク対応基準の下では，「監査人は，不正による重要な虚偽の表示の疑義があると判断した場合には，……監査を完了するために必要となる監査手続の種類，時期及び範囲についても協議しなければならない」(第二，17) とされているが，協議しつつ，報酬の増額を実現することができないとすると，どのように監査役としては対応したらよいのかきわめて難しい状況に置かれることになりかねないし，協議することの意味がどこにあるのかという問題が生ずる上，意見不表明や監査契約の解除にもつながりかねないからである。

3 監査に関する情報開示の拡大

　公認会計士審査会監査制度小委員会において検討の対象となった「監査制度小委員会の検討事項に係る基本的な考え方と考えられる方策」(第6回(平成12年5月15日)配付)の5においては，監査報酬等に関する情報の開示は，企業のコーポレートガバナンスの向上等に資するとの意見も強く出されており，標準報酬制度の廃止の検討とあわせて，監査に関する情報(たとえば，監査日数，監査報酬等)の開示を何らかの方法で行う方向で検討することが必要であるとされていたが，それに対してはおおむね好意的な意見が多数を占めていた(第7回監査制度小委員会議事録(平成12年5月29日))[26]。そして，公認会計士審査会監査制度小委員会「監査制度をめぐる問題点と改革の方向」(平成12年6月29日)では，「監査報酬等の監査に関する情報の開示を行うことは，企業のコーポレートガバナンスの向上等に資するとの意見も強く出されており，さらに適正な監査日数の確保のためにも有効であることから，標準監査報酬制度の廃止とあわせて，監査に関する情報(例えば，監査日数，監査報酬等)を何らかの方法で開示することを検討する必要があると考えられる」とされた。

　そして，実質的に考えても，監査報酬や監査日数は秘密として保護されるような情報でない一方，開示されることによって，監査報酬等が不適切である場合には，ある程度の知識と経験を有する者には不適切であることが推測できるので，監査報酬をダンピングすることが抑止されると同時に，監査資源を適切に配分するインセンティブとなり，適正な報酬決定につながると期

---

[26] ただし，第9回監査制度小委員会では，アメリカでも開示が求められていないことに言及しつつ，「日本の監査は日数が少なく，かつ，単価が非常に安いというイメージにつながると思うんですよ。報酬規定と，アメリカの実例とを比べると相当安いですから，単価も安い上に日数も少ないので，ディスクローズすること自体に抵抗を感じます。」という発言が公認会計士側からなされていた(第9回監査制度小委員会議事録〔富山委員〕(平成12年6月15日))。

待される[27]。

　さらに，開示された監査報酬および監査日数をふまえて適切な監督上の措置が講じられるべきである。日本公認会計士協会の倫理規則21条および注解18は，これらをエンフォースメントする仕組みがなければ，無意味な規定にとどまる。したがって，実際に割いた監査日数および受けた監査報酬が同等の業務に必要な監査日数あるいは監査報酬でないと考えられる場合には，日本公認会計士協会あるいは公認会計士・監査審査会が諸外国のように適切な資源を投入しているか，必要な監査手続きおよび品質管理手続きがなされているかについて，必ずレビューすることが適当である（町田ほか［2012］231-232頁も同趣旨）。また，諸外国では，報酬の提示にあたって，業務の品質が損なわれないように，専門的基準および品質管理基準に従うこと，提供されるべき業務の正確な範囲およびその提供により請求される報酬の算定根拠を依頼人に適切に説明し，理解させることが「要求」されていることが多い。

　このように考えてみると，監査日数など監査に投入された資源を示す情報も開示することが望ましいのではないかとも思われる（町田ほか［2012］231頁も同趣旨）。

27）なお，平成15年6月6日法律第67号による改正前公認会計士法44条1項10号（現在はこれに相当する規定はない）は，日本公認会計士協会の会則で定める事項として，「会員の受ける報酬に関する標準を示す規定」を挙げており，かつては，標準監査報酬制度が存在していた。しかし，行政改革推進本部規制改革委員会『規制改革についての第2次見解』（平成11年12月14日）においては「公正有効な競争の確保や合理性の観点から，報酬規定の在り方を見直す」とされたこともあり，公認会計士審査会監査制度小委員会「監査制度をめぐる問題点と改革の方向」では，「監査報酬は，適正な監査日数と適正な費用を見積もった上で当事者間の協議で決定されるべきものと考えられ，標準監査報酬制度についてはこれを廃止すべきと考えられる」とされた。

第4章

会計監査人が欠けた場合等と一時会計監査人

第 1 節　一時会計監査人の選任

会計監査人が欠けた場合または定款で定めた会計監査人の員数が欠けた場合において，遅滞なく会計監査人が選任されないときは，監査役（監査役会設置会社では監査役会，指名委員会等設置会社では監査委員会，監査等委員会設置会社では監査等委員会）は，一時会計監査人の職務を行うべき者（以下，一時会計監査人という）を選任しなければならない（会社法346条4項から8項）。一時会計監査人の制度は，会計監査人選任のための臨時株主総会を開催する手間と時間を節約することを可能にするためである（元木［1983］281頁，稲葉［1982］389頁，片木［1987a］556頁参照）。

1　会計監査人が欠けた場合

会計監査人が欠けた場合としては，会計監査人が死亡または辞任した場合のほか，会計監査人が欠格事由（会社法337条3号）に該当した場合および会計監査人が解任され，または再任されなかった場合を想定することができる。

（1）会計監査人が解任され，または再任されないという場合

株主総会の決議により，会計監査人が解任され，または再任されないという場合には，当該株主総会において，会計監査人を選任するのがすじであり，一時会計監査人が選任されることは通常はないと考えられる。しかし，当該株主総会において，会計監査人の選任決議がなされないということもまったく想定できないわけではなく，その場合には，監査役（監査役会設置会社では監査役会，指名委員会等設置会社では監査委員会，監査等委員会設置会社では監査等委員会）は，一時会計監査人を選任しなければならないということになろう。この場合に，①会計監査人を解任し，または再任しないという決議が不存在もしくは無効であり，または取り消されたときに，一時会計監

査人の選任は有効かという問題があり得る。また，②監査役（監査役会設置会社では監査役会，指名委員会等設置会社では監査委員会，監査等委員会設置会社では監査等委員会）が会社法340条1項各号の事由があるとして解任し，かつ一時会計監査人を選任したが，340条1項各号の事由はなかったというときに一時会計監査人の選任は有効かという問題がある。

①の場合については，株主総会決議取消しの認容判決には遡及効が認められるため（会社法839条と対照），「会計監査人が欠けた場合」という要件がみたされていなかったことになり，一時会計監査人の選任は無効とならざるを得ないと考えるのが自然である。②の場合については，第2章第3節1でみたように，一時会計監査人の選任は有効であると解する見解，無効であるとする見解および法定の解任事由がないことを知りつつ解任した場合には，解任は無効であるとする見解が併存している。

①②いずれの場合においても，仮に，一時会計監査人の選任が無効であるとすると，当該一時会計監査人の会計監査報告を前提として行われた，計算関係書類の承認決議，承認決議により確定した計算書類・連結計算書類を前提としてなされた剰余金の配当等の決議の効力がどうなるのかという問題がある。この点について，一時会計監査人が行う監査の効力に影響を及ぼさず，その監査に基づく計算関係書類の確定または剰余金の配当等の効力には影響はないと解するのが，法的安定の要請に適合し，妥当であるという見解（大隅＝今井［1992］337頁，鴻ほか［1984］404頁〔前田発言〕・406頁〔竹内発言〕）と影響を及ぼし，その監査に基づく計算関係書類の確定ないし剰余金の配当等には瑕疵があるという見解（神崎［1981］92頁，稲葉［1982］387頁，岸田［1982］57頁，鴻ほか［1984］404頁〔稲葉発言〕・404-405頁〔龍田発言〕[1]・407頁〔森本発言〕，野上［1984］564頁，片木［1987a］552-553頁）とがある。一時会計監査人の監査が一般に公正妥当と認められる監査の基準に従って適正に行われているのであれば，一時会計監査人の選任が有効

---

[1] 龍田節は，一時会計監査人の適法意見のみならず，解任が無効である従前の会計監査人の適法意見もあれば，計算書類の効力に影響を与えないという見解を示されている（鴻ほか［1984］411頁〔龍田発言〕）。

になされたかどうかは，取締役会または株主総会における計算関係書類の承認等の決議および剰余金の配当等の決議の帰趨に重要な影響を必ずしも与えないと考えられることから，実質論としては，一時会計監査人が行う監査の効力に影響を及ぼさず，その監査に基づく計算関係書類の確定ないし剰余金の配当等の効力には影響はない（たとえば，裁量棄却の対象となる）と解するのが穏当であるように思われるが[2]，形式論理からは計算関係書類の確定ないし剰余金の配当等には瑕疵があると解するのが自然ではある。

(2) 欠格事由に該当した場合

会計監査人である公認会計士について登録の抹消または監査法人について解散命令がなされた場合はもちろんのこと，会社法上の会計監査人監査について業務の停止が命じられた[3]場合には，公認会計士法の規定により，「当該会社の計算書類について監査をすることができない者」（圏点—筆者）は会計監査人となることができないものとされているから（会社法337条3項1号），業務停止処分によりある「会社の計算書類について監査をすることができない者」とされた者は，その業務停止期間の始期において，会計監査人の地位を自動的に喪失するものと解される[4]。

したがって，業務停止期間の始期において，当該公認会計士または監査法人が会計監査人である場合には[5]，被監査会社としては，①前もって，遅くとも当該公認会計士または監査法人のそのような業務停止期間の始期からその任期が開始するように他の公認会計士または監査法人を会計監査人として選任しておくこと，②業務停止期間の始期後，遅滞なく，臨時株主総会を招集して，他の公認会計士または監査法人を会計監査人として選任すること，

---

[2] 監査役の監査報告に関する文脈においてであるが，鴻ほか [1984] 389-392頁参照。
[3] 業務停止処分の制度論としての問題点については，たとえば，弥永 [2006] 7頁・9-10頁参照。
[4] 加藤=黒木 [1975] 126頁，味村=加藤 [1977] 257頁，大隅=今井 [1992] 333頁，龍田 [1987] 537頁など。なお，業務停止期間の経過後，当該公認会計士あるいは監査法人を会計監査人あるいは一時会計監査人として選任することはできるが，改めて選任手続きを行わなければならないと解するのが，平成17年改正前商法特例法の下での通説であったと思われ（龍田 [1987] 537頁など），この点は，会社法の下でも異ならないのではないかと思われる。
[5] 被監査会社がそのような公認会計士または監査法人との監査契約を解除できるかどうかについては，太田 [2006] 37頁参照。

または、③業務停止期間の始期後、監査役（会）、監査委員会または監査等委員会が他の公認会計士または監査法人を一時会計監査人として選任することなどが考えられる[6]。

もっとも、会社法346条4項は、「会計監査人が欠けた場合又は定款で定めた会計監査人の員数が欠けた場合において、遅滞なく会計監査人が選任されないときは、監査役は、一時会計監査人の職務を行うべき者を選任しなければならない」と定めているので、遅滞なく会計監査人が選任されると期待される場合、たとえば、臨時株主総会が近く開かれる場合や、定時株主総会の直前で、会計監査報告の内容も特定取締役等に通知済みの場合には、直ちに、一時会計監査人を選任する必要はない（元木［1983］299-300頁、稲葉［1982］389頁、片木［1987a］556頁など参照。また、太田［2006］39頁）。

ところで、①から③のいずれかの方策をとった場合に、業務停止処分を受けた公認会計士または監査法人に、業務停止期間経過後、会計監査人または一時会計監査人の職務を行わせることができるかどうかが問題となる。実際、被監査会社には、会計監査人の報酬、会計監査人の監査に対応する費用と手間、あるいは（とりわけ、国際的に事業を展開し、または外国の証券市場に上場している場合には）連結計算書類・連結財務諸表の監査の都合などを考慮して、業務停止処分を受けた公認会計士または監査法人に、業務停止期間経過後、会計監査人または一時会計監査人の職務を行わせるニーズがあるかもしれない。

まず、①または②の方策をとる場合には、被監査会社の定款に最低2名以上の会計監査人を置く旨の定めがない限り、業務停止処分を受けた公認会計士または監査法人を、業務停止期間経過後、一時会計監査人として選任することはできなくなる。なぜなら、この場合には、「会計監査人が欠けた」とは評価できず、一時会計監査人の選任に関する会社法346条4項の要件をみたさないからである。

もっとも、業務停止期間経過後に、臨時株主総会を開催して、業務停止処

---

6) 太田［2006］41頁は、業務停止期間の始期より前に、業務停止期間の始期を「始期とする期限付きで他の監査法人等を一時会計監査人に選任することも、技術的には可能であろう」と指摘する。

分を受けた公認会計士または監査法人を会計監査人として選任することは当然できるし，それ以前であっても，業務停止期間の終期後を始期とする期限付で会計監査人として選任することは可能なのではないかと思われる（太田［2006］40頁参照）。なぜなら，会社法は，業務停止期間中あるいは業務停止期間の始期前に，業務停止処分を受ける（受けている）公認会計士または監査法人を会計監査人として選任する決議を禁止しているのではなく，公認会計士法上，その会社の計算書類について監査をすることができない者は会計監査人となることができない，すなわち，会計監査人としての地位を有することができず，その者が行った「会計監査」は会社法上，会計監査人による監査とは評価されないということを定めているにすぎないと解されるからである。会社法施行規則77条5号が，会計監査人の選任に関する議案を株主総会に提出する場合には，株主総会参考書類に，「当該候補者が現に業務の停止の処分を受け，その停止の期間を経過しない者であるときは，当該処分に係る事項」を記載しなければならないとしていることからもこのように解するのが自然である。

他方，③の方策をとる場合については，いくつかの問題がある。

第1に，業務停止期間経過後に，臨時株主総会を開催して，業務停止処分を受けた公認会計士または監査法人を会計監査人として選任すると，被監査会社の定款に最低2名以上の会計監査人を置く旨の定めがない限り，一時会計監査人はその地位を失うものと解するのがこれまでの通説であると推測され（片木［1987a］557頁参照），仮にそのように解すると，当該一時会計監査人は，最短の場合，業務停止期間のみ，一時会計監査人として職務を行うことになり，会社法の趣旨に合致すると評価できるかどうかという問題が生じ得る。業務停止期間中あるいは業務停止期間の始期前に，業務停止処分を受けた公認会計士または監査法人を，業務停止期間の終期後を始期とする期限付で会計監査人として選任する場合にはさらに問題となり得る。確かに，期中監査の重要性に鑑みて，会計監査人を常設のものとしていると考えられるが，期中監査のみを数ヵ月行うだけでは，まったく意味がなく，計算書類およびその附属明細書，臨時計算書類あるいは連結計算書類の監査との関連

で期中監査は意味を有する。すなわち，期中監査のみを数ヵ月行うために一時会計監査人を選任することは，一時会計監査人を選任しなければならないと会社法が定める趣旨に反することになる[7]。

　第2に，逆に，業務停止期間の経過後に，監査役(会)，監査委員会または監査等委員会が業務停止処分を受けた公認会計士または監査法人を一時会計監査人として選任するということになると，一時会計監査人が複数選任されることになる。

　たしかに，会社法346条4項の文言からは，一時会計監査人を複数選任することが禁じられていると解する必要はないし，実質的に考えても，たとえば，当該被監査会社の規模などに照らせば，個人の公認会計士を1人だけ，一時会計監査人として選任したのでは不十分であると考えられる場合が想定できるから，複数の一時会計監査人を選任することは許されていると解すべきであろう（太田［2006］39-40頁）。

　しかし，業務停止期間の経過後に，監査役(会)，監査委員会または監査等委員会が業務停止処分を受けた公認会計士または監査法人を一時会計監査人として選任することを想定して，業務停止期間中は，その者だけでは一時会計監査人の職務を十分に行うことができない者のみを一時会計監査人として選任しておくということは，会社法が一時会計監査人の選任を要求している趣旨に反することも確かである。つまり，たとえば，業務停止期間の始期から職務を行う一時会計監査人を選任する際には，その一時会計監査人のみで職務を行うことができる者を選任することが監査役(会)，監査委員会または監査等委員会には求められていると考えられる。

　もっとも，合理的な努力を尽くしても，適当な公認会計士または監査法人に会計監査人あるいは一時会計監査人への就任を承諾してもらえない場合はあり得るのであって，そのような場合には，会社（監査役等）に選任義務違反

---

[7] 太田［2006］40頁。立法論として，この問題を解決するためには，たとえば，一時会計監査人の任期も選任後1年以内に終了する事業年度のうち「最初のもの」に関する定時株主総会の終結の時までとし，会社法338条2項に相当する規定の適用はないものというように法定することが考えられるが，会計監査人の選任は，できる限り，（臨時株主総会を開催してでも）株主総会の決議によらせるべきであると考えるのであれば，このような定め方は適当とはいえないであろう。

あるいは善管注意義務があるとは評価されないであろう（太田［2006］39頁・42頁）。

（3）会計監査人監査の特質と一時会計監査人

　金融商品取引法上の監査人は常設の機関（あるいは機関類似のもの）ではないので，年度監査の時期あるいは四半期レビュー・中間監査の時期と業務停止処分期間とが重ならなければ，業務停止期間中は監査人を選任せず，業務停止処分明けの公認会計士または監査法人に財務諸表・連結財務諸表もしくは中間財務諸表・中間連結財務諸表の監査または四半期財務諸表・四半期連結財務諸表のレビューをしてもらうことも可能である[8]。これに対して，会社法上の会計監査人は常設の機関（あるいは機関類似のもの）なので（龍田［1987］526頁参照），会計監査人が欠けたときは，会計監査人または一時会計監査人を選任しなければならないと解される。なお，このように会計監査人が常設のものとされているのは，期中監査の充実のためであると説明されている（稲葉［1982］388頁）。

　つまり，会社法上の規制の方が，より厳しい規制を課していてもおかしくない金融商品取引法上の規制よりも厳格であるということができる。これについては，金融商品取引法監査についての規制が緩すぎるという評価ができる面がないわけではないが，会社法上も，会計監査人を常設のものと位置づけることが妥当かどうか，少なくとも，一時会計監査人の選任を要するかどうかを分ける「遅滞なく会計監査人が選任されないとき」という要件についての解釈を緩めることはできないかどうかを検討する必要がある。すなわち，臨時計算書類が作成されない場合には，計算書類およびその附属明細書（さらに，一定の会社では連結計算書類）の監査に支障がない限り，一時会計監査人を選任する必要はない，その判断に誤りがあったときは，監査役等に善管注意義務違反があったものとして，その損害賠償責任を問えばよいという

---

[8] おそらく，業務停止期間終了に伴い，監査人としての地位を回復する，業務停止処分にかかわらず，監査契約は終了しないというような監査契約が金融商品取引法監査との関係では可能なのであろう。太田［2006］36-37頁参照。

解釈はできないのであろうか[9]。投資者保護の要請が高いと思われる金融商品取引法監査との関係ですら，財務諸表・連結財務諸表，中間財務諸表・中間連結財務諸表または四半期財務諸表・四半期連結財務諸表について，公認会計士または監査法人が，結果として，監査証明・レビューをしてくれれば，監査期間またはレビュー期間の長短は問われていないのである。

実際，パイロット・テスト，内部統制の状況の評価を踏まえた監査契約の締結の可否の検討や前任監査人からの引継ぎには相当の時間を要するため，1ヵ月や2ヵ月の期間の業務停止処分の場合に，その間をカバーするために，一時会計監査人を選任しなければならないとするのは，被監査会社にとっての負担を考えると，多くの場合，合理的ではないのではないかと思われる[10]。

なお，会計監査人または一時会計監査人の選任が遅れた場合であっても，計算関係書類につき会計監査人または一時会計監査人の監査がなされ，会計監査報告が作成・提供されれば，計算書類の承認決議の効力には影響はないというのが多数説である（大隅＝今井［1992］331頁，龍田［1987］526頁，田辺＝加藤＝黒木［1974］49頁）。

---

[9] なお，元木［1983］300頁は，「会計監査人を選任しないでそのまま放置することによって監査の業務が支障を来」たすような場合に，会計監査人を選任しないことが「遅滞なく会計監査人が選任されない」ことにあたると解していると思われる。

[10] もっとも，このことは，いったん，公認会計士法の規定により，「当該会社の計算書類について監査をすることができない者」となった者が，業務停止期間の終了などにより，自動的に会計監査人の地位を回復すると解すべきであるということにはつながらない。すなわち，会社法施行規則では，株主総会参考書類の記載事項として，「当該候補者が現に業務の停止の処分を受け，その停止の期間を経過しない者であるときは，当該処分に係る事項」および「当該候補者が過去2年間に業務の停止の処分を受けた者である場合における当該処分に係る事項のうち，当該株式会社が株主総会参考書類に記載することが適切であるものと判断した事項」が挙げられており（77条5号・6号），会計監査人設置会社の事業報告にも「会計監査人が現に業務の停止の処分を受け，その停止の期間を経過しない者であるときは，当該処分に係る事項」および「会計監査人が過去2年間に業務の停止の処分を受けた者である場合における当該処分に係る事項のうち，当該株式会社が株主総会参考書類に記載することが適切であるものと判断した事項」を含めなければならないものとされているが，これは，株主に，そのような事実を知りつつ，業務停止期間中の者あるいは業務停止処分を受けた者を会計監査人として選任するか，不再任あるいは解任するかを判断させるためのものであると考えられるからである。会社法337条3項の欠格事由にあたらない限り，ある者を会計監査人として選任することや不再任せず，または解任しないことは，株主に任せるというのが会社法のとる立場であろう。

第2節　会計監査人が欠け，一時会計監査人が選任されない場合の効果

　会計監査人設置会社においては，各事業年度に係る計算書類およびその附属明細書は，法務省令で定めるところにより，会計監査人の監査を受けなければならない（会社法436条2項1号）とされている。そして，取締役会設置会社においては，会計監査人の監査を受けなければならない場合には，会計監査人の監査を受けた，各事業年度に係る計算書類およびその附属明細書は，取締役会の承認を受けなければならず（会社法436条3項），取締役は，定時株主総会の招集の通知に際して，法務省令で定めるところにより，株主に対し，取締役会の承認を受けた計算書類および事業報告（会計監査人の監査を受けなければならない場合は，会計監査報告を含む）を提供しなければならない（会社法437条）。

　会計監査人が欠けたにもかかわらず，一時会計監査人が選任されず，その結果，会計監査人の会計監査報告が作成・提出されない場合に，計算関係書類の承認決議，承認決議により確定した計算書類・連結計算書類を前提としてなされる剰余金の配当等の決議の効力をどう考えるべきかという問題がある。すなわち，会計監査人の会計監査報告なしになされた取締役会の決議および株主総会の決議に瑕疵があるのではないかということが問題となる。

　まず，平成17年廃止前商法特例法の下では，会計監査人の監査を受けずになされた，計算書類を承認する取締役会決議は無効であると解されていた（大隅＝今井［1992］333頁，龍田［1987］521頁）。これに対して，会社法の下では——この規定が有効であるといえるかという問題はあるが（後述第3節参照）——会社計算規則130条3項は，会計監査人が通知期限までに，特定監査役および特定取締役に対して，「会計監査報告の内容の通知をしない場合には，当該通知をすべき日に，計算関係書類については，会計監査人の監査を受けたものとみなす」と定めている。したがって，会計監査人または一時会計監査人が適法に選任されている場合には，会計監査報告が作成・提出されていなくとも，それだけでは，計算関係書類を承認する取締役会決議は

無効とはならないことになる。しかし，会計監査人または一時会計監査人が適法に選任されていない場合には，会社計算規則130条3項の適用はないから，計算関係書類を承認する取締役会決議は無効ということになる。

他方，適法に選任された会計監査人または一時会計監査人の監査を受けていないことは，当該計算書類の株主総会における承認決議およびそれを前提とする剰余金の配当等の決議との関係では，決議取消事由にあたるにとどまるというのがどちらかといえば，多数説のようであるし（大隅＝今井［1992］333頁注9）[11]，東京地判平成元・8・22金判844号16頁は，「会計年度が終了した後であっても関係帳簿等が存するかぎり会計監査人の監査は可能であると考えられ，また，監査特例法上の大会社が計算書類について会計監査人の監査を受けていないことは，会計計算上の重大な手続違背であることは明らかであって，右の違法は，同法16条1項の規定の趣旨により会計監査人が違法意見を述べた場合でも株主総会の承認決議により確定することができることとの対比から株主総会の承認決議があれば治癒されるという性質のものではないと解すべきである。したがって，右の手続の違法は，株主総会の承認決議の決議の方法の違法（商法247条1項1号〔現在の会社法831条1項1号—引用者〕）としてこれを取り消し得べき」であると判示している。各事業年度に係る計算書類につき監査役の監査を受けていないことは，当該計算書類の株主総会における承認決議との関係では，決議取消事由にあたるというのが裁判例（最判昭和54・11・16民集33巻7号709頁）および多数説（鈴木［1971］73頁，岩原［1986］319頁など参照）の立場であることとも整合的である。

また，監査役の監査報告を本店および支店に備え置かないことも，当該計算書類の株主総会における承認決議との関係では，決議取消事由にあたるというのが裁判例の立場である。たとえば，宮崎地判平成12・7・21判タ1063号180頁［およびその控訴審である福岡高判平成13・3・2判タ1093号197頁

---

11) 欠格事由に該当する者が会計監査人として監査を行った場合につき，取消し原因があるとするものとして，味村＝加藤［1977］256頁，佐藤［1979］35頁，大隅＝今井［1992］333頁など。他方，龍田［1987］537頁，山村［1975］168頁，酒巻［1974］93頁などは無効原因と解している。

はこれを引用］は，平成17年改正前「商法281条1項に定められた計算書類等を本店に備え置くことは，定時株主総会招集手続の一環として定められた法令上の義務（監査特例法23条4項）であって，その趣旨は，株主に計算書類等をあらかじめ閲覧させることによって，これを承認するか否かを検討した上で総会に出席することを可能にさせ，株主の総会出席権及び議決権を実質的なものにすることにあると解される。商法は，取締役が法令の規定に反して会社又は第三者に損害を与えたときは，会社又は第三者に対する損害賠償責任を負うことを定め…，かつ，監査特例法は，取締役が計算書類等の備置を怠ったときは，100万円以下の過料の制裁を科すなどの制裁規定を置き…，取締役に対して法令に定められた手続を遵守することを強く要請している。よって，本件総会の招集手続には法令に定められた手続に反した違法があるところ，前記のとおり，計算書類等の備え置きが法令上の義務として定められた趣旨に照らせば，このような招集手続の瑕疵は軽微なものとはいえず，本件総会の招集手続には看過できない違法があるといわざるをえない。したがって，このような違法な招集手続によって召集（ママ）された本件総会において承認された本件各決議は取り消されるべきである」としている。

そうであれば，会計監査人が欠けたにもかかわらず，一時会計監査人が選任されず，その結果，会計監査人の会計監査報告が作成・提出されない場合における，計算関係書類承認の株主総会決議，承認決議により確定した計算書類・連結計算書類を前提としてなされる剰余金の配当等の決議には少なくとも取消原因があると解すべきことになる（稲葉［2010］536頁）。しかも，会計監査人の監査を受けていないことは決議の方法の瑕疵というよりは，決議の対象についての瑕疵であるとみることができる一方で，会計監査人の会計監査報告が提供されていないことは，外形的にも明らかであることに鑑みると，会計監査人が欠けたにもかかわらず，一時会計監査人が選任されず，その結果，会計監査人の会計監査報告が作成・提出されない場合には，計算関係書類承認決議およびそれを前提とする剰余金の配当等の決議は無効であると解すべきであろう（龍田［1987］537頁，片木［1997］162頁，新山［1981］42頁参照）。

なお、監査役、監査委員または監査等委員は、会計監査人が会社法または定款で定めたその員数を欠くこととなった場合に、会計監査人または一時会計監査人の選任の手続をすることを怠ったとき100万円以下の過料に処せられる（会社法976条22号）。

第3節　会計監査人・一時会計監査人が会計監査報告の内容を通知しない場合

　会社計算規則130条3項は、会計監査人が通知期限までに、特定監査役および特定取締役に対して、「会計監査報告の内容の通知をしない場合には、当該通知をすべき日に、計算関係書類については、会計監査人の監査を受けたものとみなす」と定めている。そして、会社計算規則は、会計監査人・一時会計監査人が通知期限までに会計監査報告の内容の通知をしないときには、監査役、監査役会、監査委員会または監査等委員会としては、その監査報告においては、会計監査報告を受領していない旨のみ記載すれば足りるとし（会社計算規則128条2項2号・129条1項2号・128条の2第1項2号・127条2号）、定時株主総会の招集の通知に際しても、会社計算規則130条3項の規定により監査を受けたものとみなされた旨の記載または記録をした書面または記録を提供すれば足りるとしている（会社計算規則133条1項3号ニ）。

　この規定の趣旨は、「会計監査人等の監査意見が表明されず、かつ、後述するような一時会計監査人の選任もできないというような事態が生じ、計算書類を確定させることができない場合には、分配可能額の算定等会社法上の不都合が生じるばかりでなく、税法・各種業法等との関係でも不都合が生じ、ひいては会社の事業遂行にも支障が生じるおそれも」ある、「前記の措置は、そうした場合であっても、少なくとも株主総会の決議により計算書類の確定は可能としようとするものと考えられ、最終的には、あくまで監査意見の提供を求めるのか、それとも計算書類が確定しないことにより生じ得る不都合を回避するのかについての株主の判断に委ねられることとなるものと考えられ」る点にあると説明されている（郡谷=川東［2009］114頁）。

たしかに，会社法436条2項1号は，「法務省令で定めるところにより」，会計監査人の監査を受けなければならないと定め，同437条は，取締役は，定時株主総会の招集の通知に際して，「法務省令で定めるところにより」，株主に対し，取締役会の承認を受けた計算書類および事業報告（会計監査人の監査を受けなければならない場合は，会計監査報告を含む）を提供しなければならないと定めているのであるから，会社計算規則130条3項のような規定を設けることは会社法の委任に基づくものであるという見方もあるが（相澤＝和久［2006b］60頁参照），会社法は会計監査人設置会社において，会計監査人の会計監査報告なしに，監査役等の監査報告が作成され，計算関係書類が取締役会または株主総会で承認されることを想定していないのだとすれば，これらの規定は会社法の委任の範囲を超えたものであるということになり（稲葉［2010］535-536頁・543頁），そうであれば，これらの規定は無効であるということになろう。

　とりわけ，大会社においては，会計監査人を設置するかどうかは会社（株主総会）が自由に決定できるわけではなく，会社法によって設置が強制されているのであるから，会計監査人の会計監査報告を求めるか否かは株主の判断に委ねられるというのは首尾一貫しないといわざるを得ない。第2節で概観した裁判例も，監査役等や会計監査人による監査が欠けていることは，株主総会の決議によって治癒されるわけではないという発想に基づいている。

　しかも，監査においては，その過程において，監査手続きの追加や試査の範囲の拡大が必要となることが想定されており，不正リスク対応基準が適用される場合には，なおさらである。このような場合には，当初に特定監査役および特定取締役との間で合意した日，計算書類の全部を受領した日から4週間を経過した日および計算書類の附属明細書を受領した日から1週間を経過した日の中の最も遅い日よりも会計監査報告の内容の通知期限を遅らせる必要が生ずるのが自然な帰結である。それにもかかわらず，特定取締役および特定監査役が通知期限の延長に合意する（会社計算規則130条1項1号ハ）という保障はない。必要な監査期間が確保できなくなるにもかかわらず，特定取締役および特定監査役が通知期限の延長に合意しないと（相澤＝和久

[2006b] 63頁参照), 会計監査人の監査を受けたものとみなすというのは, 実質的にも不当であると評価せざるを得ないのではないかとも思われる (稲葉 [2010] 536頁・541頁)。もちろん, これに対しては, 特定取締役および特定監査役が通知期限の延長に合意しなければ, 会計監査人は, 意見不表明[12]を内容とする会計監査報告 (会社計算規則126条1項3号) を作成・通知すれば足りるのだから, 問題はないという反論はあり得よう。

---

12) 『監査基準』は,「監査人は, 重要な監査手続を実施できなかったことにより, 無限定適正意見を表明することができない場合において, その影響が財務諸表全体に対する意見表明ができないほどではないと判断したときには, 除外事項を付した限定付適正意見を表明しなければならない。この場合には, 別に区分を設けて, 実施できなかった監査手続及び当該事実が影響する事項を記載しなければならない。」とする一方で,「監査人は, 重要な監査手続を実施できなかったことにより, 財務諸表全体に対する意見表明のための基礎を得ることができなかったときには, 意見を表明してはならない。この場合には, 別に区分を設けて, 財務諸表に対する意見を表明しない旨及びその理由を記載しなければならない。」と規定している (第四, 五, 1および2)。

第5章

会計監査人の民事責任

第1節　会計監査人の民事責任の概要

　会計監査人は，会社に対しては債務不履行（民法415条）[1]および不法行為（民法709条[2]・715条[3]，公認会計士法34条の22第1項，会社法600条[4]）に基づく損害賠償責任を，会社以外の第三者に対しては不法行為（民法709条・715条）に基づく損害賠償責任を，それぞれ，負う可能性があるが，会社法は，会計監査人の民事責任について，特に定めを置いている。

(1) 会社に対する損害賠償責任（会社法423条）

　会計監査人がその任務を怠ったときは，株式会社に対して，これによって生じた損害を賠償する責任を負う。善良な管理者としての注意義務を払わなかった場合には（会社法330条，民法644条），任務を怠ったとされる。

---

*　会計監査人の民事責任およびその限定についての比較制度を行ったものとして，弥永[2000]，山村[1994]など参照。また，フランスにおける状況について，最新のものとして，内田[2012][2014]。
1) 公認会計士と依頼人との間の監査契約は一般に準委任（民法656条）の関係であると解されてきたが（味村[1969]492号17頁，倉澤[1990]4頁，龍田[1974]145-146頁など。良永[1993]310頁もこれに賛成する。他方，請負契約とみるものとして，大住[1968]20頁，篠田[1976]61頁），会社法では，会計監査人と会社との関係は，委任に関する規定に従うと定められている（会社法330条）。したがって，会計監査人は委託された会計監査人としての業務について善良なる管理者としての注意（民法644条）を尽くして処理する義務を負っているが，この義務が完全に履行されていない場合には民法415条に基づき債務不履行に基づく損害賠償責任を負う。善良なる管理者としての注意とは職業専門家として相当の注意を意味すると考えられる。
2) 公認会計士が，業務上，故意または過失により他人の利益を害した場合には，依頼者に対し債務不履行責任を負うか否かを問わず，不法行為責任を負う。ここにいう過失とは，一般人・普通人としてなすべき注意を怠ることをいう。なお，その行為の損害賠償の範囲については，債務不履行に関する民法416条が準用され，その行為と相当因果関係の範囲内の損害を賠償すべきであると解するべきであろう。
3) 公認会計士が他人を補助者として使用し，補助者が業務執行について故意または過失により第三者に損害を与えた場合には，補助者とともに使用者である公認会計士も損害賠償責任を負う。ただし，公認会計士が補助者の選任，監督につき相当の注意をなしたこと，または相当の注意をなしたにもかかわらず損害が生じたことを証明すれば免責される。なお，公認会計士が損害を賠償したときは補助者に対して求償することができる（民法715条3項）。
4) 監査法人については，公認会計士法34条の22第1項により会社法600条が準用されている。

（2）会計監査報告の虚偽記載に基づく第三者に対する損害賠償責任（会社法429条2項）

会計監査人は会計監査報告に記載しまたは記録すべき重要な事項について虚偽の記載または記録をしたときは，注意を怠らなかったことを証明しない限り，第三者に生じた損害を賠償する責任を負う。

本来，会計監査人と第三者との間には直接の法律関係が存在しないので，一般不法行為（民法709条・715条）の要件をみたさない限り，会計監査人は第三者に対し損害賠償責任を負わないはずである。しかし，監査が適正に行われることは株式会社以外の第三者にとっても重要な意味をもつためこの規定が設けられた。

平成17年改正前商法266条ノ3の解釈として，名古屋高判昭和58・7・1判時1096号134頁は株式会社と直接取引関係に入った者および株式会社の株式または社債を公開の流通市場において取得した者等に限定していたが，会社法429条にいう「第三者」には，文理上，株式会社以外の者すべて（株式会社の株主，債権者など）が含まれると考えられる[5]。

なお，会計監査人がその職務を行うにつき注意を怠らなかったことを証明したときは免責される（429条2項ただし書）。

（3）会計監査報告の虚偽記載以外に基づく第三者に対する損害賠償責任（会社法429条1項）

会計監査人にその職務を行うについて悪意または重大な過失があったときは，これによって第三者に生じた損害を賠償する責任を負う。

（4）補助者の悪意または過失

補助者に過失があった場合にも会計監査人は責任を負う（民法715条も参照）。

そして，（1）および（2）の場合には注意を怠らなかったことの挙証責任は会計監査人にある。

---

5) 片木［1986］37-39頁，黒沼［1987］106-109頁など参照。

（5）連帯責任

　会計監査人が2名以上存在する場合には、株式会社または第三者に対して連帯して損害賠償の責任を負い、いずれの者の過失により、どれだけの損害を被ったかは問わず全体の責任を負う。すなわち、会社法430条の規定により、会計監査人が複数ある場合に、それらの者は連帯責任を負う[6]。また、他の役員等、とりわけ、取締役（委員会設置会社においては執行役）および会計参与も損害賠償責任を負うときは、それらの者と連帯して責任を負う（後述第8節も参照）。

第2節　任務懈怠/過失/善管注意義務違反

1　『監査基準』等あるいは日本公認会計士協会の実務指針の意義

　会社法上の民事責任との関係で、監査人が被監査会社または第三者に対して損害賠償責任を負うことを免れるためには、任務懈怠がなかったこともしくは善良な管理者としての注意義務を払って監査証明を行ったことまたは過失がなかったことを主張立証する必要がある。

　そこで、『監査基準』等あるいは日本公認会計士協会の実務指針に従わないことが直ちに任務懈怠と評価されるのか、善管注意義務違反とされるのか、逆に、『監査基準』等あるいは日本公認会計士協会の実務指針（監査基準委員会報告など）に従ったことのみをもって、任務懈怠がない、もしくは善管注意義務違反はないとされ、または無過失を立証することができるのかという問題がある。

　公認会計士が監査証明したことにつき故意または過失がなかったとは、一般的には公認会計士が受任者としての善管注意義務を尽くしたことをいい、具体的には一般に公正妥当と認められる監査の基準に基づいて監査を行うこ

---

6) 龍田［1987］574頁参照。

とを意味する[7]。

　金融商品取引法上または会社法上，監査証明を行った公認会計士または監査法人に過失がなかったことを立証するためには，「少なくとも」『監査基準』等および日本公認会計士協会の公表する実務指針に従ったことを示さなければならないと解するのが，会社法・金融商品取引法の研究者の間では通説であると考えられる。これは，監査証明府令3条の文言からも明白である。すなわち，「一般に公正妥当と認められる監査に関する基準」に『監査基準』および日本公認会計士協会の公表する実務指針が含まれることには異論がなく，金融商品取引法上，「一般に公正妥当と認められる監査に関する基準」に従った監査が要求されているからである。もっとも，監査証明府令は，「一般に公正妥当と認められる監査に関する基準及び慣行」（圏点―引用者）に従って監査を行うことを要求しており，「一般に公正妥当と認められる監査に関する基準」に従ったのみでは無過失を立証するために不十分であって，さらに「一般に公正妥当と認められる監査に関する慣行」に従うべき場合があり得ることが文言からは読み取れる。ある監査実務が一般に公正妥当と認められる「慣行」[8]にあたるかどうかは――具体的には，裁判所の事実認定によるが[9]――公認会計士および監査法人の間で広く採用されている監査実務のうち，金融商品取引法監査または（会社法上の）会計監査人監査の目的を実現するためにふさわしい監査実務を意味すると解するのが穏当であろう。

　したがって，単に，公認会計士の間で広く採用されているのみでは，「一般に公正妥当」とは認められないのであって，投資者を含む監査の受益者から「公正妥当」なものとして現実に受け入れられているか，あるいは受け入れられると合理的に予想されるような監査実務であって，「一般に公正妥当と認められる監査に関する基準」と整合性を有するようなものをさすと考え

---

[7] そして，公認会計士法上も，一般に公正妥当と認められる監査の基準に基づいて監査を行ったのであれば，相当の注意を怠ったとは評価されないと考えてよいであろう。
[8] 法律上は，法的な確信を伴った慣行を慣習法と呼び，商事に関する事項については，商法典に規定がないものについては，商慣習法が民法に優先して適用される（商法1条2項）。
[9] この判断にあたっては，国際監査基準とのコンバージェンスを図った日本公認会計士協会の実務指針が現在では詳細なものとなっていることから，高い重要性を有すると推測されるが，研究者および実務家による文献なども参照されることになろう。

られる。

　このような観点からは，『監査基準』等や日本公認会計士協会の実務指針には，公認会計士が金融商品取引法上の監査または会計監査人監査を実施するにあたって，その任務（監査契約上の債務）の内容や善管注意義務のレベルを画するという機能が認められる。

　なお，実際上は，ある特定の業種に属する会社の監査について，適切に対応した日本公認会計士協会の実務指針が公表されていないような場合を除き，『監査基準』等および日本公認会計士協会の実務指針に従って監査を実施し，適切に報告したことによって，無過失は一応推定されるものと予想される[10]。もっとも，『監査基準』等は相当程度抽象的であり，日本公認会計士協会の実務指針が指示する監査手続き等には選択の幅があり，機械的にあてはめられるようなものではない。すなわち，公認会計士の判断を伴うものである。したがって，ある公認会計士または監査法人が『監査基準』等に従って監査を実施したことが一目瞭然である場合は決して多くはないと予想される。

　他方，従来から，『監査基準』および『監査実施準則』等に基づいて監査したのみでは善管注意義務を尽くしたとはいえない場合があると指摘されてきた[11]。なぜなら，善管注意義務に基づいて何をなすべきかは具体的事案に即して変わってくるからである。すなわち，『監査基準』等や日本公認会計士協会の実務指針は絶対的なセーフ・ハーバーではないのである。

　同時に，『監査基準』等や日本公認会計士協会の実務指針はブライトラインを示してはいないため，それらが指示する監査手続きを履践したか否かの判断にあたって，懐疑心を十分に発揮し，監査の範囲を決定し，監査手続きを選択適用したか，そして，監査証拠を評価したかが問われるということができる（岸田［2014］164-166頁参照）。すなわち，任務懈怠あるいは債務不履行があるか否かの判断基準となるとともに，過失の有無の判断基準ともなる。

10) やや古い文献であるが，証券取引法に基づく監査について，おおむね監査実施準則に基づく監査を行い，それを監査調書に記録しておれば，過失がないことを立証することができようとするものとして，渡辺ほか［1971］69頁，河本=神崎［1971］111-112頁，土肥［1971］32頁などがある。会計監査人監査との関連では，龍田［1987］578頁が同旨。
11) 十分な証拠なしに意見を表明することには過失があるといわざるを得ない（龍田［1972］527頁）。

2 監査人の民事責任をめぐる裁判例

①東京地判平成3・3・19判時1381号116頁［有限会社の任意監査］
②東京高判平成7・9・28判時1552号128頁［①の控訴審判決］
③東京地判平成15・4・14判時1826号97頁［労働組合監査］
④大阪地判平成17・2・24判時1931号152頁
⑤大阪地判平成18・3・20判時1951号129頁
⑥東京地判平成19・11・28金法1835号39頁
⑦東京地判平成20・2・27判時2010号131頁
⑧大阪地判平成20・4・18判時2007号104頁
⑨東京地判平成20・7・31（平成17年（ワ）第19120号）
⑩大阪地判平成24・3・23判時2168号97頁
⑪東京地判平成26・12・25（平成21年（ワ）第30700号）

		原告	事案	時期	判断規準	リスク・アプローチ	結論
①	任意監査（有限会社）	被監査会社	従業員不正	1997/1-1997/12	監査基準等の適用なし→監査基準,準則に盛られた監査に関する一般的な原則	n/a	過失あり
②							過失なし
③	労働組合監査	労働組合	従業員不正	1990/8-1998/7	監査基準等を参照		過失あり
④	証券取引法監査	株主	粉飾決算	1993/4-1997/3	監査基準等		過失なし
⑤	特例法監査/証券取引法監査	株主	粉飾決算	1991/4-1997/3	監査基準等	不適用	過失なし
⑧	特例法監査/証券取引法監査	破産管財人	粉飾決算	1997/4-2001/3	監査基準等＋JICPA実務指針	適用	過失あり
⑨	特例法監査	被監査会社	従業員不正	2000/4-2002/3	監査基準等＋JICPA実務指針	適用	過失なし
⑥	特例法監査	債権者	粉飾決算	2003/2-2004/1	監査基準等＋JICPA実務指針	適用	過失なし

⑦	特例法監査/証券取引法監査	被監査会社	粉飾決算	2004/4-2005/3	不明	実質的には不適用	過失なし
⑩	特例法監査/証券取引法監査	再生債務者管財人	粉飾決算	2003/4-2006/3	監査基準等+JICPA実務指針	適用	過失なし
⑪	特例法監査/証券取引法監査	株主	粉飾決算	2002/7-2007/6	監査基準等+JICPA実務指針	（適用）	過失なし

　一般論としては，会計監査人は公正妥当と認められる監査の基準および慣行に基づいて監査を行えば，正当な注意を払ったと評価され，被監査会社や第三者に対して損害賠償責任を負うことにはならないと解され，裁判例もそのような解釈を前提とする。そして，民事責任との関係では，正当な注意を払ったかどうかの判断は，公認会計士に期待される監査手続き等を実施し，その結果に基づいて合理的な判断を行い，意見を表明しまたは証明を行ったかどうかという規準によってなされるものと考えられる。もっとも，公認会計士が正当な注意を払ったと判断されるかどうかは，監査技法の発達，監査の基準の設定・改廃，公認会計士監査に対する被監査会社や社会の期待の変化等の影響を受けるものと考えられる。

　⑩判決は，「監査契約上の善管注意義務に違反したか否かは，通常の監査人が準拠すべき一般に公正妥当と認められる監査の基準である企業会計審議会の定めた「監査基準」や日本公認会計士協会の定めた実務指針，監査実務慣行に従った監査を実施したかどうかにより判断することとなる」とする。

　他方，たとえば，⑤判決は，平成14年1月25日改訂前監査基準および廃止前監査実施準則の一部分の監査規範性について否定的な判示を行った点で特徴を有する。すなわち，本判決は，「監査基準第二・三及び監査実施準則五は，監査人が監査を実施するに当たっての規範といえるほどの具体性を有していたとは」いえないとして，本件監査当時，いまだ，「厳格な意味でのリスク・アプローチ」（おそらく，平成14年改訂後監査基準が定めるリスク・アプローチという趣旨であろう）を採用しなかったことをもって直ちに過失があったと捉えることはできないとした（平成14年改訂前監査基準の下で監査が行

われたにもかかわらず，⑧判決［平成10年3月期から平成13年3月期に係る監査］および⑨判決［平成13年3月期および平成14年3月期に係る監査］においては，リスク・アプローチの適用が認められているのと対照的である）。十分な具体性を有していないことを捉えて，監査規範性について否定的な判示を行った点は，「資産査定通達等によって補充される改正後の決算経理基準は，その解釈，適用に相当の幅が生じるものであったといわざるを得ない。……このように，資産査定通達等によって補充される改正後の決算経理基準は，特に関連ノンバンク等に対する貸出金についての資産査定に関しては，新たな基準として直ちに適用するには，明確性に乏しかったと認められる」とした長銀刑事事件最高裁判決（最判平成20・7・18刑集62巻7号2101頁）の発想と共通する。しかし，『監査基準』および『監査実施準則』は，これらの規定に限らず，やや抽象的な規定であり，具体性を有していなかったことを⑤判決のように強調するならば，ほとんどすべての規定が規範性を有しないことになりそうである。そして，このような捉え方は，『監査基準』および『監査実施準則』がセーフ・ハーバーとしての意味をもつかどうかは格別，それらの監査規範性，正当な注意の判断基準性を認めてきた従来の裁判例および通説とは整合的であるとはいえない。

　もっとも，平成「14年改訂前の監査基準等にいう監査上の危険性を踏まえた監査を実施する注意義務を負っていたにとどまる」と述べており，⑤判決は，一定の範囲では，リスク・アプローチを踏まえた監査を行う必要があったとしており，このことと，『監査基準』第二・三などが規範といえるほどの具体性を有していたとはいえないとの指摘との間には矛盾があるように思われる。また，⑤判決は，平成9年4月1日以後に開始する事業年度に係る監査に適用されるものとされていた日本公認会計士協会の監査基準委員会報告書第10号「不正及び誤謬」および同第11号「違法行為」は，平成9年3月期までの監査に関する争いである本件には適用されないので，これを監査実務の指針として考えることはできないとした。しかし，平成3年12月26日の『監査基準』の改訂にあたって，『監査実施準則』の「第二　通常の監査手続」がすべて削除され，『監査実施準則』は詳細な監査手続きを定めないことと

なり，日本公認会計士協会には，早急に，改訂後の『監査基準』を実施するための具体的な指針を作成することが要請されていたのであり，その指針の作成が遅れたことのみで，公認会計士等にとっての監査上の規範が不十分なものとなってよいとはいえないし，日本公認会計士協会が平成9年4月1日以後に開始する事業年度に係る監査に適用すると定めたことが，それ以前の監査において公認会計士等が正当な注意を払ったかどうかの判断にあたって，これらの報告書を斟酌できないと解すべき決定的な根拠とはなり得ないと考えられる。また，そもそも，これらの報告書が創設的に公認会計士等のなすべき監査手続きを定めたと位置づけられるのか，『監査実施準則』五を具体化したものにすぎず，また，従来の優れた監査慣行を成文化したものと位置づけられるのかは明らかではなく，もし，後者であるとすると，平成9年3月期に係る監査においても，報告書の内容は監査実務の指針にあたるというべきではないかと考えられる。しかも，いずれの報告書も平成9年3月25日付で公表されているのみならず，その策定の過程においては，公開草案が公表されていたことに鑑みると，Yは少なくとも平成9年3月期に係る監査の時点ではその内容を熟知していたと推測される。もっとも，両報告書が国際監査基準とのコンバージェンスを意識したものであったことに注目すると，創設的な基準であり，⑤判決が認定するように，いまだ，監査慣行性を有していなかったと評価するのが適当であった可能性も否定できない。

いずれにせよ，日本公認会計士協会が公表した実務指針によって，公認会計士がなすべき監査手続きの範囲が縮小されるとか，注意義務の水準が引き下げられるということは，自主規制団体としての日本公認会計士協会の位置づけからみて，適当であるとはいえないし，そのような実務指針はどのような監査慣行が存在したのかを判断するための1つの資料であると考えられる。また，実務指針に定められていないことは慣行ではないあるいは公正な監査慣行ではないという推定が働くとは考えにくい。

もっとも，⑤判決と同じ虚偽記載について損害賠償が求められた事案に関する④判決は，「国内ダミー会社であるD₁等5社も海外ダミー会社も，連結規則5条による連結の範囲に含まれる会社ではなく，監査の対象とはならな

いところ，……外部からはA₁との関係を容易に知り得ないD₁等5社において顧客の含み損ある有価証券を引き取らせ，特金勘定を利用してその資金を捻出するなどの仕組みにより，多額の損失の存在を隠ぺいし，本件各有価証券報告書に虚偽の記載をさせていたというのであり，Yにおいて，監査人として通常要求される程度の注意義務を尽くしたとしても，……運用状況報告書の記載からは，D₁等5社の存在及びそれらの法人格の独立性がA₁との関係において否認されるべきものであることを基礎付ける事情を認識することは不可能であったものと認められる」と判示していた。

また，⑤判決の事案においては，A₁が構築した粉飾のスキームが巧妙であり，Yにとっての監査期間および監査資源の制約を前提とする限り，飛ばしを発見できなかったという結果から，Yが正当な注意を払わなかったと判断することは適当でないということもできる。たとえば，本判決後に下されたものであり，しかも，監査実施の時期が本件よりかなり後（平成16年1月期）の事案に関する⑥判決は，「代表取締役を始めとする経営陣が組織的に，」「巧妙な手段を用いて粉飾決算を行っていたため」，会計監査人が被監査会社の「決算について粉飾であることを発見できなかったことはやむを得ないというべきである」として，「会計監査人に過失があるともいえない。」と判示しているが，⑤判決の事案においても，試査に基づくことを前提とする以上，D₁等5社との取引を発見することは一般に期待できなかったと考えられるし，本件は⑥判決の事案に勝るとも劣らない組織的粉飾の事案であると評価できる。

なお，平成14年改訂後『監査基準』にいうリスク・アプローチの考え方に基づいても，不正のリスクを念頭に置く必要があるとはいえ，公認会計士などが，不正の発見に重点を置いた監査手続きを常に行わなければならないとか，不正を発見することができなかったことにより，正当な注意を払わなかったと直ちに推認されるものでもない（平成17年3月期に係る監査上の失敗が主張された事案に関する⑦判決においても「不正を共謀して架空取引を行っていたことを前提として，監査を実施する義務を監査人が負っていたとまでは認められない」とされている。ただし，⑧判決）。

⑩判決は，日本公認会計士協会IT業界における特殊な取引検討プロジェクトチーム「情報サービス産業における監査上の諸問題について」(平成17年3月11日)は，「プロジェクトチームの報告という形式を採った上で，その文頭に「当面の監査上の留意事項及び会計基準の明確への提言について取りまとめたので，ここに記載されていることを参考として(中略)深度のある監査を実施されたい」，文末にも「我が国では収益の認識に関する明確な会計基準が設定されていないという問題については，日本公認会計士協会のみでは解決できないため，企業会計基準委員会における明確な会計基準の設定を提言する」と明記されているとおり，当時わが国において情報サービス産業における収益，物やサービス内容の認識について会計基準が明確にされていないことを前提として，プロジェクトチームの報告という形式を採ってなされた提言であって，日本公認会計士協会の定めた実務指針である監査基準委員会報告書等でもないこと…，その内容も，あくまでも情報サービス産業における監査を実施する際の留意点として一般的注意事項が述べられたに過ぎないものであること，本件監査当時，情報サービス産業における監査一般において，諸問題に記載されているような監査手続を含む監査が行われていたと認めるに足りる証拠は存しないことからすれば，本件監査当時，諸問題が監査実務慣行として監査人が準拠すべき監査の基準となっていたとまでは認められない。また，会長通牒も，同様に，諸問題を前提とした慎重な監査を要請するものに過ぎず，それ自体が監査の基準とはいえない。」とした。

そして，当該「監査の当時，諸問題あるいは会長通牒が，情報サービス産業における監査についての一般的な注意喚起の域を超えて，善管注意義務違反の有無の指標となる監査の基準であったと認めることはできず，情報サービス産業の監査に従事する者が，単に抽象的に不正の可能性や疑いが存するに過ぎず，不正を窺わせる具体的な事情が特段存在しない状況において，取引先と共謀した架空循環取引の存在を前提に，諸問題が指摘するような架空循環取引発見のための監査手続を実施すべき義務を負っていたとはいえない」との判断を示した。

もっとも，⑩判決は，以下のような場合，監査人は，架空循環取引等の不

正発見のために必要な監査手続を実施すべき義務を負っていたといえると判示している。

「すなわち，財務諸表監査の目的は，経営者の作成した財務諸表が一般に公正妥当と認められる企業会計の基準に準拠して，企業の財政状態や経営成績等の状況をすべての重要な点において適正に表示しているかどうかについて，監査人が自ら入手した過不足のない監査証拠に基づいて判断した結果を意見として表明することにあり，不正の発見は財務諸表監査の直接的な目的ではなく，監査人の適正意見表明が，被監査会社における一切の不正や誤謬が存在しないことを保証するものではない。したがって，監査人は，具体的な不正の兆候が明らかではない時点において，あらゆる不正発見のための監査手続を実施する義務を負うものではない。

しかしながら，監査人が，監査計画を策定して監査手続を実施する過程において，財務諸表の適正性に影響を及ぼすような不正行為に起因する財務諸表の重要な虚偽の記載の具体的な兆候を発見した場合には，当該不正の類型や発生可能性，財務諸表全体への影響額等を考慮の上，十分かつ適正な監査証拠を入手すべく，監査手続を選択・追加・修正する義務を負っているといえる。」

そして，当該事案においては，監査人が「リスク・アプローチに基づき，監査計画を策定して監査手続を実施する過程において，再生会社による架空循環取引等の不正行為に起因する重要な虚偽の記載の具体的な兆候を発見したか，あるいは発見すべきであったといえる場合において，前記不正の類型や発生可能性，財務諸表全体への影響額等を考慮し，不正発見のために必要な監査手続を実施すべきと認められるときは」，監査人は，「善管注意義務の一内容として，原告が主張するような架空循環取引発見のための合理的な監査手続を実施すべき義務を負う」と判示した。

3　監査手続と懐疑心

『監査基準』は，「監査人は，職業的専門家としての正当な注意を払い，懐

疑心を保持して監査を行わなければならない。」と定め（第二，3），「監査人は，職業的専門家としての懐疑心をもって，不正及び誤謬により財務諸表に重要な虚偽の表示がもたらされる可能性に関して評価を行い，その結果を監査計画に反映し，これに基づき監査を実施しなければならない。」と定めている（第三，一，5）。「正当な注意を払うこと」と「懐疑心を保持すること」とは完全には重ならないという解釈の余地もありそうであるが，懐疑心を保持することなしには，正当な注意を払ったとは評価されないであろうから，懐疑心を保持して監査を行うことが，職業的専門家としての正当な注意を払ったと評価されるためには必要であると裁判所が判断する可能性は十分にある。

　仮に，このような『監査基準』の規定が法令に設けられていたとすると，『監査基準』は監査計画，すなわち，監査手続きの選択にあたって，職業的専門家としての懐疑心を発揮することに最も重きを置いていると，文言上は解することになりそうである。報告基準や監査の実施に関する規定では懐疑心の保持と発揮には言及されていないからである。しかも，「不正及び誤謬により財務諸表に重要な虚偽の表示がもたらされる可能性」の関連で，職業的専門家としての懐疑心が意味を有するという書きぶりになっている。

　この点で，『監査における不正リスク対応基準』が「監査人は，経営者等の誠実性に関する監査人の過去の経験にかかわらず，不正リスクに常に留意し，監査の全過程を通じて，職業的懐疑心を保持しなければならない。」（圏点―引用者）とし（第一，1），実施および監査証拠の評価の局面で職業的懐疑心の発揮を求めている（第一，3および4）のと対照的である。

　もっとも，公認会計士などの責任との関連では，このような職業的懐疑心というやや曖昧な基準のみによって，相当の注意を払ったか否か，善管注意義務を尽くしたかが評価されることには問題があることから，基本的には，『監査基準』および『監査における不正リスク対応基準』等の他の規定ならびに日本公認会計士協会の実務指針に従っていると評価できる限りにおいては，職業的懐疑心が保持され，発揮されていたと評価され，それらの規定が監査人に選択と判断を求めている場合には職業的懐疑心に基づいて選択と判

断がなされなければならないと理解する余地があろう。

　ただ,『監査基準の改訂及び監査における不正リスク対応基準の設定について』においては,「本基準における職業的懐疑心の考え方は,これまでの監査基準で採られている,監査を行うに際し,経営者が誠実であるとも不誠実であるとも想定しないという中立的な観点を変更するものではない」と指摘されているのであって（二,4(2)),職業的懐疑心を発揮することが,監査手続きの選択と実施にあたって,どのような具体的帰結を導くのかについては慎重な検討を要する。また,監査計画・実施および監査意見の形成にあたって,「一般に公正妥当と認められる監査の基準」が求める具体的な要求事項をみたさないことを離れて,職業的懐疑心が発揮されていないという抽象的な理由づけで,相当の注意が払われていないとか,善管注意義務が尽くされなかったと評価することは法的には適切ではないという見方もあり得よう。

　とはいえ,職業的懐疑心の保持と発揮の要請は,いわば,バスケット条項であり,「一般に公正妥当と認められる監査の基準」が求める具体的な要求事項を履践しても,なお,相当の注意が払われていないとか,善管注意義務が尽くされていないと評価される場合があることを意味しているという解釈の余地も否定できない。

　まず,行政処分との関連では,「相当の注意を怠」ったと評価されるかどうかがカギとなるが,「一般に公正妥当と認められる監査の基準」がその判断基準となると解されることについては上述したとおりである。そして,『監査基準』,『監査における不正リスク対応基準』および日本公認会計士協会の実務指針が「一般に公正妥当と認められる監査の基準」に含まれることにも異論はない。そして,それらでは,職業的懐疑心の保持と発揮が要請されている以上,職業的懐疑心の保持と発揮がなされなかったことは,少なくとも,形式的には「一般に公正妥当と認められる監査の基準」に従った監査を行わなかったことにあたることも否定できない。また,『監査基準』,『監査における不正リスク対応基準』および日本公認会計士協会の実務指針,とりわけ,後二者はかなり詳細な規定を含んでいるとはいえ,それらの規定が監査の局

面におけるすべてを網羅していると言い切れるかといえば，そうではない。そうであれば，職業的懐疑心の保持と発揮が要請されていないという抽象的な根拠に基づいて相当の注意が払われていないと評価される余地はある。しかも，行政処分においては，――公認会計士等が取消しを求める行政訴訟を提起した場合における，当該訴訟においては格別――厳密な意味での挙証責任が問題とされにくいため，このようなことは十分に想定できる。

　他方，民事責任との関連においても，『監査基準』，『監査における不正リスク対応基準』および日本公認会計士協会の実務指針が「一般に公正妥当と認められる監査の基準」に含まれる以上，職業的懐疑心の保持と発揮がなされなかったことは，少なくとも，形式的には「一般に公正妥当と認められる監査の基準」に従った監査を行わなかったことにあたる。したがって，職業的懐疑心の保持と発揮が要請されていないという抽象的な根拠に基づいて善管注意義務が尽くされていないと評価される余地がないわけではない。しかし，損害賠償請求訴訟においては，原告（投資家・株主・会社債権者など損害賠償請求をする側）が公認会計士等の善管注意義務違反を主張・立証しなければならないことは明確である。そこでは，公認会計士等が何をなすべきであったか，そして，公認会計士等がそれをなさなかったことを「具体的に」主張・立証しなければならないが，『監査における不正リスク対応基準』および日本公認会計士協会の実務指針に含まれる具体的な規定に違反しているとはいえないにもかかわらず，公認会計士等が「職業的懐疑心の保持と発揮」を怠ったことを主張・立証することは現実には難しいといえるかもしれない。リスク・アプローチの観点から，監査人に善管注意義務違反があったと判断した公刊裁判例が⑧判決のみにとどまっていることに鑑みると，なおさらである。なぜなら，リスク・アプローチの考え方については，かなり詳細な規定が置かれているのに対し，具体的な監査手続き等を離れては，「職業的懐疑心の保持と発揮」は十分な明確性を有する行為規範とは評価しにくく，そうであれば，それを怠ったと主張・立証することに困難が伴うからである。

4　不正リスク対応基準の新設および『監査基準』改訂の意義

　平成25年改訂前から,『監査基準』は職業的懐疑心に言及し[12],しかも,平成18年以降,日本公認会計士協会の監査基準委員会報告書には,不正リスク対応基準の内容とほぼ同じ内容が規定されていた。そして,日本公認会計士協会の監査基準委員会報告書が「一般に公正妥当と認められる監査の基準」を構成していることについても異論はみられない。そうであれば,『監査基準』の平成25年改訂および『監査における不正リスク対応基準』の新設は,民事責任や行政処分に影響を与えると考えられるのかという問題がある。すなわち,企業会計審議会が公表するものであるか,日本公認会計士協会が公表するものであるかによって,相当の注意あるいは善管注意義務を払ったか否かの判断の基礎となる監査の基準としての意義に差が生じてくるのかという問題がある。

　企業会計審議会が公表するものも日本公認会計士協会が公表するものも,「一般に公正妥当と認められる監査の基準」である以上,相違はないというのが正統的な理解であるといえよう。しかし,法解釈論レベルではなく,あくまで事実認定のレベルでは,日本公認会計士協会が公表した基準で要求されているものに違反した場合に比べると,企業会計審議会が公表した基準で要求されているものに違反した場合には過失があると認定されやすいということはあり得るかもしれない。また,日本公認会計士協会が公表した基準に従わないとしても,それが,日本公認会計士協会の懲戒処分の対象となることは格別,行政処分あるいは民事責任の根拠としてはそれだけでは不十分であることがあり得ると解する余地がまったくないわけではない。なぜなら,一般的に,日本公認会計士協会の実務指針は,『監査基準』等に比べると

---

12) 平成14年改訂により,一般基準の3は,「監査人は,職業的専門家としての正当な注意を払い,懐疑心を保持して監査を行わなければならない。」と規定し,「正当な注意」には職業的懐疑心をもって監査に臨むべきことが含まれることが明確にされた。しかも,「監査人としての責任の遂行の基本は,職業的専門家としての正当な注意を払うことにある。監査という業務の性格上,監査計画の策定から,その実施,監査証拠の評価,意見の形成に至るまで,財務諸表に重要な虚偽の表示が存在するおそれに常に注意を払うことを求めるとの観点から,職業的懐疑心を保持すべきこと」が強調された。

——国際監査基準とのコンバージェンスを図るという点で——意欲的・先進的であるとみられ得るし，また，具体的に規定していることから，その状況等に応じた例外も広く認められやすい[13]と考えられるからである。さらに，設定におけるデュー・プロセスにも若干の差があるし，日本公認会計士協会の実務指針は，第一次的には，日本公認会計士協会との関係で公認会計士・監査法人を規律するものであり，一般社会との関連で公認会計士等の義務の内容を規定する権限が日本公認会計士協会に与えられているわけではないことが何らかの影響を与えるとみることもできる。

また，不正リスク対応基準が会社法上の会計監査人監査における規範であると位置づけられるかという問題もあるが，これについては，序章参照。

第3節　損害額

会計監査人がその任務懈怠により株式会社あるいは第三者に損害を与えた場合には，損害額の立証は原告である株式会社または第三者が行わなければならない。

会社に対する責任との関連では，会計監査人に任務懈怠があることによって会社が被る損害とはどのようなものなのかということが問題となろう。まず，会計監査報告に虚偽記載があったことによって，直接，会社の財産が減少する場合としては，会社法461条に掲げられている剰余金の配当および一定の自己株式の有償取得がなされた場合が典型的なものである。会社が事業によって損害を被った場合や取締役・執行役や使用人の会社財産の不正流用があった場合については，会計監査報告の虚偽記載とそれらの損害との間の

---

[13] 『監査における不正リスク対応基準』は有価証券報告書提出会社（非上場企業のうち資本金5億円未満または売上高10億円未満かつ負債総額200億円未満の企業を除く）の監査に適用されるものと位置づけられていることに鑑みると，日本公認会計士協会の監査基準委員会報告書がすべての監査に何の例外もなく，杓子定規に，厳格に適用されると解することは不自然であるといえよう。

相当因果関係はないものと考えられる[14]。最も問題となるのは，計算書類の虚偽記載があるにもかかわらず，適正意見が表明され，計算書類の虚偽記載により会社の評判が低下したことによる損害と会計監査報告の虚偽記載との間に相当因果関係が認められるのかという点であろう。これは，どこまで，間接な因果関係を認めるかという問題である。

対第三者責任につき，会計監査人が賠償すべき損害には，直接損害と間接損害の双方を含む。前者は第三者が計算関係書類の虚偽記載のために意思決定を誤った結果受ける損害，後者は会計監査人の不適切な監査の結果，株式会社が損害を被ったことにより，有する株式の価値の下落が生じ，あるいは会社から債権の満足を受けることができなくなった場合の損害をいう。直接損害は株式の売買によるものが主であるが[15]，金融商品取引法の下での発行者の責任とは異なり，損害額の算定方法は法定されていない。この場合に損害賠償を要する額は，適正意見が表明された「計算書類に虚偽記載がなかったとすれば有すべかりし株価と，(請求時あるいは当該第三者が処分した時の)株式の時価の差額」であると理論的にはいえるが，虚偽記載がなかったとすれば有すべかりし株価の決定は困難である[16]。

第4節　消滅時効

会計監査人の会社に対する損害賠償責任の時効に関して，会社法には明文の規定がないので，私法の一般原則により，債権の消滅時効の規定（民法167条）が適用され，消滅時効期間は10年となると考えられる（龍田 [1987]

---

14) もっとも，計算書類の虚偽記載が判明すれば，使用人等の会社財産流用の事実が判明し，その結果，適切な対応を株式会社はとることができたはずだという場合はあり得る。しかし，この場合も，当初の不正流用部分は会計監査報告の虚偽記載との相当因果関係があるとはいえないし，不正流用などは会社の内部統制システムの欠陥に起因するので，少なくとも過失相殺は認められるべきであろう。
15) 間接損害の場合の第三者の損害額は株式会社の損害額が限度となると考えることが穏当であると考える余地がある。なぜなら，間接損害という以上，会社の損害が前提となるはずだからである。
16) 黒沼 [1989] 248頁以下参照。賠償額の算定方法を法定するか推定規定をおくことが立法論としては適切であろう。

575頁)[17]。最判平成20・1・28民集62巻1号128頁は，平成17年改正前商法266条1項5号に基づく会社の取締役に対する損害賠償債権の消滅時効期間は，民法167条1項により10年であると判示しており[18]，これは，会社法423条の責任にも妥当すると考えられるからである（増森［2011］75頁）。

　他方，最判昭和49・12・17民集28巻10号2059頁は，平成17年改正前商法266条ノ3の責任は，「法がその責任を加重するため特に認めたものであつて，不法行為責任たる性質を有するものではないから（最高裁昭和44・11・26大法廷判決・民集23巻11号2150頁），取締役の責任については不法行為責任に関する消滅時効の特則である民法724条は当然に適用されるものではない」とした上で，「民法724条が短期消滅時効を設けた趣旨は，不法行為に基づく法律関係が，通常，未知の当事者間に，予期しない偶然の事故に基づいて発生するものであるため，加害者は，損害賠償の請求を受けるかどうか，いかなる範囲まで賠償義務を負うか等が不明である結果，極めて不安定な立場におかれるので，被害者において損害及び加害者を知りながら相当の期間内に権利行使に出ないときには，損害賠償請求権が時効にかかるものとして加害者を保護することにあると解されるところ，取締役の責任は，通常，第三者と会社との間の法律関係を基礎として生ずるものであつて，取締役は，不法行為の加害者がおかれる前記のような不安定な立場に立たされるわけではないから，取締役の責任に民法724条を適用すべき実質的論拠はなく，したがつて，同条を商法266条の3第1項前段に基づく第三者の取締役に対する損害賠償請求権に類推適用する余地もない」とし，「右損害賠償請求権の消滅

17）他方，監査契約の締結を会社の付属的商行為（商法503条）とみて，監査契約上の債務不履行に基づく損害賠償請求権の消滅時効については商行為によって生じた債権の消滅時効期間である5年（商法522条）を適用すべきであるとする見解もあった（正亀［1973］97頁，山村［1975］179頁など）。もっとも，この解釈は，第三者に対する責任には妥当しないであろう（龍田［1987］579頁）。
18）なお，最判平成20・1・28が平成17年改正前商法266条1項5号に基づく取締役の会社に対する損害賠償責任は，本質的には債務不履行責任であるとしつつ，商事債権ではないとした理由は，平成17年改正前商法266条1項5号に基づく責任は「法によってその内容が加重された特殊な債務不履行責任であって，委任契約上の債務がその態様を変じたにすぎないものということはできないと解され」，「また，実質的側面からも取締役の会社に対する任務違反行為は外部から容易に判明し難い場合が少なくないことなどを勘案すると，同号に基づく取締役の会社に対する責任については，商事取引における迅速決済の要請は妥当しないものと考えられる」からであると説明されている（増森［2011］75頁）。

時効期間については，他に特に定めた規定がないから民法167条１項を適用すべきである」とした。すなわち，消滅時効期間は10年であるとした。これは，会社法429条に基づく責任にもあてはまると考えられる。

第５節　代表訴訟

　会計監査人の会社に対する損害賠償責任は株主代表訴訟の対象とされる（会社法854条）。すなわち，株主は，会社に代わって会社のために，会計監査人の責任の追及を目的として訴えを提起することができる。

　たとえば，取締役の会社に対する責任は，会社自らが追及するのが原則であるが[19]，取締役間の情実に左右されて不問に付される危険性があるので，会社ひいては株主の利益を守るために，株主が会社に代わって会社のために訴えを提起することが認められている。そして，会計監査人についても，取締役等と同様，会社の経営陣との緊密な関係から，会社が責任追及を怠り，その結果として株主の利益が害される可能性は否定できないと考えられたからである。

　濫訴の防止という観点から，継続的な利害関係を有していることが要件とされ，原告は６ヵ月から引き続き株式を有する[20]株主でなければならない。

---

[19] 取締役あるいは監査役が不当に訴えの提起を懈怠した場合には，任務懈怠に基づく責任を負うことがある。取締役等でない第三者の責任を追及するために会社が訴えを提起すべきであったかどうかが問題とされた事案について，東京地判平成16・7・28資料版商事法務245号118頁は，債権管理・回収の具体的な方法については，債権の存在の確度，債権行使による回収の確実性，回収可能利益とそのためのコストとのバランス，敗訴した場合の会社の信用毀損のリスク等を考慮した専門的かつ総合的判断が必要となることから，その分析と判断には，取締役に一定の裁量が認められると解するのが相当であるとした上で，取締役が債権の管理・回収の具体的な方法として訴訟提起を行わないと判断した場合に，その判断について取締役の裁量の逸脱があったというためには，取締役が訴訟を提起しないとの判断を行った時点において収集されたまたは収集可能であった資料に基づき，その債権の存在を証明して勝訴し得る高度の蓋然性があったこと，債務者の財産状況に照らし勝訴した場合の債権回収が確実であったこと，訴訟追行により回収が期待できる利益がそのために見込まれる諸費用等を上回ることが認められることが必要というべきであるとしている。これは，取締役等の責任を訴えによって追及すべきかどうかの判断にも妥当するものと思われる。

[20] 公開会社以外の会社ではこの要件は課されない（会社法847条２項）。

1株しか所有していなくとも提訴できるのが原則であるが，単元株制度を採用している会社では，定款の定めによって，単元未満株主の責任追及の訴えの提起請求権を排除することができる（会社法847条1項柱書・189条2項）。この場合には，単元未満株主には代表訴訟の原告適格は認められない。

なお，会社の株式交換または株式移転により株主でなくなった者であっても，その会社の完全親会社[21]の株式を取得したとき，または，その者がその会社が消滅会社となる合併により，設立会社または存続会社もしくはその完全親会社の株式を取得したときは（適格旧株主），株式交換等の効力が生じた時までにその原因となった事実が生じた責任または義務に係る代表訴訟の原告適格が認められる（会社法847条の2第1項第6項）。その後，その者がその完全親会社の株式交換または株式移転によりその会社の完全親会社の株式を取得したとき，または，その者がその完全親会社が消滅会社となる合併により，設立会社または存続会社もしくはその完全親会社の株式を取得したとき（会社法847条の2第3項），さらに，その者がその会社の株式交換または株式移転によりその設立会社または存続会社もしくはその完全親会社の完全親会社の株式を取得したとき，または，その者が設立会社または存続会社もしくはその完全親会社が消滅会社となる合併により，設立会社または存続会社もしくはその完全親会社の株式を取得したときにも認められる（会社法847条の2第4項第5項）。

また，会社の最終完全親会社等の総株主（株主総会において決議をすることができる事項の全部につき議決権を行使することができない株主を除く）の議決権の100分の1（これを下回る割合を定款で定めた場合には，その割合）以上の議決権を有する株主または当該最終完全親会社等の発行済株式（自己株式を除く）の100分の1（これを下回る割合を定款で定めた場合には，その割合）以上の数の株式を有する株主には特定責任（その会社の発起人等の責任の原因となった事実が生じた日において最終完全親会社等およびその完全子会社等におけるその会社の株式の帳簿価額が当該最終完全親会社等の

---

21) 特定の株式会社の発行済株式の全部を有する株式会社その他これと同等のものとして法務省令（会社法施行規則218条の3）で定める株式会社（会社法847条の2第1項）。

総資産額として法務省令で定める方法により算定される額の5分の1（これを下回る割合を定款で定めた場合には，その割合）を超える場合における当該発起人等の責任。ここでいう発起人等には会計監査人も含まれる）に係る代表訴訟（多重代表訴訟）の原告適格が認められる（会社法847条の3第1項第7項）。

さらに，代表訴訟を提起した株主または共同訴訟人として他の株主が提訴した代表訴訟または会社が提訴した責任追及等の訴えに係る訴訟に参加した株主がその訴訟の係属中に株主でなくなった場合であっても，その者がその会社の株式交換または株式移転によりその会社の完全親会社の株式を取得したとき，または，その者がその会社が消滅会社となる合併により，設立会社または存続会社もしくはその完全親会社の株式を取得したときは，その者が，訴訟を追行することができる（会社法851条1項）。その後，その者がその完全親会社の株式交換または株式移転によりその会社の完全親会社の株式を取得したとき，または，その者がその完全親会社が消滅会社となる合併により，設立会社または存続会社もしくはその完全親会社の株式を取得したときは，その者が，訴訟を追行することができる（会社法851条2項）。その者がその会社の株式交換または株式移転によりその設立会社または存続会社もしくはその完全親会社の株式を取得したとき，または，その者が設立会社または存続会社もしくはその完全親会社が消滅会社となる合併により，設立会社または存続会社もしくはその完全親会社の株式を取得したときは，その者が，訴訟を追行することができる（会社法851条3項）。

なお，株主等は，訴えの提起につき，その株主が自己もしくは第三者の不正な利益を図り，または会社に損害を与えることを目的とする場合には，会社に対して提訴請求することができず，したがって，代表訴訟を提起することもできない（会社法847条2項・847条の2第1項・847条の3第1項）。これは，従来から，判例上，訴権の濫用として，訴えが却下されてきたものを明文化したものである。

本来，会社が訴えを提起するか否かの決定権を有するので，株主等が書面

その他法務省令で定める方法[22]により訴えを提起することを会社に対し請求したことが要件とされる[23]。この請求を受けるのは，代表取締役（指名委員会等設置会社では代表執行役）である（会社法349条4項・420条3項）。

株主等の請求日から会社が60日内に訴えを提起しなかったことも原則として代表訴訟提起の要件とされるが，期間経過を待つと会社に回復することができない損害が生ずるおそれがある場合には株主等は直ちに訴えを提起できる（会社法847条4項・847条の2第8項・847条の3第9項）。

第6節　会社法の規定に基づく責任の免除と限定

1　責任の全部免除

　会計監査人の会社に対する責任は，総株主の同意がなければ免除されないのが原則である（会社法424条）。なお，会社に最終完全親会社等がある場合には最終完全親会社等の総株主の同意（会社法847条の3第10項），適格旧株主がある場合には適格旧株主の全員の同意（会社法847条の2第9項）がさらに必要とされる。

---

22) 会社法施行規則217条は，法務省令で定める方法は，被告となるべき者ならびに請求の趣旨および請求を特定するのに必要な事実を記載した書面の提出または当該事項の電磁的方法による提供とすると定めている。
23) なお，代表訴訟の却下との関連では，情報の提供が重要になるので，会社が株主等から会計監査人の責任について提訴請求を受けたにもかかわらず，請求の日から60日以内に訴えを提起しなかったときは，会社は，株主等または責任追及の対象とされている者の請求により，遅滞なく，その株主または責任追及の対象とされている者に対し，訴えを提起しなかった理由を，書面（不提訴理由書）をもって通知しなければならないものとされている（会社法847条4項・847条の2第7項・847条の3第8項）。会社法施行規則218条は，法務省令で定める方法は，株式会社が行った調査の内容，請求対象者の責任または義務の有無についての判断，および，請求対象者に責任または義務があると判断した場合において，責任追及等の訴えを提起しないときは，その理由を記載した書面の提出または当該事項の電磁的方法による提供とすると定めている。

2　株主総会の特別決議による責任の一部免除

　会計監査人が職務を行うにつき善意でかつ重大な過失がないときは、株主総会の特別決議により、会計監査人が会社から受ける報酬等の2年分（最低責任限度額）を超える部分を限度としてその責任を免除することができる（会社法425条1項）。この責任一部免除決議をする場合には、取締役は、決議をする株主総会において責任の原因となった事実および賠償の責任を負う額、免除額の限度およびその算定の根拠、責任を免除すべき理由および免除額を開示しなければならない（会社法425条2項）。

3　取締役の決定・取締役会決議による責任の一部免除

　監査役（監査の範囲が会計事項に限定されている者を除く）を置いている会社（取締役が2人以上ある場合に限る）、監査等委員会設置会社または指名委員会等設置会社は、任務懈怠に基づく会社に対する損害賠償責任について、その会計監査人が職務を行うにつき善意でかつ重大な過失がない場合において、責任の原因となった事実の内容、その会計監査人・会計参与の職務の執行の状況その他の事情を勘案して特に必要と認めるときは、最低責任限度額を限度として取締役の過半数の同意（取締役会設置会社では、取締役会の決議）によって免除することができる旨を定款で定めることができる（会社法426条1項）[24]。

　この定款の定めに基づいて会計監査人の責任を免除する旨の同意（取締役会設置会社では、取締役会の決議）を行ったときは、取締役は、遅滞なく、責任の原因となった事実および賠償の責任を負う額、免除額の限度およびその算定の根拠、責任を免除すべき理由および免除額および責任を免除することに異議がある場合には一定の期間（1ヵ月以上）内に異議を述べるべき旨

---

[24] たとえば、「当会社は、取締役会の決議によって、会社法第426条第1項の規定に従って、会計監査人（会計監査人であった者を含む。）の会社法第423条第1項の責任を、賠償責任額から最低責任限度額を控除して得た額を限度として、免除することができる。」というような定めである。

を公告し，または株主に通知しなければならない（会社法426条3項）。ただし，公開会社以外の会社では，公告ではなく，株主に通知しなければならない（会社法426条4項）。

そして，総株主（免除の対象となる責任を負う役員等であるものを除く）の議決権の100分の3（これを下回る割合を定款で定めた場合には，その割合）以上の議決権を有する株主が異議申述期間内に異議を述べたときは，会社は，定款の定めに基づいて免除することはできない（会社法426条5項）。

4 責任限定契約

会社は，会計監査人の任務懈怠に基づく会社に対する損害賠償責任について，その会計監査人が職務を行うにつき善意でかつ重大な過失がないときは，定款で定めた額の範囲内であらかじめ会社が定めた額と最低責任限度額とのいずれか高い額を限度とする旨の契約を会計監査人と締結することができる旨を定款で定めることができる（会社法427条1項）[25]。たとえば，定款に定められている額が2000万円であるとすると[26]，会社の代表取締役は，会計監査人との間で監査契約を締結する際に，「3000万円と最低責任限度額とのいずれか高い額」を限度として，会計監査人は株式会社に対して会社法423条1項に基づく損害賠償責任を負うという責任額限定条項を監査契約に含めることができる。

なお，責任限定契約を締結した会計監査人がその会社またはその子会社の業務執行取締役もしくは執行役または支配人その他の使用人に就任したときは，その契約は，将来に向かってその効力を失う（427条2項）。

このような責任額限定契約を締結した会社が，その契約の相手方である会計監査人が任務を怠ったことにより損害を受けたことを知ったときは，その後最初に招集される株主総会において責任の原因となった事実および賠償の

---

25) たとえば，「当会社は，会社法第427条第1項の規定により，会計監査人との間に，会社法第423条第1項の責任を限定する契約を締結することができる。」というような定めである。
26) たとえば，「会社法第427条第1項に規定する定款所定の額は，2000万円とする。」という定めである。

責任を負う額,免除額の限度ならびにその算定の根拠,その契約の内容ならびにその契約を締結した理由および任務懈怠により会社が受けた損害のうち,その会計監査人が賠償する責任を負わないとされた額を開示しなければならない(427条4項)。

第7節　過失相殺

　たとえば,第2節でみた⑧判決(および任意監査について①判決)は,過失相殺を認めているが,これは,多数説(江頭[2011a]568頁,湯川[2004]24頁,加美[1992]99頁,山村[1991]51頁など)の流れに沿ったものである。過失相殺が認められるのは,財務諸表の作成責任は取締役・執行役にあり,少なくとも会社との関係で適正な財務諸表を作成する第一次的責任を会計監査人は負っていないからであろうが,⑧判決も指摘するように,違法配当との関係では少なくとも配当の決定という過程を経る以上,直接的な因果関係は認められないと解することができることも根拠として挙げることができよう。

　もっとも,過失相殺を認めるべきではないという学説も有力である(龍田[1991]60頁,山田[2003]110頁など)[27]。これは,大会社については債権

---

27) なお,取締役が,会社に対する責任を追及された事案につき過失相殺の法理を適用ないし類推適用して,損害賠償額を減額した下級審裁判例は少なくないし(東京地判平成2・9・28判時1386号141頁,福岡地判平成8・1・31判タ944号247頁,横浜地判平成10・7・31判タ1014号253頁,青森地判平成18・2・28判タ1251号221頁など),最判平成12・7・7民集54巻6号1767頁における河合伸一裁判官の補足意見も過失相殺またはその類推による減額の余地を認めている。
　しかし,有力説は,取締役の責任を過失相殺の法理によって軽減することに対して批判的である(近藤[1992b]119頁,山田[1998]314頁など)。また,江頭[2011a]441頁は,他の取締役にも過失があることを「会社の過失」とみなして過失相殺することは,所有と経営が分離した上場会社等においては適当でないとする。ただし,山下[1998]109頁)。また,東京高判平成20・4・23は,忠実義務違反,善管注意義務違反および株主の権利行使に関する利益供与が認められる事案につき,主要株主以外の株主が金員の交付等の違法行為を承認していたわけでもなく,かかる違法行為を承認することが社会的に許されるわけでもないとして過失相殺ないしその類推適用による損害賠償額の減額を認めず,取締役のグリーンメーラーに対する対応は大局的視野に欠け,あまりにも稚拙で,かつ,健全な社会常識と懸け離れたものであるといわざるを得ないとして信義則により責任を制限することも認めなかった。

者保護の社会的意義が大きいために公認会計士等による会計監査人監査を強制したのであり，過失相殺によって会社の回復額を減らすことは妥当でないこと，内部統制組織の不備が甚だしいときに，適正意見を表明しても過失相殺により監査人の責任が軽減されるなら，監査人は内部統制組織に注意を払わなくなること（龍田［1991］60頁），会社が会計監査人の責任を追及するのは，株主全体およびすべての利害関係者のために会社の損害を回復しようとしているのだから，取締役の故意・過失を「原告側の過失」であると位置づけることはできないこと（片木［2010］82頁），責任を負う取締役は会計監査人と連帯して会社に対する損害賠償責任を負うから（会社法430条），会計監査人が取締役の故意・過失を理由として過失相殺を求めるのは，連帯債務の趣旨に反すること（法定監査について近藤［1992a］51頁），などが根拠として挙げられている。

　会社法423条に基づく損害賠償責任の機能として，損害の回復よりも違反行為の抑止がより重要であるという立場をとるのであれば，過失相殺を認めても違反行為の抑止機能が損なわれることはなく，また会社との関係では損害てん補機能を重視する必要はないから，過失相殺という私法の一般原則に対する例外を認める根拠は乏しい（黒沼［2012］98頁）。もっとも，黒沼悦郎は，「監査人の責任が会社債権者の保護システムとして機能することを重視して，会社法が会計監査人の設置を強制している場合に限り，かつ会社が倒産手続に入り管財人から損害賠償が請求されている場合に限って，監査人による過失相殺の主張を許さないという解釈も検討に値するだろう。」とする（黒沼［2012］98頁）。

第8節　求償および責任の減免等の可能性

　第1に，第6節でみた責任の免除および限定は会社法423条1項に基づく対会社責任に関するものである。したがって，会計監査人が民法44条，415条あるいは709条・715条に基づいて会社に対して負う損害賠償責任について

は，代表（取締役）による決定あるいは取締役会決議により免除することができ，また，公序良俗に反しない限りにおいては，免責条項を監査契約に含めることができると解される。

　第2に，損害を賠償した会計監査人は有責の取締役・監査役・執行役に求償できるので（会社法430条，民法442条・445条），株式会社が会計監査人の責任の一部免除あるいは責任限定契約の締結を行わない場合には，取締役・監査役・執行役について責任の一部免除が行われ，または責任限定契約が締結されていても，事実上，それが十分には意味をなさないということが生じ得る。

　すなわち，会社法430条は，株式会社の取締役，会計参与，監査役，執行役または会計監査人（役員等）が株式会社または第三者に生じた損害を賠償する責任を負う場合において，他の役員等も当該損害を賠償する責任を負うときは，これらの者は，連帯債務者とすると定める。ここでいう連帯債務とは，債務者の1人に生じた責任免除等の事由が他の債務者に影響を与えない「不真正連帯債務」であると一般に解されてきた（江頭ほか［2006］116頁以下，北村［2002］139頁など参照）[28]。このような理解に基づくと，会社や第三者など，債権者は，一部の役員等の責任を免除しても，他の役員等に対しては損害の全額について損害賠償を請求できるとともに，損害賠償をした役員等は，責任の免除を受けた役員等に対しても，その負担部分につき，求償することができることになる。

　しかし，近時，債権者が一部の役員等の責任を免除した場合には，他の役員等も免除を受けた役員等の負担部分について責任を免れる（民法上の）連帯債務であるという見解が有力に主張されている（江頭［2011b］348頁・358頁，江頭［2011a］445頁）。これは，民法に規定のない不真正連帯債務であると解する必要があるのは，債権者に全部弁済を得させる必要性が強く認められる場合であるが（平井［1994］346頁），役員等の会社に対する責任の制度は，会社の損害の回復自体を目的とするというより，役員に任務を懈怠

---

[28] 複数の役員等が民法の規定に基づき，不法行為責任を負う場合にも，これらの者の負う損害賠償責任は，不真正連帯債務であると解するのが通説である。

しないというインセンティブを与えるものであるから，会社に全部弁済を得させる必要は大きくない一方で，会社がある役員等の責任を一部免除したにもかかわらず，他の役員等が免除を受けた役員等に対し求償するというのでは，責任の一部免除の趣旨が没却されるという理由に基づくものである。

これに対しては，不真正連帯債務説によっても，全額の賠償を行った役員等（たとえば，会計監査人）は責任の一部免除を受けた他の役員等に対して求償できないと解すれば足りるという批判が加えられている（黒沼［2012］97頁）。この見解は，たとえば，責任限定契約を締結していない「会計監査人は被監査会社が誰と責任限定契約を締結しているかを熟知した上で会社と監査契約を締結するのであるから，監査人は〔一部免除を受けた役員等に対して—引用者〕求償をすることができないと覚悟すべき」であるという実質的価値判断を前提とするものである。

しかし，この理は，責任限定契約が締結されていたのではなく，「事後的に」株主全員の同意によってある役員等の責任の全部が免除された場合および株主総会の決議または取締役会の決議（取締役の過半数による決定）によりある役員等の責任の一部が免除された場合にはあてはまらないことは明らかである。そうであるとすると，責任限定契約が締結された場合であるか，責任の一部または全部の免除がなされた場合であるかによって，まったく異なる取扱いがなされるという問題がある。また，監査契約の締結後に他の役員等との間で責任限定契約が締結された場合にはあてはまらないという問題もある。

しかも，任務懈怠に基づく（会計監査人を含む）役員等の会社に対する責任は債務不履行責任であると位置づけられ[29]，この解釈は，役員等と会社との関係は委任の規定に従うとされていることとも整合的である[30]。会社は十

---

29) 最判平成20・1・28民集62巻1号128頁は平成17年改正前「商法266条1項5号に基づく取締役の会社に対する損害賠償責任は，取締役がその任務を懈怠して会社に損害を被らせることによって生ずる債務不履行責任である」と判示している（増森［2011］72頁・78-79頁も参照）。なお，法定の特別責任であると解していたものとして，近藤［2000］，東京地裁商事研究会［2006］147頁などがあった。
30) 上述第4節のように，たとえば，会社法423条に基づく責任の消滅時効期間については，商事時効の適用があるか否かは争われることがあるものの，民法724条を準用あるいは類推適用することは考えられてこなかったといえよう。

分な経済的計算の上で行動が可能な主体として位置づけられており，役員等の一部につき責任限定契約を締結し，または，責任の全部または一部を免除することの効果を十分に理解できるものとみなされるから，（民法の下でも，不法行為責任に認められてきた）民法の規定のない不真正連帯債務であるとあえて位置づける必要はないのではないかと考えられる。

　第3に，対第三者責任については，責任の免除・限定の余地が会社法上も契約法上も存在しないため，取締役などに対する求償（民法442条）によって対応せざるを得ない。なお，会社に対して求償をできる旨の規定を監査契約に含めた場合に，それが，有効であるかどうかについては明らかではないが，有効であると解される場合があるのではないかと推測される（弥永［2000］参照）。

第6章

会計監査人に対する
行政罰・刑事罰

第 1 節　会計監査人に対する過料と刑事罰

1　過料

　会社法上，会計監査人もしくはその職務を行うべき社員または一時会計監査人が，会計監査人の監査報告書に記載すべき事項を記載せず，または虚偽の記載をしたときは，100万円以下の過料に処せられる（会社法976条7号）。

2　違法配当罪

　法令または定款の規定に違反して剰余金の配当をした場合には，取締役，監査役等は，5年以下の懲役または500万円以下の罰金に処せられるが（会社法963条5項2号），文言上は，会計監査人もしくはその職務を行うべき社員または一時会計監査人には，この規定は適用されない。しかし，監査役が行為者ではないにもかかわらず，刑事罰の対象とされていることとのバランスからは，会計監査人もしくはその職務を行うべき社員または一時会計監査人がこの罪の幇助者として処罰される可能性はある（刑法62条1項）。たとえば，大阪地判平成11・11・8（三田工業事件）では，会計監査人が，商法特例法28条1項の罪（収賄罪）とともに違法配当罪につき有罪判決（懲役1年6月，追徴金2979万円）を受け，控訴審（大阪高判平成12・12・7。ただし，本刑は懲役2年，執行猶予4年に変更）でも維持され，上告棄却（最決平成16・7・26）により確定している[1]。

＊　本章で取り上げるテーマについての比較制度を行ったものとして，たとえば，瀧［2012］181-182頁参照。
1）　朝日新聞平成16年7月29日朝刊27面参照。また，たとえば，ヤオハンジャパン事件においても，会計監査人（である監査法人）の職務を行う社員であった公認会計士が違法配当罪および収賄罪で起訴されたが（片木［1999］9頁参照），どのような判決が下されたかは知られていない。

3 収賄罪

「会計監査人又は第346条第4項の規定により選任された一時会計監査人の職務を行うべき者」がその職務に関し不正の請託を受け，賄賂を収受し，またはこれを要求し，もしくは約束したときは，5年以下の懲役または500万円以下の罰金に処するものとされている（会社法967条1項3号）。そして，会社法972条は，「第960条，第961条，第963条から第966条まで，第967条第1項又は第970条第1項に規定する者が法人であるときは，これらの規定及び第962条の規定は，その行為をした取締役，執行役その他業務を執行する役員又は支配人に対してそれぞれ適用する」と定めている。たとえば，前掲大阪地判平成11・11・8は，Z（三田工業）の取締役Aは，同社の第48期以降の各期の計算書類等について監査を実施する職務を負っていたZの会計監査人Yに対して，…Aら取締役が行う粉飾決算等不正な会計処理の事実を黙認したうえ，監査報告書には，右不法な処理がなされている旨を指摘せず，計算書類等が法令，定款にしたがって適法に記載されている旨の意見を付してもらいたい旨の不正の請託をし，…その謝礼の趣旨で，Yに対して前後32回にわたり，法定監査報酬の名目で賄賂金合計2979万1680円を振込入金し，もってYの会計監査人としての職務に関して，不正の請託をして賄賂を供与したとの認定に基づき，収賄罪についても有罪とした。これは，控訴審で維持され，上告棄却により確定している[2]。

ここで，公認会計士法34条の10の5第1項・第3項により証明について法人を代表する指定社員または会社法337条2項・346条5項によって，その職務を行うべき者として選任された監査法人の社員は，会社法972条にいう「その他業務を執行する役員」にあたると解されるかという問題がある。まず，公認会計士法による社員の「指定」と会社法による「選任」との関係は，前者の規定により指定された社員でなければ，後者の規定により選任されることはできないのではないかと思われ（そうでないと公認会計士法に違反することになる），公認会計士法に従って，指定社員が定められている場合には，

---
2) 前掲注（1）。

指定社員でない者が会計監査人としての職務を行うことはできないと思われ，無効である[3]。次に，会社法337条2項・346条5項によって，その職務を行うべき者として選任された監査法人の社員は，会社法972条の「その他業務を執行する役員」にあたるといえるかであるが，文言解釈上はあたらないと解するのが自然である。無限責任監査法人は合名会社に，有限責任監査法人は合同会社に，それぞれ，近い組織であると考えられるところ，持分会社については「役員」を観念することはなされていないからである。指定社員あるいは会計監査人の職務を行うべき者として選任された者は「持分会社の業務を執行する社員」に相当するところ，「持分会社の業務を執行する社員」が972条にいう「その他業務を執行する役員」にあたるといえないのであれば，指定社員あるいは会計監査人の職務を行うべき者として選任された者にもあたらないということになるからである。このように考えると，監査法人が会計監査人である場合には，その指定（選任）社員である公認会計士は賄賂を収受しても会社法967条によっては処罰されないことになる。

　これに対して，たとえば，佐伯仁志は，会計監査人が株式会社の機関であることを考慮すると，「会計監査人（一時会計監査人の職務を行うべき者）の職務を行うべき者として選任された監査法人の社員は，公認会計士法の規定を待つまでもなく，972条にいう「その他業務を執行する役員」に該当する」という解釈を示す（佐伯［2011］127頁）。しかし，会社法972条にいう「役員」にあたると解するためには，被監査会社の「役員」にあたるということではなく，会計監査人である監査法人の「役員」にあたるというのでなければならないから，この説明は苦しい。むしろ，「会計監査人の職務を行う社員」も会社法967条が定める罰則の対象となるという解釈をとるためには，972条との関連では，「監査業務について監査法人を代表している以上「役員」といえる」という解釈による必要があると思われる。なぜなら，会社法967条

---

3) 他方，公認会計士法に従って指定された者を会社法上はその職務を行うべき者としては選任しないということは，会社法上選任するときも，公認会計士法上指定するときも，被監査会社に通知するので，その2つが異なると，被監査会社は不審に思うであろうから，実務上はまず想定できない。もっとも，理論的には，公認会計士法により指定された者を会社法上は，その職務を行うべき者としては選任しないということはあり得るのではないか。

第6章 会計監査人に対する行政罰・刑事罰　153

1項に規定する者が法人であるときは，その法人（967条1項に規定する者）の「その行為をした取締役，執行役その他業務を執行する役員又は支配人に対してそれぞれ適用する。」と972条は規定しているからである。

　実は，平成17年法律第87号による廃止前商法特例法28条2項は，「会計監査人が監査法人である場合においては，会計監査人の職務を行う社員が，その職務に関し，不正の請託を受けて，賄賂を収受し，又はその要求若しくは約束をしたときは，5年以下の懲役又は500万円以下の罰金に処する。会計監査人が監査法人である場合において，その社員が，会計監査人の職務に関し，不正の請託を受けて，会計監査人に賄賂を収受させ，又はその供与の要求若しくは約束をしたときも，同様とする。」と規定していたが[4]，会社法の制定にあたって，972条が平成17年改正前商法499条をほぼそのまま引き継ぎ，商法特例法28条2項を織り込まなかったようである。

4　会計監査人である監査法人に対する過料と刑事罰

　会計監査人が法人であっても，過料は科される（阿部［2001］201頁。また，佐伯［2011］173頁参照）。

　他方，法人を処罰するためには，両罰規定のような特別な規定がなければならないが，会計監査人との関係では両罰規定は設けられておらず，会社法972条が会社法罰則規定の主体が法人である場合には，違反行為をした法人の取締役，執行役その他業務を執行する役員または支配人を処罰する旨を定めるにとどまっている。

　なお，主として，金融商品取引法上の監査を念頭において，監査法人の刑事責任を定める規定創設の適否について議論がなされたが[5]，現時点では，導入されていない（瀧［2012］186-188頁）。

　すなわち，平成18年10月25日開催の金融庁・金融審議会公認会計士制度部

---

4) したがって，ヤオハンジャパン事件（前掲注1））において，会計監査人の職務を行う社員に収賄罪の成立が認められることには問題はなかった。
5) 諸外国の状況については，簡単なものであるが，『諸外国の監査法人制度等の比較』（平成18年5月29日）10頁<http://www.fsa.go.jp/singi/singi_kinyu/kounin/siryou/20060529/04.pdf>参照。

会に提出された討議資料では、税理士が脱税相談に応じた場合等に関し、税理士法では、法人両罰規定が存在することを踏まえて、虚偽証明等を行った公認会計士について、直接罰則の対象とした上で、当該公認会計士を社員とする監査法人についても両罰規定を創設すべきではないかという問題提起がなされた。そこでは、監査契約の当事者は監査法人であり、また、監査法人は所属する公認会計士による業務の公正かつ的確な遂行のため、業務管理体制を整備しなければならない立場にあることに鑑みれば、監査法人に対して刑事罰を科すことは、非違事例の抑止等の観点からも必要な措置であると考えられること、税理士法において税理士法人に対する刑事罰を規定している例が存在すること、監査法人に対する刑事罰が、監査法人にとってリスクが大きいか否かについては、罰金の多寡による面があり、仮に税理士法における程度の水準（税務相談の場合は、200万円以下の罰金）であれば過剰とはいえないと考え得ることなどを根拠として、監査法人に対する刑事罰を定めることに対する積極論もあり得るとされていた。

　他方、①虚偽証明等を行った公認会計士を社員とする監査法人については、行政処分により対応することが妥当であり、それを超えて刑事罰を監査法人に科すことについては、当該監査法人の信用失墜、所属公認会計士の離散等のリスクが大きすぎるのではないか、②監査の要諦は、個々の公認会計士が個人として責任をもって臨むことによる厳正な監査の実施にあるのであり、会社と社員との間の関係になぞらえて虚偽証明等を行った公認会計士を社員とする監査法人に刑事罰まで科すことは過剰ではないか、③諸外国においても、監査法人に対する刑事罰は存在しないか、存在したとしてもほとんど使用されていない、④監査法人が全体として虚偽証明等に加担しているようなケースについては、監査を直接実施した公認会計士に限らず、加担している公認会計士のすべてについて金融商品取引法（当時は証券取引法）の虚偽記載罪の共同正犯または従犯を適用することにより、対応していくことが考えられるのではないか、⑤他の専門職業士やコンサルタントなどについて、法人両罰規定が存在しないなか、監査法人についてのみ刑事罰の対象とすることは、バランスを欠くことになるのではないか、などの問題意識に基づき、

刑事罰の導入に対して慎重であるべきであるという見解も示されていた。

結局,『金融審議会公認会計士制度部会報告　公認会計士・監査法人制度の充実・強化について—』(平成18年12月22日)では,「非違の抑止等の観点から,監査法人に対する刑事罰を導入する可能性が否定されるべきではなく一つの検討課題であるが,非違事例等に対しては,以下に述べる課徴金制度の導入をはじめとする行政的な手法の多様化等により対応することをまず求めていくことが考えられる。」とされた。

また,法的な問題として,①「我が国の刑事法制の体系の下では,法人に対する刑事罰は行為者の選任監督に当たっての(法人の)過失責任を問う両罰規定に基づいて行われており,諸外国のように法人の犯罪能力そのものが認められているわけではない。監査法人そのものに直接罰則を課すことはできず,選任監督上の過失を問う両罰規定という法形式によらなければならないとされている」[6],②「公認会計士(監査法人の社員を含む)による虚偽証明という行為は,現在,証券取引法上の虚偽記載罪の共犯として責任追及される場合がある。この虚偽記載罪については,両罰規定が設けられているものの,同罪が有価証券報告書等の提出者のみを名宛人としているため,名宛人ではない公認会計士の行為に基づき監査法人に適用することはできない。また,虚偽記載罪の名宛人ではない公認会計士の共犯行為に基づき監査法人を罰する規定を虚偽記載罪について設けることもできない。したがって,仮に監査法人に対して両罰規定を設けようとすれば,公認会計士個人について,例えば虚偽証明罪などを新設することが必要となるが,監査法人に対する両罰規定を導入することのみを目的としてこれを行うことが妥当か,この点はむしろ,監査人の非違を共犯の問題として捉えるのではなく独立の罪の問題として捉えていくべきではないかといった広範な検討が必要となる」というような「課題があり,これらについて引き続き十分な検討を行っていく必要がある」と指摘された。

---

6) 法人処罰については,たとえば,樋口 [2009] 参照。

第2節　金融商品取引法上の監査人に対する刑事罰

　金融商品取引法上，有価証券届出書およびその訂正届出書，有価証券報告書およびその訂正報告書などについて，重要な事項につき虚偽の記載のあるものを提出した者は10年以下の懲役もしくは1000万円以下の罰金に処せられ，またはこれを併科され（197条1項1号），発行者には7億円以下の罰金が科される（207条1項1号）。有価証券報告書の添付書類，半期報告書，臨時報告書およびこれらの訂正報告書について，重要な事項につき虚偽の記載のあるものを提出した者は5年以下の懲役もしくは500万円以下の罰金に処せられ，またはこれを併科され（197条の2第6号），発行者には5億円以下の罰金が科される（207条1項2号）。これに加担した公認会計士は，これらの罪の幇助者として処罰される可能性があるし（刑法62条1項）[7]，共同正犯とされることもある[8]。たとえば，神戸地判昭和53・12・26金判568号43頁（山陽特殊製鋼事件），東京地判平成18・8・9（平成17年（特わ）第5714号）（カネボウ事件），東京地判平成19・3・23（平成18年（特わ）第1367号，D1-Law.com28145167）（ライブドア事件），さいたま地判平成24・1・30（平成21年（わ）第649号，平成21年（わ）第778号，D1-Law.com28180626）／東京高判平成25・1・11（平成24年（う）第488号，D1-Law.com28210151）（プロデュース事件）などのほか，最決平成22・5・31判時2174号127頁[9]がある。

　最決平成22・5・31は，「Yは，公認会計士であり，当時，前記監査法人において，その代表社員の一人であるとともに，Aに係る監査責任者の地位にもあったが，……仕手筋からA株を買い取ることについてBから相談を受

---

[7] 不二サッシ事件においては，幇助により，公認会計士2名に罰金20万円の略式命令が発せられた（日本経済新聞昭和53・10・31朝刊23面）。また，フットワークエクスプレス事件でも，公認会計士2名に罰金20万円の略式命令が発せられた（日本経済新聞平成14・6・11朝刊39面）。

[8] なお，金融商品取引法の平成24年改正（平成24年9月12日法律第86号）により，虚偽記載に対する特定関与者は課徴金納付命令の対象とされ（改正後172条の12），公認会計士または監査法人が虚偽記載に対する特定関与者として課徴金納付命令の対象となる可能性がある。

[9] 第一審（東京地判平成18・3・24（平成16年（特わ）第1505号），2006WLJPCA03240011），控訴審（東京高判平成19・7・11（平成18年（う）第1290号），LEX/DB28135452）。

けていたところ，BがAから借り受けた60億円をA株200万株の買取り資金に充てたこと，Bには60億円を現実に調達する能力がなく，本件パーソナルチェックが無価値のものであること，前記消費寄託契約がAからDに60億円を預託した形を仮装するものにすぎないこと，E株式は，Bの資金を用いて一株25万円で買収されたものであって，本件パーソナルチェックを対価として買収されたものではないこと等を認識していたほか，Aから出金された上記60億円に関する会計処理等について，Bらに対して助言や了承を与えてきたものであって，虚偽記載を是正できる立場にあったのに，自己の認識を監査意見に反映させることなく，本件半期報告書の中間財務諸表及び本件有価証券報告書の財務諸表にそれぞれ有用意見及び適正意見を付すなどしたというのである。このような事実関係からすれば，Yは，虚偽記載のある本件半期報告書及び本件有価証券報告書をBが提出することを認識するとともに，このことについてB及びCと共謀したとして，Yに虚偽記載半期報告書提出罪及び虚偽記載有価証券報告書提出罪の各共同正犯が成立するとした原判断は正当である。」との判断を示した。

これらの判決が，（共謀）共同正犯の成立を認めた点については，そもそも，公認会計士は有価証券報告書などの提出者ではなく，監査において広く認められている「二重責任の原則」（『監査基準』第四，三，（2）（3））に照らすならば，他人の行為をいわば自己の手段として犯罪を行った（最判昭和33・5・28刑集12巻8号1718頁）と評価できるのかという問題はありそうである。

もっとも，虚偽記載有価証券報告書提出罪の実行行為を「作成から最後の到達までの過程」を含むものと捉えて（大隅ほか［1979］58頁〔中森発言〕，土持＝榊原［1996］68頁，小野上［2011］129頁など），公認会計士等も提出者であると解する余地はある。また，虚偽記載有価証券報告書提出罪は，規定上は，「提出した者」を処罰対象としており，必ずしも身分犯を定める典型的な規定とはなっておらず[10]，非身分犯と解釈する方が素直のように思わ

---

10) 所得税法の検査を妨げる罪に関する最判昭和45・12・18刑集24巻13号1773頁参照。

れるという指摘がある（小林［2013］110頁）[11]。

　しかも，たとえば，最決平成22・5・31の事案においては，原審の事実認定によると，Yは，虚偽記載を認識しながら，適正意見を表明したにとどまらず，隠ぺいのための会計処理に協力し，監査に耐える旨の事実上の保証を与えるなどしたほか，隠ぺいのためのスキーム構築に際して助言を与えたというのであるから，単に，虚偽記載に目をつぶったという消極的な役割ではなく，積極的な役割，重要な役割を演じたとして，共謀共同正犯の成立が認められたのかもしれない（最決昭和57・7・16刑集36巻6号695頁，西田［2010］348頁，佐伯［2006］50頁，橋爪［2012］210頁など参照）。

　もし，虚偽記載有価証券報告書提出罪が身分犯であり，かつ，「提出した者」に公認会計士・監査法人は含まれないにもかかわらず，その果たした役割が積極的であり，または，重要であることに着目して，共謀共同正犯の成立が認められたのだとすれば，会社法963条5項2号または967条の罪について，会計監査人（およびその行為をした監査法人の「業務を執行する役員」）につき，共同正犯の成立を認める余地があることを説明しやすいことになりそうである。

第3節　行政処分等

　会計監査人が故意または過失により不当な監査を行った場合には，内閣総理大臣（金融庁長官）および日本公認会計士協会によってなされる懲戒処分の対象となり得る。

　公認会計士法29条は懲戒処分として，戒告，2年以内の業務の停止，登録

11）金融商品取引法「第5条…の規定による届出書類…又は第24条第1項…の規定による有価証券報告書…であつて，重要な事項につき虚偽の記載のあるものを提出した者」が主体とされているが，最判昭和45・12・18によれば，「…条の規定による…を…した者」と定める類型は，文言上は非身分犯と考えられる（山口［2003］336-337頁参照）。主体が明文で限定されている罪は，「公務員が…」，「他人のためその事務を処理するものが…」といったもので，単に「…した者」と定められている犯罪類型は明示的な身分犯を定めるものとはいえない（島田［2001］90頁）。

の抹消を定めており，公認会計士が故意に虚偽の，または不当な証明を行った場合には，2年以内の業務の停止または登録の抹消が，相当な注意を怠って虚偽の，または不当な証明を行った場合には，戒告または2年以内の業務の停止が科されることになっている（公認会計士法30条1項・2項）。そして，監査法人が虚偽の，または不当な証明を行った場合には，故意または相当な注意の懈怠があった業務執行社員に上記の処分が科されることになっている（公認会計士法30条3項）。そして，監査法人に対しても業務管理体制の改善を命じ，2年以内の期間を定めて業務の全部もしくは一部の停止を命じ，または解散を命じられることがあるし（公認会計士法34条の21第2項），監査法人がこれに該当することとなったことに重大な責任を有すると認められる社員が当該監査法人の業務または意思決定の全部または一部に関与することを禁止することができる（公認会計士法34条の21第3項）。さらに，故意にまたは相当な注意を怠って虚偽の，または不当な証明を行った場合には，原則として，公認会計士または監査法人に課徴金の納付が命じられる（公認会計士法31条の2，34条の21の2）。

　他方，日本公認会計士協会は，戒告，会則によって会員および準会員に与えられた権利の停止，退会勧告，金融庁長官の行う登録の抹消または監査法人の認可の取消しその他の懲戒処分の請求，準会員についてはさらに除名を行う（会則50条2項）。懲戒処分の事由としては（会則50条1項），会員および準会員が法令によって処分を受けたとき（第1号）のほか，会員および準会員が監査その他の業務につき公認会計士または会計士補の信用を傷つけるような行為をしたとき（第2号），財務書類の監査業務を行うに際して，故意に，虚偽，錯誤または脱漏のある財務書類を虚偽，錯誤および脱漏のないものとして意見または結論を表明したとき，相当の注意を怠り，重大な虚偽，錯誤または脱漏のある財務書類を重大な虚偽，錯誤および脱漏のないものとして意見または結論を表明したとき，財務書類に対する意見表明または結論表明の基礎を得ていないにもかかわらず，意見または結論を表明したとき（第3号・44条）などが挙げられている。

第7章

監査役等と会計監査人

第1節　監査役等と会計監査人との連携

　会計監査人を設置する会社は，監査等委員会設置会社または指名委員会等設置会社でない限り，監査役（会計事項に権限が限定された者を除く）を置く必要がある。すなわち，現在の会社法の枠組みでは，会計監査人の制度的前提として，監査役(会)，指名委員会等設置会社では監査委員会，監査等委員会設置会社では監査等委員会が想定されており，会計監査人と監査役（指名委員会等設置会社では監査委員会が選定した監査委員，監査等委員会設置会社では監査等委員会が選定した監査等委員）（以下，本章では，これらをまとめて監査役等という）との連携が必然的に求められている[1]。

1　監査役と会計監査人との意思疎通

　平成17年改正前商法特例法と同様，会社法は，会計監査人は，その職務を行うに際して取締役（指名委員会等設置会社では，執行役または取締役）の職務の執行に関し不正の行為または法令もしくは定款に違反する重大な事実があることを発見したときは，遅滞なく，これを監査役（監査役会設置会社では監査役会，指名委員会等設置会社では監査委員会，監査等委員会設置会社では監査等委員会）に報告しなければならないと定め（詳細については，第4款），監査役等は，その職務を行うため必要があるときは，会計監査人に対し，その監査に関する報告を求めることができるものとしている（会社法397条）。
　他方，会社法は，監査役等の側から会計監査人に対してどのような助力をすべきかについては規定を設けていない。しかし，このことは，監査役等が

---

1) 詳細については，たとえば，日本公認会計士協会＝日本監査役協会『監査役等と監査人との連携に関する共同研究報告』（平成17年7月29日。最終改正:平成25年11月7日）および日本監査役協会会計委員会『会計監査人との連携に関する実務指針』（平成18年5月11日。最終改正:平成26年4月10日）参照。また，監査役142号（1981年）の特集および志村［1984］，最近のものとして，たとえば，藤原［2012］および岡田［2013］も参照。

会計監査人に対して情報を提供することなどを禁止するとか，あるいは，情報を提供することなどを要しないということを意味するものではないことも確かである。会社法施行規則105条2項3号は，監査役は，その職務を適切に遂行するため，「監査役が適切に職務を遂行するに当たり意思疎通を図るべき者」との意思疎通を図り，情報の収集および監査の環境の整備に努めなければならないと定めているが，「監査役が適切に職務を遂行するに当たり意思疎通を図るべき者」の中には会計監査人が含まれることに疑問をさしはさむ余地はないであろう[2]。

むしろ，監査役等としては，会計監査人と連携して，職務を遂行することによって，任務懈怠（会社法423条1項）があったと判断されることを避けることが可能となり，また，監査報告に記載し，または記録すべき重要な事項についての虚偽の記載または記録があった場合に，注意を怠らなかったことを証明すること（会社法429条2項柱書ただし書きおよび3号）が容易となると考えられる。

具体的には，監査役等と会計監査人がなるべく多くの情報交換・意見交換の場をもつことが求められよう。監査役（会）・監査委員会・監査等委員会と会計監査人とは，少なくとも，監査契約締結時，監査計画策定時，中間監査時，期末監査時に1回ないし数回の会合をもつことが必要であると考えられるが，上場会社には，四半期報告書の作成が要求されているので，第1四半期，第3四半期の前後にも会合をもつことが考えられる。これに加えて，随時，会合をもって意見交換することが望ましいということができよう。もちろん，会合の形ではないにせよ，情報の交換を行うことが不可欠な場合があることはいうまでもない。すなわち，監査の過程で知り得た異常な取引・事象，会社の財産または損益に重大な影響を及ぼすような事実があるときは，遅滞なく監査役（監査役会設置会社では監査役会，指名委員会等設置会社では監査委員会，監査等委員会設置会社では監査等委員会）に報告することを

---

[2] それでは，なぜ，同条2項1号または2号に会計監査人が例示されていないのかという疑問が生ずるが，会社法施行規則には，事業報告等の監査についての規定が設けられており，計算関係書類の監査についての規定は会社計算規則に設けられていることの影響を受けているのではないかと推測される。

会計監査人に求めるとともに、監査役等からは日常の業務監査で知り得た重要な情報を会計監査人に伝達することが必要であると考えられる。たとえば、監査役等としては、会社および企業集団の経営環境の変化、業務執行方針・組織の変更、その他監査の過程で把握した、会計監査人の監査の方法および結果に影響を及ぼすと判断した事項、とりわけ、役員・従業員による不正の事実について、適時に情報を提供し、必要があると認めるときは意見交換することは基本であろう。

また、監査役等が、事業所・子会社の監査役の往査結果などについて、会計監査人の監査に必要な範囲内で開示することは監査役（会）、監査委員会、監査等委員会または会計監査人の監査の効率を高めるのみならず、それぞれの監査の質を確保することにつながるものと期待される。

以上に加えて、会計監査人から質問があれば、取締役会での議論の内容や、代表取締役などの経営トップと監査役等との意見交換の内容のうち、会計監査人の監査の方法および結果に影響を及ぼすと思われる事項について、監査役等の判断と責任の範囲内において説明することが考えられてもよいであろう。さらに進んで、コーポレートガバナンス・コードは、取締役会および監査役会は、外部会計監査人からCEO・CFO等の経営陣幹部へのアクセス（面談等）を確保すべきであるとする（補充原則3-2②）。

立法論としては、まず、会計監査人が監査役会（指名委員会等設置会社では監査委員会、監査等委員会設置会社では監査等委員会）（以下、本款では、監査役会等という）に出席することができる、あるいは出席しなければならない旨を定めることが適当であり得る。これは、第1に、監査役等が第2款でみるような会計監査人の監査の方法および結果の相当性の判断にあたって、会計監査人に質問等を行う機会を確保するという観点からも、会計監査人が意見を述べるという観点からも意義が認められる[3]。第2に、会計監査人が

---

[3] なお、日本監査役協会の「監査委員会監査基準」は、「監査委員会は、必要があると認めたときは、執行役、他の取締役、内部統制部門の使用人又は会計監査人その他の者に委員会への出席を求め、説明を求めなければならない」としており（7条3項）、——監査委員会のイニシアティブによるものであり、アドホックなものであるとはいえ——会計監査人が監査委員会に出席することを想定している。

その会計監査を行う上で重要な情報を，監査役間，監査委員間または監査等委員間の情報交換の場あるいは取締役・執行役・使用人から監査役会等に対して報告がなされる場にいることによって，入手することが可能になる。第3に，会計監査人から監査役等に対してコミュニケーションが確実になされることを保障することができるという効果も期待できる。以上に加えて，監査役(会)，監査委員会または監査等委員会が取締役（指名委員会等設置会社では，執行役または取締役）の職務の執行に関し不正の行為または法令もしくは定款に違反する重大な事実の報告（会社法397条1項・3項・4項・5項）を会計監査人から受けたにもかかわらず，監査役等が適切に対処しない場合に実効性が確保できないという指摘がなされているところ（第8章第4節第1款），監査役会等に会計監査人が出席する場合には，監査役等が適切に対処しないというリスクを減少させることができるのではないかとも考えられる。もっとも，会社法397条の下では，監査役会等が設置されている会社においては，会計監査人は監査役会等に報告しなければならないとされているのであるから，この場合には，監査役会等に出席する権限と義務を有することが前提とされていると解するのが自然である。

なお，コーポレートガバナンス・コードでは，取締役会および監査役会は，外部会計監査人と監査役（監査役会への出席を含む），内部監査部門や社外取締役との十分な連携を確保すべきであるとされている（補充原則3-2②）。

そして，この観点からは，会計監査人に監査役会等の招集請求権および招集権を与えることも立法論として検討されてよい。たしかに，会計監査人は監査役会等における議決権を有することはないが，会計監査人も，会社法の文言上は会社の機関とされていることに加え，指名委員会等設置会社では，議決権を有しない執行役に取締役会の招集請求権および招集権が与えられているのであるから（会社法417条2項），会社法397条の実効性を確保するという観点からそのような権限を会計監査人に与えることがきわめて不自然であるということはできないであろう。

また，会計監査人は取締役会に出席できる，あるいは，出席しなければならない旨を定めることも，立法論としては，検討に値する。これは，上述し

たように，会社法397条に基づく会計監査人の報告に監査役(会)，監査委員会または監査等委員会が適切に対応しないという事態に対処するという観点から意義を有し得る。また，会計監査人の会計監査にあたって，会社の状況を適切に把握し，監査を実施するという観点からも，取締役会における討議や報告の内容を知っておくということはきわめて有用であろう[4]。

そして，少なくとも，会計監査人は計算関係書類の承認決議を行う取締役会に出席しなければならない（したがって，出席することができる）と定めることは適切なのではないかと考えられる。なぜならば，会計監査人設置会社であって取締役会設置会社であるものにおいては，取締役会は「監査を受けた」計算関係書類を承認すべきこととされているが（会社法436条3項・441条3項・444条5項），これは，会計監査人の監査の結果および監査役（会），監査委員会または監査等委員会の監査の結果を踏まえて，取締役会が承認することができるようにするためだからである。そうであれば，書面または電磁的記録として会計監査報告だけではなく，（決算承認）取締役会において，出席取締役は会計監査人から説明を受け，または会計監査人に質問をする機会が与えられるべきであろうし，会計監査人も自己の意見を述べることができるとするのが適切であるといえよう。とりわけ，会計監査人の監査の方法または結果は相当ではないという意見を監査役(会)，監査委員会または監査等委員会が表明している場合には，この必要性は大きい。取締役会設置会社の会計参与（会計参与が監査法人または税理士法人である場合には，その職務を行うべき社員）は，計算関係書類の承認をする取締役会に出席しなければならないとされ，この場合において，会計参与は，必要があると認めるときは，意見を述べなければならないとされているが（会社法376条1項），これとの均衡上，同様の規定を設けることが合理的であると評価する

---

[4] たとえば，監査基準委員会報告書240「財務諸表監査における不正」は，「監査人は，不正リスクの識別と対応について経営者が構築した一連の管理プロセスに対する監視，及び不正リスクを低減するために経営者が構築した内部統制に対する監視を，取締役会及び監査役等がどのように実施しているかを理解しなければならない」とし（19項），「監査人は，取締役会及び監査役会（又は監査委員会）の議事録の閲覧，又は監査役等への質問などによって，これらを理解することができる場合がある」としているが（A19項），十分に理解するためには，監査役会等および取締役会に出席することが有効なことが少なくないと推測される。

ことができる。

　なお，会社法においては，金融商品取引法上の監査人とは異なり，会計監査人も会計参与と同様，会社の機関として位置づけられているから，会計監査人について同様の規定を設けることが会社法のフレームワークと矛盾するとは必ずしもいえないであろうし，会計監査人が取締役会，とりわけ，決算承認取締役会に出席することによって，会計監査人の独立性が損なわれるということも想定しにくい。

2　会計監査人の監査の方法および結果の相当性の判断

　会社法の下でも，会計監査人設置会社の会計監査は，第一次的に，会計監査人が行い，計算関係書類の適正性について監査意見を表明し，会計監査人の監査の方法および結果の相当性を監査役(会)，監査委員会または監査等委員会が判断するという二重構造になっている（会社計算規則127条2号）[5]。計算関係書類に係る監査役(会)，監査委員会または監査等委員会の監査はまったくのゼロから行われるわけではなく，会計監査人の監査の方法および結果の相当性を判断することができるように行われれば十分である。計算関係書類の監査に関していえば，監査役(会)，監査委員会または監査等委員会は会計監査人の監査の結果に信頼を置くことができるのが原則であるということもできよう（龍田［1987］517頁）。

　すなわち，会計監査人の精神的独立性および経験・能力に問題がなく，「会計監査人の職務の遂行が適正に実施されることを確保するための体制」が整

---

[5]　この枠組みに対して，脇田良一は批判的である。すなわち，「監査役という会計監査の「素人」が，公認会計士や監査法人という「専門家」の意見の当否を審査するという体制自体は無謀としかいいようがない」とされる（脇田［1994］18頁）。しかし，監査役が会計監査人の監査の方法または結果が相当ではないという意見を述べることが日常茶飯事に生ずることは想定されておらず，むしろ，会計監査人の経営者（代表取締役・業務執行取締役）からの独立性が十分ではないため，会計監査人の監査の結果に相当に相当ではない場合にそれは相当ではないという意見を（このような意見が述べられる可能性があれば，それだけ，会計監査人に経営者の見解に抵抗するというインセンティブが与えられると期待できる面もあろう），会計監査人の監査の方法が素人目にもずさんな場合に監査の方法が相当ではないという意見を，監査役は表明することが想定されているのではないかと推測される。

備されており，会計監査人が十分な資源を監査に投入し，会社の財務報告に係るその会社特有のリスクも考慮に入れた監査を行い，十分な監査証拠を入手していることについて，監査役が確信を得ることができれば，会計監査人の監査の方法は相当であると認めてもよいものと思われる。

　まず，会計監査人制度が導入された昭和49年商法特例法制定の際には，「おおむね通常の監査役としては，事，会計の監査に関しては，その専門家の監査結果を信頼すれば，通常はその過失を問われることはなかろう。しかし，監査の対象が適法あるいは違法という判定の問題になりますから，もちろんこれにめくら判を押すことではなくして，監査結果の当否については目を通していただきます。そこで，違法とされておるけれども，監査役が独自に取締役会等に出席して得ておられる知識からみて，結論を異にするというときには，初めて，積極的に意見が違うということを書いていただく」（第71回国会参議院法務委員会会議録第19号（昭和48年8月30日）4頁〔田邊明説明員〕）との答弁がなされていた。

　また，裁判例においても，金融商品取引法上の責任の文脈においてではあるが，東京地判平成25・10・15（平成21年（ワ）第24606号）は，「公認会計士又は監査法人である会計監査人による監査が必要的である大会社……の会計監査においては，監査役が，個別的な商取引について，逐一その証憑書類の有無・内容等を精査，確認すべきとすることは現実的でないから，監査役は，会計監査人の監査の方法および結果が相当でないと疑われる事情がある場合を除いては，会計監査人の監査結果を前提として自らの職務を遂行することができる」と判示し，東京地判平成21・5・21判時2047号36頁も，「監査役は，有価証券報告書の作成提出を行う取締役や，有価証券報告書に掲載される財務諸表等に係る監査証明（同法193条の2第1項）を行った公認会計士又は監査法人と異なり，有価証券報告書への関与の在り方は二次的なものであるし，旧商法特例法上の大会社の監査役は会計監査を含む取締役の職務執行一般の監査権限を有していたとはいえ（旧商法274条1項），同法281条1項の書類の会計に関する監査は，第一次的には会計監査人が行い，その監査報告書を監査役会に提出して，監査役会は会計監査人の監査の方法又は

結果を相当でないと認めた場合にのみ監査報告書に記載するとされており（旧商法特例法13条１項，14条３項１号），旧商法特例法上の大会社の会計監査は一次的には会計監査人が担うという位置づけがされていたものと解される」としていた[6]。

　もっとも，監査の結果については，監査役等が業務監査の過程において得た情報などを踏まえて，その相当性を判断することになるが，この局面においても会計監査人の精神的独立性および「会計監査人の職務の遂行が適正に実施されることを確保するための体制」，とりわけ，会計監査人における審理体制に問題がないことが前提となると考えられる。まず，商法特例法制定の際にも，「会計について監査役が監査をしなくてもよいということでもないし，監査役の責任を軽減するものでもない」と指摘されていた（味村＝加藤［1977］268-269頁）。また，大阪高決平成９・12・８資料版商事法務166号138頁は「取締役，監査役が，批判的な分析をせず，機械的に信頼したにすぎないときは，情報に基づく判断をしたか否かに疑問が生じ，信頼の権利ないし抗弁はその基礎を失う」というべきであるとし，「監査役については，監査法人の無限定適正意見を信じたことをいうが，これを監査役として分析検討したことも，業務監査の視点から再吟味したことも主張していない」としていたし，名古屋高判平成26・２・13金判1444号30頁も，会計監査人設置会社においても，監査役の会計監査権限が失われるものではないと判示し，監査役は一定の監査手続き等を実施すべきであったとしている。

　ところで，会計監査人設置会社における監査役(会)，監査委員会または監査等委員会の監査報告との関連では，監査役等と会計監査人との連携が適切になされていることが前提となると考えられる。すなわち，第１に，会計監査人が十分な情報（監査証拠）を入手していないとすれば，会計監査人の監

---

[6] 取締役に関するものであるが，公認会計士による監査結果を前提として監視義務違反を認めず，または相当の注意を払ったとしたものとして，東京地判平成８・２・８判タ893号260頁，東京地判平成21・５・21判時2047号36頁などがあり，横浜地判平成25・10・22金判1432号44頁は，「情報収集や調査の際，弁護士や公認会計士など専門家の知見を信頼した場合には，当該専門家の能力を超えると疑われるような事情があった場合を除き，善管注意義務違反とはならない」としていた（控訴審判決（東京高判平成26・５・29）もこれを是認）。

査計画・監査手続きが不適切なものとなり，その結果，会計監査人の監査の結果にも問題が残る可能性がある。したがって，会計監査人が十分な情報（監査証拠）を入手していないことに監査役等が気づいているにもかかわらず，そのような情報を監査役等が会計監査人に提供しないとすれば，監査役(会)，監査委員会または監査等委員会としては，会計監査人の監査の方法および結果が相当であるという意見を表明することができなくなり，監査役(会)，監査委員会または監査等委員会自ら（会計監査人の監査結果に依拠することなく，ゼロから）計算関係書類の監査を行わなければならないことにつながると考えられる。すなわち，監査役等が会計監査人の監査の結果に一応信頼を置いても任務懈怠がないとされるためには，監査役等から会計監査人への情報の提供などが必要となると考えられる。

　第2に，たとえば，業務監査において重点を置くべき事項を発見する端緒が会計監査から得られることもある。また，会計監査と会計以外の業務の監査とは連続していることなどを踏まえると，監査役等としては，会計監査人に適時に適切な情報を提供することによって，会計監査人の監査の効率性と実効性を高めるだけではなく，監査役(会)，監査委員会または監査等委員会自らの監査の効率性と実効性とを高めることができると期待される[7]。すなわち，会計監査人との情報交換を通じて，自らの監査において着目すべき点を発見できるのみならず，会計監査人が監査役等から得た情報に基づいて監査を的確に実施することができることによって，取締役（指名委員会等設置会社では，執行役または取締役）の職務の執行に関し不正の行為または法令もしくは定款に違反する重大な事実を発見しやすくなるとすれば，それは監査役(会)，監査委員会または監査等委員会に報告されることになるからである。監査役と会計監査人は，監査上の必要な事項について情報提供と意見交

---

[7] 日本監査役協会会計委員会『会計監査人との連携に関する実務指針』は，「会計監査人が会社外部の職業的専門家の立場で監査することに対して，監査役等は会社内部の実態を熟知した企業人の視点から，会計監査人の監査の相当性を判断するとともに，会計監査人の独立性をはじめとする監査環境に留意することを通して会計監査の適正性及び信頼性の確保に努めなければならない。そのことによって，計算関係書類の適正な開示に寄与することが監査役等の会計監査の責務である。」と指摘する（第2，2）。

換を行い，監査役等からは日常の業務監査で知り得た情報を会計監査人に伝え，会計監査人からは会計監査で得た情報の提供を受けて，それぞれの監査業務に役立てることが望ましいということができよう。

3 不正リスク対応基準

　平成25年に，『監査における不正リスク対応基準』[8]が新たに策定され，『監査基準』の改訂も行われた。

　『監査基準』の改訂としては，監査における監査役等との連携は，不正が疑われる場合に限らず重要であると考えられることから，監査人は，監査の各段階において，適切に監査役等と協議する等，監査役等と連携を図らなければならないこととされた（第三，一，7）。同時に，『監査における不正リスク対応基準』においても，「監査人は，監査の各段階において，不正リスクの内容や程度に応じ，適切に監査役等と協議する等，監査役等との連携を図らなければならない」とされ，「監査人は，不正による重要な虚偽の表示の疑義があると判断した場合には，速やかに監査役等に報告するとともに，監査を完了するために必要となる監査手続の種類，時期及び範囲についても協議しなければならない」とされている（第二，17）。

　このように，『監査基準』の改訂および不正リスク対応基準の設定により，監査役等との連携が強調されているが，これは，これまでの適切な実務を変更するものではないと考えられる。すなわち，監査人にとっては，日本公認会計士協会の実務指針も「一般に公正妥当と認められる監査に関する基準及び慣行」（監査証明府令3条2項）を成すところ，監査基準委員会報告書260『監査役等とのコミュニケーション』は，監査人と監査役等が，監査に関する事項を理解し，効果的な連携をもたらすような関係を構築すること，監査人が，監査役等から監査に関連する情報を入手すること，および，監査役等が，財務報告プロセスを監視する責任を果たし，それによって，財務諸表の重要な虚偽表示リスクを軽減することを目的として，有効な双方向のコミュ

---
[8] 序章第2節も参照。

ニケーションを行うことが重要であるという前提に基づいている。

そして，監査人は，計画した監査の範囲とその実施時期の概要について，監査役等とコミュニケーションを行わなければならないとされ（13項），また，監査人は，会計方針，会計上の見積りおよび財務諸表の開示を含む，企業の会計実務の質的側面のうち重要なものについての監査人の見解[9]，監査期間中に困難な状況に直面した場合は，その状況，監査の過程で発見され，経営者と協議したかまたは経営者に伝達した重要な事項，監査人が要請した経営者確認書の草案，その他監査の過程で発見され，監査人が，職業的専門家としての判断において財務報告プロセスに対する監査役等による監視にとって重要と判断した事項について，監査役等とコミュニケーションを行わなければならないとされている（14項）。

しかも，監査人は，監査人と監査役等の間の双方向のコミュニケーションが，監査の目的に照らして適切に実施されたかどうかを評価しなければならないとされ，もし適切でない場合，監査人は，それが重要な虚偽表示リスクに関する監査人の評価と十分かつ適切な監査証拠を入手できるかどうかに与える影響を評価し，適切な措置を講じなければならないとされている（20項）。

とりわけ，A13項では，監査計画上の事項で，監査役等と協議することが適切なその他の事項には，たとえば，①企業が内部監査機能を有する場合，監査人が内部監査を利用する程度，および監査人と内部監査人が効果的かつ効率的に連携して業務を行うための方法，②企業統治の構造に照らして監査人がコミュニケーションを行うことが適切な監査役等[10]，監査役等と経営者のそれぞれの責任，企業目的および戦略ならびにこれらに関連して重要な虚偽表示リスクとなる可能性のある事業上のリスク，監査役等が，監査の実施中に特別に留意することが必要と考える事項，および追加手続の実施を要請する領域，規制当局との間のコミュニケーションのうち重要な事項，その他監査役等が財務諸表監査に影響を与える可能性があると考える事項に関する

---

9) 監査人は，会計実務が，適用される財務報告の枠組みの下で受入可能であるが，企業の特定の状況においては最適なものではないと考える場合は，その理由を監査役等に説明しなければならない。
10) 監査役会設置会社の場合，多くの場合，常勤監査役ということになろう。

監査役等の見解,③内部統制およびその重要度（監査役等が内部統制の有効性を監視する方法を含む),および不正の発見またはその可能性に関する監査役等の態度や姿勢ならびに実際の行動,④会計基準,企業統治の慣行,取引所の上場基準および関連する事項の動向に対応するための監査役等の行動,⑤以前に監査人と行ったコミュニケーションへの監査役等の対応が含まれるとしている。また,「監査上の発見事項について行うコミュニケーションにおいて,監査人は,入手した監査証拠を補強するため,監査役等に追加の情報を求めることがある。例えば,監査人は,特定の取引又は事象に関連する事実と状況について監査役等に質問し,監査役等の理解が監査人と同じであることを確かめることがある。」とも指摘されている（A15項)。

　他方,日本監査役協会『会計監査人との連携に関する実務指針』でも,会社法上,「監査役等は,会社法によって会計監査人に対する権限を与えられているが,会計監査人の再任の適否の検討や監査報酬等の同意をはじめとするこれらの権限を有効に行使することは,監査役等の重要な善管注意義務であるので,会計監査人と常に接触を保ち連携を深めることによって,与えられた権限を適切に行使するための判断をしなければならない」と指摘され（第1,(1)),「コーポレート・ガバナンスの充実という要請に応えるためには,監査役等と会計監査人は,相互の信頼関係を基礎としながら,緊張感のある協力関係のもとで,双方向からの積極的な連携によって,監査の有効性及び効率性の向上に努めなければならない」とされている（第1,(2))。そして,日本公認会計士協会＝日本監査役協会『監査役等と監査人との連携に関する共同研究報告』の2.では,「監査役等と監査人は,監査上の必要な事項について情報提供と意見交換を行い,監査役等からは日常の業務監査等で知り得た情報を監査人に伝え,監査人からは会計監査で得た情報を監査役等に伝えることにより,それぞれの監査の有効性及び効率性を高めることができる」と述べられており,監査役としては,会計監査人に十分な情報を伝達していない状況の下では,会計監査人の監査の結果が相当であると判断することに,重要なリスクが残ることになりかねない。

　なお,改訂後『監査基準』などは,あくまで,監査人に監査役等との連携

を求めているものであり、監査役等の行為規範を定めるものではないから、監査役等の義務や責任を直接的には強化するものではない。ただ、監査役等が連携に応じない場合には、監査人としては、これまで以上に、範囲限定を付した除外事項付適正意見を表明し、または意見を表明すべきではないとされることがあり得ると、理論上は考えられる。具体的には、監査人が監査期間中に直面する可能性のある困難な状況には、経営者に要求した情報の提供が著しく遅延すること、不当に短い期間内に監査を終了することが求められること、十分かつ適切な監査証拠を入手するために広範囲で想定外の作業が必要となること、想定していた情報が入手できないこと、経営者が監査人に制約を課すこと、監査人が要求したにもかかわらず、経営者が継続企業の前提に関する評価を行わない、または評価期間が適切でなく延長に応じないこと（監査基準委員会報告書260A17項）などがあり、これらの困難な状況の打破に監査役等が合理的な限度において、力を貸さない場合には、除外事項付適正意見につながる監査範囲の制約となりかねない[11]。また、十分な連携がなされていない場合には、監査人が不適切な意見表明等を行うリスクが高まり、監査役等が監査人の意見に依拠できる程度が低くなる可能性がある（そもそも、意見不表明や範囲限定が付された限定付適正意見が表明された場合には、依拠できる意見がない、あるいは依拠できないことがあるということになる）。『監査役等と監査人との連携に関する共同研究報告』の2.でも、監査役等と監査人は「連携が適切に行われるよう努めるとともに、それが適時かつ十分に行われたかを評価し、仮に連携が十分ではなく、その状況が解消できない場合には双方の監査意見にも影響する可能性がある点に留意が必要である」と指摘されている。

また、『監査における不正リスク対応基準』では、「監査人は、財務諸表全

---

11) なお、監査基準委員会報告書260のA43では、監査人と監査役等の間で行われる双方向のコミュニケーションが十分でなく、その状況を解消できない場合、監査人は、たとえば、監査報告書において監査範囲の制約に関する除外事項を付す、監査人の講じる措置について、法律専門家に助言を求める、第三者（たとえば、規制当局）、または、事業の所有者（たとえば、株主総会における株主）等、企業統治の構造において高い権限を有する企業外部の者とコミュニケーションを行う、監査契約を解除するというような措置を講じることがあるとされている。

体に関連する不正リスクが識別された場合には，実施する監査手続の種類，実施の時期及び範囲の決定に当たって，企業が想定しない要素を監査計画に組み込まなければならない。」とされているが（第二，6），「企業が想定しない要素」には抜き打ちの手続きが含まれていると解されている。ところが，そのような手続きを実施するにあたっては，監査人が単独で行うことが，実務上，容易なのかという問題がありそうである。この観点からは，そのような手続きを監査人が行うにあたって，監査役等が手を貸す，協力をするということが期待される場合が多いのではないかと予想される。

なお，『監査における不正リスク対応基準』では，監査人に監査役等との「協議」が求められているが，国際監査基準を踏まえている日本公認会計士協会の実務指針（たとえば，監査基準委員会報告書240あるいは260）において「協議」という語は，国際監査基準240あるいは国際監査基準260における"discuss"という語に対応するものとして用いられている。そして，不正リスク対応基準は日本公認会計士協会監査基準委員会報告書240との整合性を確保しつつ作成されている。このような背景を踏まえると，たしかに，監査役等との連携が必要ではあるが，ここでは，合意に達する，あるいはそれに近いことが求められているわけではないと考えられる。監査人としては，職業的専門家として行わなければならないことは，監査役等の見解にかかわらず行わなければ，相当の注意を払った，正当な注意を払ったとは評価されない一方で，監査役等の任務・責任を過大なものとすることも避けなければならないからである。たとえば，協議の結果，ベストの解決にならなかった場合であっても，それによって直ちに協議した監査役に任務懈怠があるということになるわけではない[12]。

もっとも，誠実に協議に応じなかったことが，監査人の意見に影響を与え

---

[12] なお，会社法施行規則105条2項は，「監査役は，その職務を適切に遂行するため，次に掲げる者との意思疎通を図り，情報の収集及び監査の環境の整備に努めなければならない。」と規定しており，会計監査人あるいは金融商品取引法上の監査人は「その他監査役が適切に職務を遂行するに当たり意思疎通を図るべき者」（第3号）にあたるという解釈の余地がある。これは監査役の職務執行のために要求されているものであるから，『監査における不正リスク対応基準』の制定の影響はないと考えてよいのではないかと思われる。

ることになることには留意する必要があり，会社法上は，「会計監査人の監査の方法及び結果」が相当であるかどうかの判断をより慎重に行う必要があるであろうし，金融商品取引法との関連でも，「記載が虚偽であり又は欠けていることを知らず，かつ，相当な注意を用いたにもかかわらず知ることができなかったこと」（21条2項1号・22条・24条の4）を立証する上での支障になるおそれがまったくないとはいえない。また，より現実的なリスクとしては，監査役等との連携ができなかったことを理由として，監査人が意見を表明できないとし，あるいは監査契約を解除し（（注11）参照），その結果，会社に損害が生じた場合には，一般的な任務懈怠責任（会社法429条1項）を監査役等は会社に対して負うことになり得るということが考えられる。

4 会計監査人の報告義務

会計監査人は，その職務を行うに際して取締役（指名委員会等設置会社では，執行役または取締役）の職務の執行に関し不正の行為または法令もしくは定款に違反する重大な事実があることを発見したときは，遅滞なく，これを監査役（監査役会設置会社では監査役会，指名委員会等設置会社では監査委員会，監査等委員会設置会社では監査等委員会）に報告しなければならない（会社法397条1項・3項・4項・5項）[13]。これは，会計監査人に，取締役（指名委員会等設置会社では，執行役または取締役）の職務の執行に関し不正の行為または法令もしくは定款に違反する重大な事実があることを発見するための手続きを行うことを要求するものではなく，計算関係書類の監査に際して，たまたま，発見したときには，監査役(会)，監査委員会または監査等委員会に報告することを求めるものである（味村＝加藤［1977］262頁）。

このように考えると，現行制度の下では，たとえば，大王製紙の第三者委員会報告書における，「監査法人の担当者は，本件貸付について早期に気付いていたにもかかわらず，会社トップに対する多額の貸付であるのに使途の確認をしなかった点，平成23年期末に残高が残っていたため元会長との面談

13) 立法論的検討については第8章第4節参照。

を求めながらも，その返済期を尋ねるだけで使途を確認せず，また，社外監査役のいる監査役会に報告して，注意を喚起するなどしないで，その後の貸付の繰り返しを防ぐことが出来なかった点には問題がある。」[14]という記述は，――報告書に示されている事実のみからは――金融商品取引法上の監査人の任務および会社法上の監査人の任務についての誤解に基づくものである可能性が高い[15]。なぜなら，――立法論としてはともかく，解釈論としては――金融商品取引法上の監査人としても会社法上の監査人としても，当該貸付けが計算書類等または財務諸表等・連結財務諸表等に適正に反映されているかどうかを確かめれば十分であり，使途を確認することは，それとの関連でのみ必要とされるにすぎないうえ，職務の執行に関し不正の行為または法令もしくは定款に違反する重大な事実があることを発見したわけではないから，会社法上の報告義務も認められないからである。金融商品取引法193条の3も，財務計算に関する書類の適正性の確保に影響を及ぼすおそれがある事実の通知を求めているのであり，当該事件においては，関連当事者との間の取引の注記は，慣行としてなされている程度には行われていたのだから，金融商品取引法193条の3との関係で問題があったとは評価しにくい。ましてや，会計監査人は，このような貸付けの繰り返しを防止することについて，何らの権限も義務もない。

---

14) 大王製紙株式会社元会長への貸付金問題に関する特別調査委員会『調査報告書』（平成23年10月27日）<http://www.daio-paper.co.jp/news/2011/pdf/n231020a.pdf>
15) 日本公認会計士協会は，平成27年3月9日付で大王製紙の監査人であった監査法人および指定社員であった公認会計士に対して懲戒処分を行ったが，関係会社株式評価についての会社の不適切なルールの許容，関係会社事業損失引当金等の必要性を検討するための監査手続の不実施および原因が究明されていない為替換算調整勘定につき適切な監査手続の不実施が理由とされ，元会長に対する貸付けは根拠とはされていない。ところが，この第三者委員会報告書の記述が適切なものであることを明示的あるいは黙示的に前提として，オリンパス事件とならんで，大王製紙事件が監査人の失敗の例であるというような報道がなされ，また，論稿が公表されていることに鑑みると，第三者委員会の在り方というものを社会的によく考えてみる必要があるように思われる。また，とりわけ，研究者としては，内容をうのみにするのではなく，批判的な視点をもって，報告書の記述を捉える必要があることを示す実例といえそうである。

5　監査の効率性の確保

　監査役等と会計監査人との連携は，会計監査人の監査の実効性を高め，ひいては，監査役(会)，監査委員会または監査等委員会の監査の効率を高めることになると期待されるが，このような連携を適切に図ることは，直接的に，監査役(会)，監査委員会または監査等委員会および会計監査人の監査の効率を高めることにつながると期待される。とりわけ，監査計画の策定にあたって，監査役等と会計監査人との連携を前提とすることには大きな意義が認められる。すなわち，監査役等は会社内部の状況に通暁している立場から，会計監査人は外部の職業的専門家としての立場から，率直な意見交換を行い，お互いに監査計画を策定すれば，適切に問題点を把握することができ，その結果，監査の重点を把握し，合理的な監査計画を策定できると期待される。たとえば，会社（企業集団）を取り巻く経営環境や事業内容の変化や会社が利用する情報技術（IT）の進展が会計監査に及ぼす影響について，情報を交換し，それによる監査上のリスクについて意見交換することは有意義であろう。また，事業所・子会社等の往査の計画内容について，情報を交換することも重要である。事業所・子会社等の重要性やリスクの高さなどについての意見交換に意味が認められるからである。さらに，監査役(会)，監査委員会または監査等委員会の監査方針・監査計画について会計監査人に説明し意見交換を行って，会計監査人の理解と協力を求めるとともに，必要があるときは両者の監査計画の調整を図ることは重要である。すなわち，会計監査人と監査役(会)，監査委員会または監査等委員会とがそれぞれの監査方針と監査計画を説明した上で，監査の重点，リスクの認識，内部統制システムへの関与などについて意見交換し，両者の監査計画に反映させることは有意義である。

6　会計監査人の交代

　新たな会計監査人が選任された場合，とりわけ，従前の会計監査人が辞任

し，解任されまたは再任されなかった場合には，監査役等と会計監査人との連携がきわめて重要となると考えられる。すなわち，解任・不再任に伴う新たな会計監査人の選任の場合は，前任会計監査人との引き継ぎが十分に行われているかについて監査役としては説明を受けた上で，前任会計監査人と新任会計監査人の引き継ぎが十分に行われるように適切な措置を講じることを求めるとともに，前任会計監査人との連携状況および最近の監査役(会)，監査委員会または監査等委員会の監査の要点を説明し，会計監査人の往査等に同行するなどして，会計監査人交代に伴う監査品質の低下を補いその維持に努めることが監査役等には期待される。会計監査人の交代がない場合であっても，その会社の監査を担当する業務執行社員または重要な補助者が交代したときには，その人事の方針，選任の経緯について説明を受けるとともに，遺漏のない引き継ぎが行われていることを確認し，また，新任の業務執行社員や補助者が適切に監査を遂行することができるように，監査環境の整備等に配慮することには意味があると思われる。

第2節　会計監査人の職務の遂行が適正に行われることを確保するための体制

　会計監査人は，特定監査役に対する会計監査報告の内容の通知に際して，独立性に関する事項その他監査に関する法令および規程の遵守に関する事項，監査，監査に準ずる業務およびこれらに関する業務の契約の受任および継続の方針に関する事項，会計監査人の職務の遂行が適正に行われることを確保するための体制に関するその他の事項[16]を通知しなければならないものとされており（会社計算規則131条），これらの通知事項を参考にして，監査役（監査役会設置会社では，さらに監査役会。指名委員会等設置会社では監査委員会，監査等委員会設置会社では監査等委員会）の監査報告には「独立性に関する事項その他監査に関する法令及び規程の遵守に関する事項，監査，監査に準ずる業務及びこれらに関する業務の契約の受任及び継続の方針に関する事項，会計監査人の職務の遂行が適正に行われることを確保するための

体制に関するその他の事項」を記載しなければならないとされている（会社計算規則127条4号・128条2項2号・129条1項2号）。

　監査報告には，会計監査人から通知された事項を記載すれば足りるという解釈も可能であるが，会計監査人から通知された「会計監査人の職務の遂行が適正に行われることを確保するための体制」が不適切であると認めた場合には，監査役（会），監査委員会または監査等委員会の監査報告においては，会計監査人の監査の方法が相当ではないという意見を表明すべきであることはもちろんのこと，そのような相当性を判断するにあたっては，どのような事項が通知されたかだけに注目するのではなく，通知されたようにその会計

---

16) 監査基準委員会報告書260「監査役等とのコミュニケーション」の改正案（平成27年2月26日）は，監査人は，公認会計士法上の大会社等の監査のみならず会計監査人設置会社の監査の場合には，「監査事務所の品質管理のシステムの整備・運用状況の概要を監査役等に書面で伝達しなければならない。これには，監査事務所の品質管理のシステムの外部のレビュー又は検査結果が含まれる」とされ（15-2項），「監査人は，法令等により求められている監査役等に対する監査人の職務の遂行に関する事項の通知をするため，監査事務所の品質管理のシステムの整備・運用状況の概要を監査役等に伝達する」とされている。
　そして，監査契約の新規締結または更新に際して，直近の状況に基づき，監査事務所の品質管理のシステムの外部のレビューまたは検査結果について一定の事項を監査役等に伝達し，監査期間中にレビューまたは検査結果を受領した場合には，個々の状況に応じて適宜伝達することが適切であるとしている（A22-3項）。
　すなわち，まず，日本公認会計士協会の品質管理レビューについては，①対象となるレビュー報告書（直近の品質管理レビュー報告書および改善勧告書の日付（過去に受領していない場合はその旨）ならびにフォローアップ・レビュー報告書の日付），ならびに，②①のレビュー報告書の内容および対応状況（品質管理レビューの結論およびその結果に基づく措置，フォローアップ・レビューの実施結果（改善勧告書に記載された事項の改善状況を含む）およびその結果に基づく措置，監査事務所における品質管理に関する重要な指摘事項（限定事項および改善勧告事項）の有無，重要な指摘事項があった場合は，その内容の要約および監査事務所の対応状況，品質管理レビューの対象業務として選定されたかどうかの事実，選定された場合は，当該監査業務における品質管理に関する重要な指摘事項の有無，重要な指摘事項があったときは，その内容の要約および対応状況）が挙げられている。
　また，公認会計士・監査審査会の検査については，①対象となる検査結果通知書（直近の検査結果通知書の日付（過去に受領していない場合にはその旨）），ならびに，②①の通知書の内容および対応状況（検査の対象業務として選定されたかどうかの事実，選定された場合は，当該監査業務における品質管理に関する指摘事項の有無，指摘事項があったときは，その内容および対応状況，監査事務所における品質管理全般に関する指摘事項の要約および監査事務所の対応状況）が挙げられている。
　そして，「海外の規制当局の検査を受けている場合は，当該規制当局の監督対象になる監査業務の監査役等に対して，当該規制当局の定める検査結果の開示に関する規制の範囲内において，当該検査結果を伝達することが適切である」とされている。

監査人がその職務を遂行しているかどうかを監査役等としては確かめることになるはずである[17]。

そうであるとすれば，会計監査人と十分な意思疎通を図り，会計監査人が通知した「会計監査人の職務の遂行が適正に行われることを確保するための体制」を，どのように，その会社との関係で運用しているのかを監査役等としては確認しなければならない。そのためには，会計監査人が職業的専門家として遵守すべき監査基準，品質管理基準（とりわけ，企業会計審議会『監査に関する品質管理基準』（平成17年10月28日）），監査実務指針，監査法人の内規などへの準拠状況やそれらの基準の改訂などを，会計監査人に対する質問や意見交換を通して，監査役等としては把握する必要があろう。

また，「会計監査人の職務の遂行が適正に行われることを確保するための体制」の中核をなすものの1つは会計監査人の精神的独立性を確保するための体制であり，職業的専門家としての会計監査人が，公正不偏の態度および独立の立場を保持しない限り，会計監査の適正性・信頼性を確保することはできないし，そもそも，会計監査人による監査を会社法が要求する意義，法定する意義は失われてしまう。そこで，監査役等に求められている重要な任務の1つは，会計監査人が精神的独立性を保持して監査を実施していることを確認することであり，そのために，監査環境の状況を監視するとともに，会計監査人に対する質問などを通してその監査状況の把握に努め，必要に応じて取締役に改善を勧告しなければならない。監査環境に問題があることを認識している監査役としては，会計監査人の監査の方法および結果の相当性を判断する際に，監査環境に問題があるため，会計監査人の監査の方法が不十分になっているおそれがあることやそれが監査の結果に影響を与えているおそれを踏まえて慎重な判断をしなければならないことになる。すなわち，会計監査人の監査の結果に一応の信頼を置いてよいという前提が崩れることになる場合が少なからずあることが予想される。

国際会計士倫理基準審議会（International Ethics Standards Board for

---

[17] 監査役等としては，会計監査人がそのようにいっていましたので，そのようにしていると思っていました，それをうのみにしましたとはいえないであろう。

Accountants：IESBA）の倫理規程（Code of Ethics for Professional Accountants）の2013年改訂に対応した，日本公認会計士協会の『倫理規則』の平成26年7月9日改正および『独立性に関する指針』の同年4月16日改正により，会計監査人による監査役等に対する独立性に関するコミュニケーションの重要性がさらに強調されている。

すなわち，まず，『倫理規則』の9条の2として，「会員は，この規則及び別に定める「独立性に関する指針」に従って監査役等とコミュニケーションを行う際には，特定の状況の内容及び重要性並びにコミュニケーションを行う事項を考慮し，依頼人又は所属する組織の企業統治の構造に応じてコミュニケーションを行うのに適した者（特定の者又は監査役等を構成する全ての者）を判断しなければならない」と定められ（第1項），会員は，第1項の判断に際し，「監査役等を構成する特定の者（例えば，監査役会における監査役）と個別にコミュニケーションを行おうとする場合には，監査役等を構成する全ての者に適切に情報が伝わるように，監査役等を構成する全ての者にコミュニケーションを行うことが必要かどうかを判断しなければならない」と規定された。

そして，『独立性に関する指針』は，従来から，「会計事務所等は，依頼人との関係で独立性に影響を及ぼすと合理的に考えられる事項について，依頼人の監査役等と定期的にコミュニケーションをとることが推奨される」と規定していたが（第1部28項1文），監査業務における独立性の「規定に従って監査役等とのコミュニケーションを行う際には，会計事務所等は，特定の状況の内容及びその重要性並びにコミュニケーションを行う事項について考慮し，依頼人の企業統治の構造に応じて，コミュニケーションを行うのに適した者を決定しなければならない。会計事務所等は，監査役等を構成する者（例えば，監査役会における監査役）と個別にコミュニケーションを行おうとする場合には，監査役等を構成する全ての者に適切に情報が伝わるように，監査役等を構成する全ての者とコミュニケーションを行うことが必要かどうかを判断しなければならない。」という規定を第1部28項に追加した。また，会計事務所等が，監査業務における独立性の規定に対する「違反の影響に十

分な対応策を講じることができないと判断した場合，会計事務所等は，可能な限り速やかに監査役等に伝達するとともに，監査業務契約を解除するために必要な対応を講じなければならない」とする（第1部45項）一方で，「会計事務所等が違反の影響に十分な対応策を講じることができると判断した場合，会計事務所等は監査役等と当該違反及び講じた，又は計画している対応策について可能な限り速やかに協議しなければならない。ただし，重要でない違反の報告につき監査役等が別途時期の指定を行う場合はそれに従う」とし，協議事項は，「違反の重要性の程度，違反の内容及び発生期間」，「どのようにして違反が生じ，識別されたか」，「講じた，又は計画している対応策，及びその対応策が違反の影響に十分に対処し，監査報告書を発行できると結論付けた会計事務所等の根拠」，「会計事務所等の職業的専門家としての判断に基づく，公正性が損なわれていないという結論及びその根拠」，および「さらなる違反が生じるリスクを低減又は防止するために，会計事務所等が講じた又は計画している全ての対応策」を含まなければならないと規定している（第1部46項）。

そして，会計事務所等は，「品質管理基準委員会報告書及び監査基準委員会報告書に基づき定めた，違反に関する会計事務所等の方針及び手続」および「さらなる違反が生じるリスクを低減，又は違反を防止するために会計事務所等が講じた又は計画している対応策」を含む，第1部46項に従い協議するすべての事項を，監査役等に書面で伝達しなければならないとされ，第1部46項に従い協議する際またはその後に，対応策は違反の影響に十分に対処できる，または対処されているという点につき監査役等の了解を得なければならないものとされている。そして，監査役等が，当該対応策が十分であるという会計事務所等の見解に了解しない場合，会計事務所等は，監査業務契約を解除するために必要な対応策を講じなければならないものとされている（第1部47項）[18]。

さらに，監査業務における独立性の規定に対する違反が直近の監査報告書

18）以上と同様の規律は，監査業務以外の保証業務における独立性の規定に対する違反との関連でも定められている（第2部33項から37項）。

の発行日よりも前に生じていた場合，会計事務所等は，過年度に発行したすべての監査報告書に関連する会計事務所等の公正性に対する違反の影響，および監査報告書を取り下げる可能性について検討しなければならず，これらの事項について監査役等と協議しなければならないとされている（第1部48項）。

第3節　金融商品取引法上の開示に係る会社法上の任務と連携

　金融商品取引法上の開示との関係で，監査人と監査役(会)，監査委員会または監査等委員会との連携が，「会社法上」，どの程度要求されていると解すべきか，監査役(会)，監査委員会または監査等委員会が有価証券報告書などに関連してどのような職務を行うべきなのかについては，必ずしも，十分に議論がなされてきたとはいえないように思われる。

　しかし，――前述第1節でみたような改訂後『監査基準』および不正リスク対応基準の下での連携のみならず――金融商品取引法の下での財務報告に係る内部統制の評価との関連でも，監査役(会)，監査委員会または監査等委員会と監査人との連携は求められてきた。すなわち，企業会計審議会内部統制部会『財務報告に係る内部統制の評価制度及び監査の基準のあり方について』（平成17年12月8日）においては，監査人は「内部統制監査の過程で発見された内部統制の重要な欠陥については，商法監査の終了日までに，経営者，取締役会及び監査役又は監査委員会に報告することが必要になると考えられる」(Ⅲ, 3, (5))，「不正又は法令に違反する重大な事実を発見した場合には，経営者，取締役会及び監査役又は監査委員会に報告して適切な対応を求めるとともに，内部統制の有効性に及ぼす影響の程度について評価しなければならない」(Ⅲ, 3, (6))とするとともに，「監査人は，効果的かつ効率的な監査を実施するために，監査役又は監査委員会との連携の範囲及び程度を決定しなければならない」(Ⅲ, 3, (7))とされている。また，『会計監査人との連携に関する実務指針』は，「財務報告は取締役の重要な職務執行

であるので，監査役等は，有価証券報告書等の財務報告体制が適切に構築・運用されているか，財務報告の内容に重要な誤りがないか，誤解を生じさせるものでないかについて，業務監査の視点から財務報告を監査する責務を負っている。」と指摘している。

　金融商品取引法は，上場有価証券の発行者である会社その他の政令で定めるものは，事業年度ごとに，当該会社の属する企業集団および当該会社に係る財務計算に関する書類その他の情報の適正性を確保するために必要なものとして内閣府令で定める体制について，内閣府令で定めるところにより評価した報告書（内部統制報告書）を有価証券報告書とあわせて内閣総理大臣に提出しなければならないと定め（24条の4の4第1項），それ以外の有価証券報告書提出会社も任意に内部統制報告書を提出することができると定めている（同条2項）。

　金融商品取引法上の「財務報告に係る内部統制」の決定については，特段の規定は設けられていないが，「重要な業務執行」の決定にあたると考えられるため，取締役会設置会社においては取締役会で決定しなければならないと解するべきであろう（会社法362条4項柱書）。また，取締役会設置会社であるか否かを問わず，このような体制を整備し，運用することは取締役（指名委員会等設置会社では執行役）の業務の執行にあたるため，監査役(会)，監査委員会または監査等委員会の監査の対象となり，欠陥がある場合には監査報告に記載することが必要となろう。

　また，「関して」という語は関係してという意味であると考えられるので，会計に関する事項に監査の範囲が限定されている監査役にとっても，財務報告に係る内部統制はその監査対象となり，子会社調査権や報告請求権などの範囲もそれに応じて拡張されるのではないか，逆に，適切に監査を行わないと，任務を怠ったと評価されるのではないかと考える余地がある。

　もっとも，会計監査人設置会社において計算書類等に関して会計監査人の監査の結果を踏まえて意見を述べるのと同様，監査役(会)，監査委員会または監査等委員会としては，公認会計士または監査法人による内部統制監査の結果を踏まえて意見を述べることができると考えられる。ただし，大阪地判

平成25・12・26金判1435号42頁は，監査人が内部統制報告書につき無限定適正意見を表明していても，取締役等の違法・不当な行為を防止するためのリスク管理体制を適切に構築していることを意味しないとして，信頼をおくことができる範囲を限定している。

なお，金融商品取引法の下では，監査役(会)，監査委員会または監査等委員会が統制環境を構成しているという位置づけになっており，自分自身が統制環境を構成するものとして問題がないかを監査するという一見奇妙なことになるが，監査役(会)，監査委員会または監査等委員会としては，仮に自らが存在しないとしても，統制環境として整備されているかについて検討を加え，意見を述べれば十分なのではないかと思われる。

また，企業会計審議会『財務報告に係る内部統制の評価及び監査の基準並びに財務報告に係る内部統制の評価及び監査に関する実施基準』では具体的な指針が示されてはいるが，「実施基準では，企業等を取り巻く環境や事業の特性，規模等に応じて，内部統制を整備し，運用することが求められており，内部統制の構築・評価・監査に当たって」，企業の「特性等に応じた工夫が行われるべきことは言うまでもない」と述べられている。したがって，どのような内部統制を構築するか，内部統制をどのように評価するかにあたっては，それぞれの会社の個々の組織が置かれた環境や会社が行っている事業の特性を踏まえなければならないのであるが，公認会計士などと比べて，通常，監査役(会)，監査委員会または監査等委員会は会社の環境や事業の特性をより的確に把握できる立場にあるものと推測される。

第4節　会計監査人の責任が監査役等の責任に与える影響

会社法の下では，取締役，会計参与，監査役，執行役または会計監査人（役員等）は，その任務を怠ったときは，株式会社に対し，これによって生じた損害を賠償する責任を負い（423条1項），役員等がその職務を行うについて悪意または重大な過失があったときは，当該役員等は，これによって第三者

に生じた損害を賠償する責任を負うものとされているが（429条1項），役員等が株式会社または第三者に生じた損害を賠償する責任を負う場合において，他の役員等も当該損害を賠償する責任を負うときは，これらの者は，連帯債務者とするとされている（430条）。このような法制の下では，会計監査人が適切な業務執行をしなかった場合には，監査役・監査委員・監査等委員（以下，まとめて，監査役等という）にとってのリスクも無視できないものと考えられる。

　第1に，監査役等の損害賠償責任が追及される可能性も高まると考えられる。これは，監査役等と会計監査人とは連帯して責任を負うという法制になっているからである。すなわち，これまで，監査役の責任が代表訴訟によって追及された公表裁判例は必ずしも多くはなかった。しかし，諸外国における経験を踏まえると，ディープ・ポケットとして会計監査人の責任が代表訴訟によって追及される可能性はかなりあると予想され，かつ，会計監査人はほとんどの場合，賠償責任保険に加入しているため，保険金を支払った保険会社は会計監査人に代位することになる。この場合に，保険会社としては，監査役等にも任務懈怠があるときには，弁済をした連帯債務者の求償権を代位するため，監査役等に対して求償する可能性がある。これは，保険会社の取締役等としては，求償を怠ることは，それ自体が，任務懈怠として代表訴訟の対象となるおそれがないとはいえないからである。したがって，監査役等としては，会計監査人と適切な連携をとって，会計監査人に任務懈怠が生ずるような事態を予防することが，自らが任務懈怠に基づく損害賠償責任を負うという事態を回避するためには重要であるともいえる。

　第2に，会計監査人としても，監査役等が適切に情報を提供してくれていれば，あるいは，情報を入手するために助力してくれていれば，過失により，虚偽の会計監査報告をすることは回避できたという場合があり得るとすると，会計監査人が監査役等に対して求償する可能性がないわけではない。特に，監査役等が重要な事実を知っており，かつ，会計監査人がそれに気づいていないことを知っていた場合あるいは気づいていないことを容易に知り得た場合においては，それが，会計監査人側からの過失相殺の主張につながるおそ

れがあり，仮に，過失相殺の主張が認められるようなことがあると，会社としては，監査役等の責任を追及しないわけにはいかないという事態も予想されないわけではない。

　第3に，会計監査人の監査計画・配員計画が不十分であることを知っていた場合には，監査役(会)，監査委員会または監査等委員会は会計監査人の監査の方法および結果について慎重な検討をしなければならず，会計の専門家である会計監査人の監査結果を信頼したから過失がないという主張をしにくくなり，それは，監査役(会)，監査委員会または監査等委員会の監査報告に重要な虚偽記載があった場合における会社法429条2項に基づく役員等の任務懈怠責任を監査役等が負うことにつながる。すなわち，会計監査人にとっての監査環境を整備し，適切な報酬等を会計監査人が受けられるように同意権を適切に行使し，また，会計監査人に必要と思われる情報を適時に提供した上で，会計監査人の職務の遂行が適正に行われることを確保するための体制に格別の問題がないと監査役等が認識していた場合には，監査役としては，注意を怠らなかったことを証明しやすいのではないかと推測されるが（信頼の抗弁），そうでなければ，信頼の抗弁は認められないのではないかと思われ，注意を怠らなかったことを証明することはかなり困難になるのではないかとも考えられる。このような観点から，監査役等と会計監査人との連携はきわめて重要になる。

　なお，会計監査人について，会社法427条に基づく責任限定契約を締結しておらず，また，会計監査人の会社に対する責任の一部を免除しない場合には，監査役・取締役（代表取締役および業務執行取締役を除く）について責任限定契約を締結し，また，会社が監査役・取締役の会社に対する責任の全部または一部を免除した場合に，私法の一般原則（民法の連帯債務についての規定）に難問が生ずることになる。すなわち，会計監査人と監査役等とは連帯して損害賠償責任を負うため，監査役等にも任務懈怠があり，その任務懈怠と会社の損害との間に相当な因果関係がある限り，会社が監査役・取締役の損害賠償責任の全部または一部を免除し，または，監査役・取締役（代表取締役および業務執行取締役を除く）との間で責任限定契約を締結した場

合には，民法437条が適用されると解すれば（第5章第8節参照），「連帯債務者の一人に対してした債務の免除は，その連帯債務者の負担部分についてのみ，他の連帯債務者の利益のためにも，その効力を生ずる」ことになる。監査役等にも任務懈怠があり，その任務懈怠と会社の損害との間に相当な因果関係がある限り，監査役等には内部的負担部分があるはずであり，監査役等の負担部分の大きさがどれほどのものとなるかはケース・バイ・ケースで判断されるであろうが，会社としては，監査役等の負担部分を判断することは難しいからである。もっとも，会計監査人の会計監査報告に虚偽記載が生じたことに監査役等が寄与していない場合，たとえば，会計監査人に必要な情報を適時に提供し，会計監査人の監査環境の整備に協力していたような場合には，監査役等には任務懈怠がないとされるか，万一あるとされても，その負担部分は相当少ないものとなることが期待される。したがって，監査役等と会計監査人との連携に，監査役等が留意し，積極的に関与することは，監査役等に任務懈怠がないとされるためにも，任務懈怠があるとされても，その内部的負担部分を少なくするためにもきわめて重要であると考えられる。

第8章 会計監査人の任務の拡大

第 1 節　国際監査基準

　日本公認会計士協会の監査基準委員会報告書は，国際監査・保証基準審議会の国際監査基準におおむね沿ったものとなっているが，アメリカ合衆国を別とすれば，欧州連合（EU）の構成国をはじめとする，多くの国々で——たとえば，ドイツの監査基準は若干異なるものの——若干の事項を追加した上で，国際監査基準がほぼそのまま国内の監査基準に取り込まれてきた[1]。

　また，2014年改正前EU法定監査指令の26条1項は，「構成国は，法定監査人及び監査事務所に対して，48条2a項にいうコミトロジー手続き（regulatory procedure with scrutiny）に従って欧州委員会が採択した国際的な監査基準に従って法定監査を行うことを要求しなければならない。構成国は同じ対象事項を対象とする国際的な監査基準を欧州委員会が採択していない限りにおいて自国の監査基準を適用することができる。採択された国際的な監査基準は共同体のすべての公用語でその全文を欧州連合公報（*Official Journal of the European Union*）で公布する。」と規定していた。そして，同条2項は，欧州委員会は共同体内における国際的な監査基準の適用可能性について決定することができるとしつつ，欧州委員会が国際的な監査基準を共同体内における適用のために採択できるのは，その国際的な監査基準が正しいデュー・プロセス，公的監視（public oversight）および透明性を伴って開発され，かつ，国際的に一般に受け入れられていること，EC会社法第4号指令2条3項およびEC会社法第7号指令16条3項に定められた原則に従った年度計算書類または連結計算書類に高いレベルの信頼性と品質を与えるものであること，および，欧州の公益（public good）に資するものであることという規準を満たす場合に限られるとしていた。

　しかも，2014年改正後EU法定監査指令26条2項は，「第1項にいう「国際

---

1) IFAC［2012］によれば，国際監査基準に従うことを法令で要求している国は，ブルガリア，コスタリカ，キプロス，エストニア，ホンジュラス，ラトビア，マルタ，モーリシャス，ルーマニア，スロバキア，スロベニアの11ヵ国である。

EU構成国その他の主要国における国際会計基準の採択状況

	国際監査基準を国内基準として指定	国際監査基準を国内基準に取り込み	未取り込み
オーストリア			○*
ベルギー	○**		
デンマーク		○	
フィンランド		○	
フランス		○	
ドイツ		○	
アイルランド	○		
イタリア		○	
ルクセンブルク	○		
オランダ		○	
ポルトガル		○	
スペイン	○***		
スウェーデン		○	
連合王国	○		
ノルウェー		○	
スイス		○	
オーストラリア	○		
カナダ	○		
ニュージーランド	○		
アメリカ合衆国			○

IFAC [2012] に，オーストリア，ベルギーおよびスペインのその後の状況を反映。
* 国際監査基準を現時点では取り込んでいないが，企業法典269a条は欧州委員会が国際監査基準を採択したときにはその限りにおいて，計算書類監査および連結計算書類監査はその原則に従って行われなければならないと規定している。
** Normes relatives à l'application en Belgique des normes ISA (29 août 2013)
*** Resolución de 31 de enero de 2013, del Instituto de Contabilidad y Auditoría de Cuentas, por la que se someten a información pública las nuevas Normas Técnicas de Auditoría, resultado de la adaptación de las Normas Internacionales de Auditoría para su aplicación en España.

的な監査基準（international auditing standards）」とは，それらが法定監査に関連するものである限りにおいて，国際会計士連盟が国際監査・保証審議会（IAASB）を通じて公表した国際監査基準（International Standards on Auditing（ISAs）），国際品質管理基準（ISQC1）その他関連する基準書

(Statement and Standards) を意味する」とより明示的に規定し，同条3項は，欧州委員会は，48a条に従って，委任された法（delegated act）によって，第1項にいう国際的な監査基準を，法定監査人および監査事務所の監査実務，独立性および内部品質管理の領域において，連合内のそれらの基準の適用のために，採択する権限を与えられると規定する。そして，欧州委員会が国際的な監査基準を採択できるのは，その国際的な監査基準が正しいデュー・プロセス，公的監視および透明性を伴って開発され，かつ，国際的に一般に受け入れられていること，会計指令の4条3項に定められた原則に従った年度計算書類または連結計算書類に高いレベルの信頼性と品質を与えるものであること，欧州の公益に資するものであること，および，本指令のいかなる要求事項を変更せず，第4章ならびに27条および28条に定められたものを除くいかなる要求事項をも追加しないことという要件を満たす場合に限られるとする。

第2節　分配可能額と会計監査人

1　平成17年廃止前商法特例法

　平成17年法律第87号による廃止前商法特例法13条2項2号は会計監査人の監査報告書の記載事項の1つとして，商法281条ノ3第2項7号に掲げる事項（利益ノ処分又ハ損失ノ処理ニ関スル議案ガ法令及定款ニ適合スルヤ否ヤ）を挙げていた。しかし，商法281条ノ3第2項8号に掲げる事項（利益ノ処分又ハ損失ノ処理ニ関スル議案ガ会社財産ノ状況其ノ他ノ事情ニ照シ著シク不当ナルトキハ其ノ旨）は会計監査人の監査報告書の記載事項とはされていなかった。

　しかし，平成17年会社法の下では，利益処分案・損失処理案は計算書類を

構成しないこととなったため，監査役（会）の監査報告[2]および会計監査人の会計監査報告の対象ではなくなった（相澤＝和久［2006b］64頁）。

2　分配可能額を超えてなされた配当と自己株式取得

　会社法の下では，剰余金の配当または自己株式取得が分配可能額を超えてなされた事例が少なからず知られている。

(1) 日本オフィス・システム

　日本オフィス・システム株式会社は，平成18年11月15日に，ある株主から，株式会社ジャスダック証券取引所の固定価格取引により，自己株式を取得したが，その後，平成18年12月期決算の会計監査の過程で，一時会計監査人が，当該自己株式取得は，会社法461条1項2号に定める当該自己株式取得の効力発生日における分配可能額を超過してなされた可能性を指摘した。そこで，日本オフィス・システムは，当該自己株式の譲渡人に対し，当該株式を返還することと引き換えに譲渡代金全額の返還の申し入れを行い，譲渡人と自己株式取得以前の状態に復元したとされている[3]。

(2) タカチホ

　株式会社タカチホは，平成22年6月29日の第64期定時株主総会において，同年3月31日を基準日として1株当たり4円の期末配当を行う議案を承認可決したが，会社法461条に従って算定される分配可能額はマイナスであった配当効力発生日の自己株式帳簿価額や事業年度末における負のその他有価証

---

2) もっとも，「監査役は，取締役が株主総会に提出しようとする議案，書類その他法務省令で定めるものを調査しなければならない。この場合において，法令若しくは定款に違反し，又は著しく不当な事項があると認めるときは，その調査の結果を株主総会に報告しなければならない。」とされているから（会社法384条），利益処分案または損失処理案が株主総会に提出される場合には，調査・報告義務を監査役は負っている。

3) 「自己株式取得における分配可能額を超過した件についてのお知らせ」<http://v4.eir-parts.net/v4Contents/View.aspx?cat=tdnet&sid=475357>および「自己株式取得における分配可能額を超過した件についての復元手続き完了のお知らせ」<http://v4.eir-parts.net/v4Contents/View.aspx?cat=tdnet&sid=483008>。

券評価差額金（つまり，その他有価証券にかかる評価差損）を，分配可能額算定上，控除していなかったため，分配可能額が十分にあると誤認していた）[4]。これは，経営計画の進捗状況を検証していた従業員が，決算資料の検討作業の過程で本件配当が会社法上の剰余金配当規制に抵触している可能性に関し疑念を抱き，これを報告したことによって発覚したものである。しかし，取締役らは，分配可能額が存在しないことを認識しながら配当を行ったものではなく，計算方法を誤って分配可能額を計算したにすぎないから，態様として悪質であるとはいいがたいし，配当にあたり，資本準備金を減少させその他資本剰余金を増加させれば適法に分配可能額を作出することは可能であったことなどを総合考慮すれば，会社債権者に対するマイナス要因もそれほど大きくはないとして，会社は，取締役の填補責任や監査役の善管注意義務違反による損害賠償責任を追及しないこととした[5]。

(3) 阿波製紙

　阿波製紙株式会社は，平成24年9月30日を基準日として，いわゆる中間配当として4135万円を配当した。ところが，阿波製紙は，この中間配当にあたって，同年4月から9月までの利益を分配可能額算定に含めていた。阿波製紙がこのようなことを行うためには，会社法441条に基づき，この期間に係る臨時計算書類を作成し，会計監査人設置会社である以上，会計監査人の監査を経ることが必要であった。上場会社であった阿波製紙は，同年11月8日に第2四半期報告書を作成し，そこに含まれる四半期財務諸表についてはレビューを受けていたため，金融商品取引法上の監査人と会社法上の会計監査人が同一であったこともあり，会計監査人より第2四半期報告書レビューを受けることにより，第2四半期末の剰余金の分配が可能であると判断し，いわゆる中間配当を実施した。その後，平成25年3月期に係る有価証券報告書（定時株主総会翌日の6月27日に提出予定）を監査していた（金融商品取引

---

[4])「前期末の配当金について」<http://www.kk-takachiho.jp/investor/docs/haitou20100811.pdf>。
[5])「分配可能額を超えた前期末の配当金に関する一連の経緯及び再発防止策について」<http://www.kk-takachiho.jp/investor/docs/keiisaihatuboushi20100903.pdf>。

法上の）監査人により，本来，経るべき手続きを経ないで中間配当が実施されたという事実が，同年6月3日に指摘されたが，同月10日には平成25年3月を末日とする事業年度に係る計算書類とともに，定時株主総会の招集通知が発送されてしまったという事案である。阿波製紙の場合はタカチホの場合と異なり，取締役が，中間配当金に相当する4135万円を補填した[6]。

3 諸外国の例

ヨーロッパの国々では，会計監査人が利益処分案・損失処理案について意見を述べるべきこととされている例が見受けられる。スウェーデンでは，経営者報告書における提案に従って，利益の配当または損失の処理を株主総会が決議すべきかどうかについての記載を監査報告書に含めなければならないとされ（会社法9章32条2号），ノルウェー（1999年1月15日法律第2号［監査人法］5-6条4項4号）も同趣旨の規定を置いている[7]。また，ベルギーでは，監査報告書には，総会に対して提案されている利益の分配が会社法典および定款に従っているかについての意見を記載すべきこととされている（会社法典144条1項7号）。さらに，スペインでは，取締役は，会社が配当の支払いに十分な流動性を有することを証拠づける計算書を作成し，それを年度計算書類の注記に含めなければならないと定められており（資本会社法277条1項），これは会計監査人の監査の対象となる。

4 今後の課題

第2款でみた，いずれの場合にも，決算業務担当部署が分配可能額算出方

---

[6]「平成25年3月期中間配当金手続きに関する第三者調査委員会の調査報告書の受領に関するお知らせ」<http://v4.eir-parts.net/v4Contents/View.aspx?cat=tdnet&sid=1091935>および「平成25年3月期中間配当金手続きに関する再発防止策および事後処理について」<http://v4.eir-parts.net/v4Contents/View.aspx?cat=tdnet&sid=1096066>。

[7] フィンランドにおいても，以前の監査法（936/1994）の19条1項4号は，取締役会その他それに相当する機関が提案する利益処分についての意見を監査報告書に含めることを要求していたが，現在の監査法（459/2007）15条2項は要求していない。

法に通暁していなかった，あるいは，会社法上の分配可能額算定のプロセスが確立されていなかった，取締役会や監査役会によるチェックが働く仕組みになっていなかったという問題があるが，事前に，会計監査人が剰余金の配当議案をチェックする必要がなかったという制度上の問題があったということもできる。

他方，会社法の下では，分配可能額の算定に係る規定はかなり複雑なものとなっており，一読して理解することは容易ではない。また，阿波製紙の事案のように臨時計算書類を作成することによって分配可能額に影響を与えることができるとされているものの，臨時計算書類と金融商品取引法上の中間財務諸表や四半期財務諸表との有機的結びつきはない。これに加えて，IFRSとのコンバージェンスの結果，これまで以上に会社計算規則158条のような規定が複雑化すると，さらに経営者などは読み取れなくなるかもしれない。

このように考えると，分配可能額の検証に会計監査人を関与させるという方向が考えられてもよいように一見思われる。また，将来的には，会計上の数値に基づいた分配可能額があっても，キャッシュがなければ，企業は持続できないことを考えると，分配を行っても債務の弁済ができるかどうか，資金繰りに注目する必要があるが，第2款（3）でみたように，スペインなどにおいては，利益配当をすることによっては債務の弁済ができなくなるわけではないという意見書を経営者が作成し，それを監査人がチェックすることとされている。分配可能額が適切かどうかを，公認会計士や監査法人が直接チェックできないにしても，わが国でも，これとパラレルに，このような意見の表明という方法はある。

とはいえ，このような仕組みを導入するにあたっては，会計監査人のリスクを合理的に限定するという観点などからの慎重な検討が必要であろう（神田ほか［2013］92-93頁〔郡谷発言〕参照）。

第3節 事業報告と会計監査人
――会計に関する事項

1 平成17年廃止前商法特例法

　平成17年法律第87号による廃止前商法特例法13条2項2号は，商法281条ノ3第2項6号（営業報告書ガ法令及定款ニ従ヒ会社ノ状況ヲ正シク示シタルモノナルヤ否ヤ）および同9号（第281条第1項ノ附属明細書ニ記載スベキ事項ノ記載ナク又ハ不実ノ記載若ハ会計帳簿，貸借対照表，損益計算書若ハ営業報告書ノ記載若ハ記録ト合致セザル記載アルトキハ其ノ旨）に掲げる事項のうち，会計に関する部分を会計監査人の監査報告書の記載事項として挙げていた。そして，大会社の監査報告書に関する規則（昭和57年4月24日法務省令第26号）4条1項は，会計監査人の監査報告書における「営業報告書の監査の方法の概要及び結果は，会計に関する部分として監査の対象にした事項を示して記載しなければならない。」とのみ定めていた[8]。

2 今後の課題

　会社法の下では，計算書類等の監査と事業報告等の監査とは別個に規定さ

---

[8] 商法特例法の昭和56年改正の審議の過程で，元木説明員は，「今回監査特例法において，この「監査報告書の記載方法は，法務省令で定める。」ということにしているわけでございますけれども，まず理由といたしましては二つございます。…今後の方針といたしまして，営業報告書，それから附属明細書にはいわゆる会計事項も，それから非会計事項といいますか業務事項も双方が書かれるということになるわけでございます。そういたしますと，監査役は業務及び会計の監査双方をいたしますので，計算書類のすべてについて監査の対象になるということになりますけれども，会計監査人につきましては会計事項のみを監査するということになってまいりますと，営業報告書とか監査報告書のうちの会計事項のみを監査するということになるわけでございます。ところが，実際問題といたしまして何が会計事項かあるいは何が非会計事項かということになると，かなり微妙な問題も起きてきて，そのためにいろいろ問題を生じることもあるのではなかろうか。そこで，これを法務省令で明らかにいたしまして，これとこれとこれは完全に記載してほしいというようなことで，会計監査人の監査報告書が書きやすいようにするということもねらっているわけでございます」と回答していたが（第94回国会衆議院法務委員会議録第11号（昭和56年5月8日）31頁），会計に関する部分を一般的に列挙することは不可能であると考えられたため（龍田[1987]520頁），法務省令（大会社の監査報告書に関する規則）では，何が会計に関する部分なのかは明らかにされなかった。

れており，事業報告およびその附属明細書は会計監査人の監査の対象とはされていない[9]。おそらく，会計監査人の監査の範囲を明確なものとすることが，このような会社法およびその委任に基づく法務省令における整理の1つの眼目であろう[10]。

しかし，公開会社の事業報告には，「直前三事業年度（当該事業年度の末日において三事業年度が終了していない株式会社にあっては，成立後の各事業年度）の財産及び損益の状況」（会社法施行規則120条1項6号）を含めなければならず，この事項について，会社法施行規則120条3項は，「当該事業年度における過年度事項（当該事業年度より前の事業年度に係る貸借対照表，損益計算書又は株主資本等変動計算書に表示すべき事項をいう。）が会計方針の変更その他の正当な理由により当該事業年度より前の事業年度に係る定時株主総会において承認又は報告をしたものと異なっているときは，修正後の過年度事項を反映した事項とすることを妨げない」と定めている。

また，会社法の下では，計算書類およびその附属明細書の監査と事業報告およびその附属明細書の監査とを分けて規定しているため，事業報告と計算書類との首尾一貫性について，監査の範囲外であると解されるおそれがあるが，事業報告と計算書類との首尾一貫性が欠けている場合には，そのような首尾一貫性は黙示的に会社法・会社計算規則・会社法施行規則において要求されていると解して，「法令」に従っていないという意見を監査役（会），監査委員会または監査等委員会は表明すべきであると考えられる[11]。

『監査基準の改訂に関する意見書』（平成14年1月25日）では，「監査した財務諸表を含む開示書類における当該財務諸表の表示とその他の記載内容との重要な相違」が追記情報として例示されたが，これは，「財務諸表と共に

---

9) 事業報告を会計監査人の監査の対象から除くために，事業報告を計算書類ではないと整理したものである（相澤＝葉玉＝郡谷［2006］458頁，相澤＝郡谷［2006b］4頁，相澤［2005］155頁参照）。
10) 昭和49年改正に至る過程で，営業報告書のうち，会計に関する記載の真実性について，会計監査人の監査の対象とすることが当初提案されたが（『民事局参事官室試案』（昭和43年9月3日）第十一，七，2（三）），営業報告書の記載事項が法定されていないため，どの部分が会計に関するかの判断が困難となり，監査の範囲，ひいては会計監査人の責任の範囲が不明確になるおそれがあるという理由で（味村＝加藤［1977］28頁），『商法の一部を改正する法律案要綱』（昭和45年3月30日）ではこの提案は盛り込まれなかったという経緯がある。
11) EU構成国の状況については，第5節参照。

開示される情報において，財務諸表の表示やその根拠となっている数値等と重要な相違があるときには，監査人が適正と判断した財務諸表に誤りがあるのではないかとの誤解を招く虞があるため」であるとされていた（三，9．(3)）。これを受けて，日本公認会計士協会監査・保証実務委員会報告第75号『監査報告書作成に関する実務指針』は，「本来，連結財務諸表と共に開示される情報に対する監査上の責任はないが，当該情報と連結財務諸表との間に重要な相違があるときには，監査人が適正と判断した連結財務諸表に誤りがあるのではないかと誤解を招く虞があるため，諸外国の監査基準との整合性も考慮して追記情報に記載することとされたものである。」とし，「連結財務諸表と共に開示される情報には様々な種類のものが想定されるが，追記情報の記載対象となる"重要な相違"の範囲に経営者の記述情報を含むことは，いたずらに監査人の責任を広げることになる。したがって，客観的に"重要な相違"の有無が確認できる数値情報（金額，数値，割合等）のみを記載の対象とする。」という立場をとっていた。そして，「"重要な相違"の有無は監査人の注意義務として開示書類の全体を読む中で確認されるものであり，特段の監査手続が要請されるものではない。」としていた（Ⅲ 1.(1) ⑤ (ケ)）。「なお，監査基準で追記情報とされている「監査した財務諸表を含む開示書類における当該財務諸表の表示とその他の記載内容との重要な相違」については，会社法では特段の要請が行われていないが，金融商品取引法監査との関係から，会社法監査における監査報告書においても追記情報として記載を行うものとする」とされていた（Ⅳ 1.(6) 追記情報①追記情報の記載対象)[12]。

　しかし，日本公認会計士協会監査・保証実務委員会報告第75号は，監査・保証実務委員会実務指針第85号『監査報告書の文例』（平成23年7月8日）により廃止され，後者は，監査基準委員会報告書720『監査した財務諸表が含まれる開示書類におけるその他の記載内容に関連する監査人の責任』（平成23年7月1日）の9項を踏まえて，「財務諸表が含まれる開示書類のその

---

12) 会社計算規則126条2項は，追記情報として，「監査した財務諸表を含む開示書類における当該財務諸表の表示とその他の記載内容との重要な相違」を例示していない。

他の記載内容に修正が必要であるが、経営者が修正することに同意しない場合、監査人は、監査役等に当該事項を報告するとともに」、(1)監査基準委員会報告書706第7項に従って監査報告書にその他の事項区分を設け、重要な相違について記載する、(2)監査報告書を発行しない、または、(3)可能な場合、監査契約を解除する、のいずれかを行わなければならないとしている（33項）。

国際監査基準720[13]におおむね沿った監査基準委員会報告書720『監査した財務諸表が含まれる開示書類におけるその他の記載内容に関連する監査人

---

13) 国際監査・保証基準審議会は、2014年4月に国際監査基準720『その他の情報に関する監査人の責任』の改訂公開草案を、2015年4月8日に改訂後基準を公表した。
　そこでは、監査人はその他の情報を通読し、(a)その他の情報と財務諸表との間に重要な不整合がないかどうかを検討しなければならない。この検討の基礎として、監査人は選定した金額またはその他の項目につき、財務諸表に含まれるその他の項目と同一であり、または、財務諸表に含まれるそれらを要約しもしくは財務諸表に含まれるそれらについてより詳細を提供することが意図された、その他情報に含まれるその金額またはその他の項目と財務諸表に含まれるそのような金額またはその他の項目との整合性を評価するために、比較手続きを実施しなければならない；(b)その他の情報と監査の過程において監査人が知ったこととの間に重要な不整合がないかどうかを、監査人による関連事項の想起（recollection）を通じて、および、想起を裏づけるために必要な場合に限り、関連する監査調書を参照し、または、実施チームの他の関連構成員または関連構成監査人に質問することにより、検討しなければならない（第14項）。その他の情報と財務諸表との間の整合性を評価するために、監査人が行う可能性のある手続の例として、財務諸表に含まれる情報と同一であることが意図されている情報については突合を行うこと、財務諸表における開示と同じ意味を伝えることを意図している情報については用いられている文言の相違の重要性を検討し、その相違が異なる意味を示唆しているかを検討すること、その他の情報に含まれている金額と財務諸表に含まれている金額との間の調整表を経営者から入手し、その調整表に含まれている項目を財務諸表およびその他の情報と突き合わせ、調整表における計算が算術的に正確であるかどうかを判断することが挙げられている（A23項）。他の情報を通読する間、監査人は、財務諸表に関連しないその他の情報または監査において得た監査人の知識につき重要な虚偽表示があるように見える兆候に注意を払い続けなければならない（第15A項）。
　そして、上場事業体の監査については、その他の情報を入手し、または入手することが予定されている場合に、それ以外の事業体の監査については、その他の情報を入手した時場合に、監査報告書に「その他の情報」という区分を設け（第21項）、その区分には、監査報告書日より前に入手したその他の情報、および、上場事業体の監査においては、監査報告書日より後に入手することが予定されているその他の情報の名称を示し、監査意見は、その他の情報を対象としておらず、したがって、監査人はその他の情報について監査意見その他いかなる形式による保証に関する結論も表明していない（または表明しない）旨を記載し、国際監査基準720によって要求されているように、その他の情報を通読し、検討し、かつ報告することに関連した監査人の責任を記述し、その他の情報を監査報告書日より前に入手したときは、監査人には報告すべきことがない旨または、その他の情報に重要な未修正の虚偽表示があると判断したときは、その他の情報に係る当該重要な未修正の虚偽表示に関する記述を、含めなければならない（第21A項）。

の責任』は,「個々の業務の状況において別に要求される事項がない限り」,監査した財務諸表および監査報告書が含まれる開示書類におけるその他の記載内容[14]は「監査意見の対象ではなく,監査人は,その他の記載内容が適切に記載されているかどうかを判断する特定の責任を有していない」としつつ,「監査した財務諸表とその他の記載内容との重要な相違によって,監査した財務諸表の信頼性が損なわれることがあるため,監査人は,その他の記載内容を通読する」としている(1項)。

そして,監査人は,その他の記載内容を通読することにより重要な相違を識別した場合,監査した財務諸表またはその他の記載内容を修正する必要があるかどうかを判断しなければならず(7項),監査した財務諸表に修正が必要であるが,経営者が修正することに同意しない場合には,監査人は,監査基準委員会報告書705『独立監査人の監査報告書における除外事項付意見』に従って監査報告書において除外事項付意見を表明しなければならない(8項)。そして,監査人は,監査役等に当該事項を報告する[15]とともに,①監査基準委員会報告書706『独立監査人の監査報告書における強調事項区分とその他の事項区分』7項に従って監査報告書にその他の事項区分を設け,重要な相違について記載する,②監査報告書を発行しない,または,③可能な場合,監査契約を解除する,のいずれかを行わなければならないとされている(9項)。

他方で,監査人は,重要な相違を識別するためにその他の記載内容を通読する際に,明らかな事実の重要な虚偽記載に気づいた場合,経営者と当該事項について協議しなければならないとされ(13項),監査人は,そのような協議を行った結果,明らかな事実の重要な虚偽記載が存在すると判断する場

---

[14] その他の記載内容は,たとえば,経営者による事業報告,財務概要または財務ハイライト,従業員の状況,設備投資計画,財務比率,取締役の氏名,四半期財務情報が含まれるものとされている(A3項)。
[15] 監査基準委員会報告書260『監査役等とのコミュニケーション』は,「監査の過程で発見され,経営者と協議したか又は経営者に伝達した重要な事項」および「監査の過程で発見され,監査人が,職業的専門家としての判断において財務報告プロセスに対する監査役等による監視にとって重要と判断したその他の事項」についても,監査人は,監査役等とコミュニケーションを行わなければならないとしている(14項(3)(5))。

合，企業の顧問弁護士等の適切な第三者と相談することを経営者に要請し，経営者が受けた助言について検討考慮しなければならないとされている（14項）。そして，監査人は，その他の記載内容に事実の重要な虚偽記載が存在すると判断したが経営者がそれを修正または訂正することに同意しない場合，監査役等にその他の記載内容に関する監査人の懸念を知らせるとともに，適切な措置を講じなければならないとされている（15項）。

　問題は，事業報告の記載内容が監査基準委員会報告書720にいう「監査した財務諸表が含まれる開示書類におけるその他の記載内容」にあたるのか，会計監査人は，事業報告に含まれている情報を通読しなければならないのかという点である。監査基準委員会報告書720では，「本報告書において，「監査した財務諸表が含まれる開示書類」は，株主（又は同様の利害関係者）に発行又は開示される，監査した財務諸表及び監査報告書が含まれる年次報告書（又は同様の書類）を表す。さらに，本報告書は，有価証券届出書等，監査した財務諸表が含まれるその他の開示書類にも状況に応じて適用されることがある」とされているところ（2項），たしかに，株主総会の招集通知に際して，事業報告は計算書類・連結計算書類とともに提供され，事実上は，1冊の冊子にまとめられている。しかし，招集通知と一体となった事業報告・計算書類・連結計算書類を年次報告書または同様の書類であると評価することは難しいようにも思われる。しかも，平成17年に制定された会社法の下では，事業報告は会計監査人の監査報告の対象とならないという整理を行ったと立案担当者は指摘しており，したがって，会社計算規則126条2項が追記情報として，「監査した財務諸表を含む開示書類における当該財務諸表の表示とその他の記載内容との重要な相違」を例示していないことについては，あえて，列挙しなかったと解する余地が十分にある。

第4節　違法行為の発見と通告*

1　問題の所在

　計算書類・連結計算書類の虚偽記載をもたらさない違法行為について，会計監査人がどのような任務を負っているのか，負うべきなのかは重要な問題である。第7章第1節第4款でみたように，会計監査人は，その職務を行うに際して取締役（指名委員会等設置会社では，執行役または取締役）の職務の執行に関し不正の行為または法令もしくは定款に違反する重大な事実があることを発見したときは，遅滞なく，これを監査役（監査役会設置会社では監査役会，指名委員会等設置会社では監査委員会，監査等委員会設置会社では監査等委員会）に報告しなければならない（会社法397条1項・3項・4項・5項）。これは，会計監査人に，取締役（指名委員会等設置会社では，執行役または取締役）の職務の執行に関し不正の行為または法令もしくは定款に違反する重大な事実があることを発見するための手続きを行うことを要求するものではなく，計算関係書類の監査に際して，たまたま，発見したときには[16]，監査役（会）・監査委員会・監査等委員会に報告することを求めるものである（味村＝加藤［1977］262頁）。

　監査基準委員会報告書240『財務諸表監査における不正』は「不正を識別した場合，又は不正が存在する可能性があることを示す情報を入手した場合，不正の防止及び発見に対する責任を負う者にその責任に関する事項を知らせるため，適切な階層の経営者に適時にこれらの事項を伝達しなければならな

---

*　本節で取り上げた問題について，引用文献を別とすれば，やや簡略ではあるが検討を加えた先行業績として山村［1994］が存在する。

[16]　商法特例法改正の審議過程において，「8条について伺いますが，…会計監査人が調べておるうちに取締役が悪いことをやったよということに気がついた。気がついたら監査役にどうしても報告をしなければ…8条で報告しなかった者は6条の2の1の義務違反になる，あるいは職務を怠ったということになる，こういうふうに解釈してよろしいのでしょうね」という横山委員の質問に対して，中島（一）政府委員は「そのとおりでございます」と回答している（第94回国会衆議院法務委員会議録第11号（昭和56年5月8日）7頁）。

い」とし（39項），監査人は，経営者による不正又は不正の疑い，内部統制において重要な役割を担っている従業員による不正又は不正の疑いおよび上記以外の者による財務諸表に重要な影響を及ぼす可能性がある不正または不正の疑いといった，「企業に影響を与える不正を識別したか又は疑いを抱いた場合，適時に，監査役等に伝達しなければならない」，「監査人は，経営者が関与する不正が疑われる場合，監査役等に報告するとともに，監査を完了するため必要となる監査手続の種類，時期及び範囲についても協議しなければならない」とするが（40項），監査基準委員会報告書240における「不正」は「監査人が財務諸表監査において対象とする重要な虚偽表示の原因となる不正」である（3項）。

　監査基準委員会報告書250『財務諸表監査における法令の検討』では，「監査人は企業の違法行為の防止に対して責任は負わず，違法行為のすべてを発見することが期待されているわけではない」としつつ（4項），遵守すべき法令を①たとえば，税金や年金に関する法令など，財務諸表の重要な金額および開示の決定に直接影響を及ぼすものとして一般的に認識されている法令と②その他の法令で，財務諸表の金額および開示の決定に直接影響を及ぼさないが，事業運営，事業継続能力または重大な罰則を科されないために遵守することが必要な法令（たとえば，事業の許認可に関する規定，保険会社のソルベンシーに関する規制または環境に関する規制）とに分類し，これにあわせて監査人の責任をそれぞれ区別して規定を設けている。すなわち，①の法令に対する監査人の責任は，当該法令を遵守していることについて十分かつ適切な監査証拠を入手することであるが，②の法令に対する監査人の責任は，財務諸表に重要な影響を及ぼすことがある違法行為の識別に資する特定の監査手続を実施することに限定されている。

　もっとも，監査基準委員会報告書250は，監査人は，監査の実施過程で気付いた違法行為またはその疑いに関連する事項を，明らかに軽微である場合を除き，監査役等に報告しなければならないと定め（21項），その違法行為またはその疑いが故意でかつ重要であると判断する場合には，監査人は当該事項を監査役等に速やかに報告しなければならないとしている（22項）。また，

監査人は，経営者または監査役等の違法行為への関与が疑われる場合において，「当該者より上位又は当該者を監督する機関又は者」が存在するときは，当該機関または者にその事項を報告しなければならず，そのような上位の者または機関が存在しない場合，または当該事項を報告しても対応がなされないと考えられる場合，もしくは報告すべき相手が不明瞭な場合，監査人は，法律専門家の助言を求めることを検討しなければならないとされている（23項）。ここで，「当該者より上位又は当該者を監督する機関又は者」に株主総会が含まれるのかという点は検討に値する。

フランスをはじめとする，多くの拡大前EC構成国においては，株主総会に対する報告が求められており[17]，わが国においても，監査役（会），監査等委員会または監査等委員会に報告をするだけで十分なのかという問題がある。すなわち，報告を受けたにもかかわらず，監査役等が適切に対処しない場合に実効性が確保できないという指摘がある[18]。そこで，たとえば，龍田節は，立法論として，会計監査人から監査役に報告があった旨を株主総会の招集通知に記載し，監査役がこれについてとった措置または措置をとらなかった理由を株主総会に報告する義務を負うとすること，株主総会の要請があれば，会計監査人は意見を述べなければならない旨の規定を設けること，当該報告書で名指しされた取締役からの名誉毀損を理由とする損害賠償請求または告訴の脅威から会計監査人を保護するため，会社に費用を負担させた上で，弁護士の意見[19]に従うことを条件として，会計監査人の免責を定めることなどを提案していた（龍田［1981］7頁）[20]。

以上に加えて，監査基準委員会報告書250は，監査人は，違法行為を識別

---

[17] やや古いが，ヨーロッパ会計士連盟が行った1996年調査によると，17の調査対象国のうち，11（ベルギー，デンマーク，フランス，アイルランド，イタリア，ルクセンブルク，ポルトガル，スペイン，スウェーデン，スイスおよび連合王国）では，株主総会に対する報告が求められていた（Fédération des Experts Comptables Européens ［1996］p.57）。

[18] なお，コーポレートガバナンス・コードでは，取締役会および監査役会は，少なくとも，外部会計監査人が不正を発見し適切な対応を求めた場合や，不備・問題点を指摘した場合の会社側の対応体制の確立を行うべきとされている（補充原則3-2②）。

[19] 檜田信男も，会計監査人は法律事項の鑑定人ではないので，取締役と意見の相違するときは，当該事項について鑑定書を入手することが必要であると指摘していた（檜田［1981］14-15頁）。

[20] たとえば，志村治美もこの提案に賛意を示していた（志村［1984］574頁）。

したまたはその疑いがある場合，法令に基づき，規制当局等に対し報告する責任があるかどうかを判断しなければならないとし（24項），法令に基づき，違法行為に関して規制当局等に対する報告が必要な場合（たとえば，金融商品取引法193条の3の規定に基づく通知）には，これが正当な理由に相当するかどうかについて適切な法律専門家に助言を求めることが有益であるとしている（A18項）。もっとも，現在のところ，――犯罪による収益の移転防止に関する法律（平成19年3月31日法律第22号）は，公認会計士に疑わしい取引の届出義務を課していないこともあり――会社法上の会計監査人が，違法行為を識別したまたはその疑いがある場合に，規制当局等に対し報告する義務を課す法令の規定は存在しないのではないかと思われる。

2 諸外国の状況

(1) アメリカ

SAS54号「関与先による違法行為」(AU Section 317)が定められている。ここで，違法行為（illegal act）とは，法令または政府が制定した規則に違反することをいい，関与先による違法行為とは，その財務諸表が監査対象となっている事業体に帰属させることができる行為またはその事業体に代わって行為する経営者または被用者による行為である（パラグラフ2）。

ある行為が，違法であるかどうかの判断は，通常，監査人の職業的専門家としての能力を超えているが，監査人の訓練，経験および関与先とその産業についての理解によって，監査人の目にふれた関与先の行為が，違法行為であるかもしれないということを認識する基礎が得られることもある。しかし，ある特定の行為が違法であるか否かは，法律業務を行う資格を有する専門家の助言に基づいてなされるのが一般的であり，裁判所の最終的な判断を待つ必要があることもある（パラグラフ3）。監査人は，財務諸表上の金額の決定に直接かつ重要な影響を与えると，通常，監査人が認識する法令および規則を考慮に入れる（たとえば，税法は，見越項目と会計期間に費用として認識すべき金額に影響を与える）。しかし，監査人は，そのような法令や規則を，

適法性自体の関連からではなく，財務諸表の言明から派生する監査対象との関連で考慮する。財務諸表上の金額の決定に直接かつ重要な影響を与える違法行為から生ずる虚偽表示を発見し，報告する責任は，誤謬と不正から生ずる虚偽表示に対する責任と同じである（パラグラフ５）。

　通常，一般に認められた監査基準に従った監査は違法行為を発見するために特に立案された監査手続きを含んでいないが，財務諸表に対する意見を形成するために適用される手続き，たとえば，議事録の閲覧，訴訟・請求またはアセスメントに関する関与先の経営者および法律顧問に対する質問，取引または勘定残高の詳細についての実証テストによって，監査人は違法行為に気づくことがある。監査人は，関与先の法令・規則遵守，知っている法令・規則違反またはその可能性のある行為に関する質問を経営者および監査委員会に対してしなければならず，必要な場合には，監査人は，経営者に対して，違法行為の防止に関する関与先の方針，および，関与先によって発行された指令の利用および法令・規則の遵守に関する相当レベルの権限を有する経営者から関与先が得た定期的な陳述の利用について質問しなければならない。また，監査人は，その法令・規則違反が財務諸表における開示あるいは偶発損失計上の基礎となるような法令・規則違反がなく，法令・規則違反とされる可能性のある行為がないことにつき，経営者から，書面による陳述を得る。違法行為がなされたという疑いについての特別な情報がない限り，この領域においては，追加的な手続きを行う必要はない（パラグラフ８）。

　監査人は，自らが気づいた違法行為が，実行可能な限りすみやかに，かつ，監査報告書の発行前に，監査委員会に適切に伝達されることを確保しなければならない。ただし，明らかに重要性が乏しい事項を伝達する必要はなく，また，監査委員会と事前に伝達すべき事項の性質につき合意することができる。伝達にあたっては，行為，その発生の環境および財務諸表に対する影響を示さなければならない。上級経営者は，その是正措置を同時に監査委員会に伝達することを求めることができる。是正措置には関与した者に対する懲戒処分，原状回復の請求，会社の予防および矯正の方針，特定の統制活動の修正を含む。上級経営者が違法行為に関与している場合には，監査人は，直

接，監査委員会に伝達しなければならない。伝達は書面によっても口頭によってもよいが，口頭で伝達した場合には文書で証拠を監査人は残さなければならない（パラグラフ17）。財務諸表が違法行為によって重要な影響を受け，その行為が適切に会計処理されていないまたは注記により開示されていないと判断したときは，監査人は，財務諸表全体について，その財務諸表への影響の重要性に応じて，限定意見または不適正意見を表明しなければならない（パラグラフ18）。財務諸表にとって重要な違法行為がなされたか，あるいは重要な違法行為がなされた可能性が高いかを評価するために十分かつ適切な監査証拠を入手することを関与先が妨害したときは，監査人は，通常，財務諸表に対する意見の表明を差控えるべきである（パラグラフ19）。

　上級経営者および監査委員会あるいは取締役会以外の者に対する開示は，財務諸表についての意見に影響を与える場合を除き，監査人の倫理上または法律上の守秘義務のため許されないのが原則である。しかし，たとえば，事業体が監査人の交替を証券諸法の規定に従って，Form8-Kにより証券取引委員会に報告するとき，後任監査人の質問に対して回答するとき，裁判所もしくは行政機関の召喚状に応ずるとき，または政府機関から資金援助を受けている事業体の監査に関する要求に従って，資金提供機関もしくは他の指定機関に報告するときには，関与先以外の者に対して開示する義務を負う（パラグラフ23）。

　さらに，1995年証券訴訟改革法により創設された証券取引所法10A条の下で，まず，会計士は，一般に認められた監査原則に従い，財務書類における金額の決定に直接かつ重要な影響を及ぼす違法行為を発見することを合理的に可能にするように定められた手続きなどを記載することが求められている（a項）。また，監査の過程において，財務書類に重要な影響を及ぼすか否かを問わず，違法行為が行われたことまたは行われた可能性を示す情報を発見しその他気づいた場合には，一般に認められた監査原則に従い，会計士は，違法行為が行われた可能性が高い（is likely to）か否かを判断し，その可能性がある場合には，当該違法行為の財務書類に及ぼす影響を判断し，明らかに重要でない場合を除き，実行可能な限りすみやかに発行会社の適切なレベ

ルの経営者に報告し，監査委員会または取締役会が当該違法行為について知らされるようにしなければならない。また，監査委員会または取締役会が当該違法行為について知らされたと会計士が判断した後に，当該違法行為が財務書類に重要な影響を及ぼし，上級経営者が適切な是正措置をとらない場合であって，そのような是正措置がとられないことが通常の監査報告書から離脱することまたは監査人の辞任を正当化すると結論づける場合には，取締役会に実行可能な限りすみやかにそのような結論を記載した報告書を提出しなければならない。そのような報告書を受け取った取締役会は，1営業日内に証券取引委員会に通告するとともに，会計士に対して通告の写しを送付しなければならない。

当該写しを1営業日内に受け取らなかった場合には，会計士は辞任するか証券取引委員会に通知を受け取らなかった日から1営業日内に当該報告書の写し（または口頭の報告を文書化したもの）を提出しなければならない（b項）。辞任した場合にも証券取引委員会に通知を受け取らなかった日から1営業日内に当該報告書の写し（または口頭の報告を文書化したもの）を提出しなければならない。

（2）EU構成国等

EU法定監査規則は，社会的影響度の高い事業体の法定監査を行う法定監査人または監査事務所は，被監査事業体の財務諸表に関して詐欺を含む不正が生じまたは生じたことを疑いまたはそのように疑う合理的根拠を有するときには，被監査事業体に知らせ，そのことを調査し，対応し，かつ，将来における再発を防止するための適切な措置を講じることを求めなければならないとする[21]。被監査会社がそのことを調査しないときには，当該構成国により指定された，そのような不正を調査する当局に，法定監査人または監査事務所は知らせなければならない（7条1項2項）[22]。

---

21) 社会的影響度の高い事業体の法定監査に係る監査報告書には，詐欺を含む不正を法定監査によってどの程度発見できると考えられるかについての説明を含めなければならない（法定監査規則10条2項d号）。
22) 善意でなされた当局への開示は守秘義務に反しないものとされている（7条3項）。

EU構成国等において違法行為等に対して法定監査人に求められる対応

	監査報告書					違法行為の外部者への一般的な報告義務がある場合の相手方
	会社法違反	定款違反	財務諸表に影響を与える違法行為	それ以外の違法行為		
オーストリア	○	○	○	○(長文式)	企業法典273条1項・274条2項	
ベルギー	○	○	○		会社法典144条1項8号	金融サービス・市場庁
デンマーク	○	○	○		監査報告書規則(2013年4月17日行政命令第385号)5条4項・7条2項	検察官(監査人法22条)
フィンランド	○	○	○		監査法15条4項	
フランス	○	○	○		共和国検察官(商法典L823-12条2項)/金融市場庁(金融・通貨法典L621-22条)	
ドイツ	○	○	○	○(長文式)	商法典321条1項2項	
ギリシャ	○	○	○?		株式会社法37条5項c号	商務省(株式会社法37条1項)
アイルランド	○?(会計関連に限る)		○	○	国際監査基準(連合王国およびアイルランド)250セクションAの25項から27項・A18-4項	会社執行長官(1990年会社法194条5項)
イタリア	○	○	○	○	2010年1月27日立法命令第39号14条2項c号3項	監査役会(collegio sindacale)が、上場会社以外の会社については裁判所、上場会社の場合はさらに証券取引委員会に(市民法典2409条、金融仲介統合法149条3項・152条1項)
ルクセンブルク	○		○			

オランダ	○				民法典2:393条5項a号	中央報告センター（不正の報告に関する準則）
ポルトガル	○		○		商事会社法典451条3項c号	会計監査人会を通じて検察官
スペイン	○（会計関連に限る）	×？	○		会計監査法3条	
スウェーデン	○	○	○		会社法9章33条	国税局（会社法9章37条）／警察・検察（会社法9章42条〜44条）
連合王国	○？（会計関連に限る）		○		国際監査基準（連合王国およびアイルランド）250セクションAの25項から27項・A18-4項	全国犯罪諜報機関（2002年犯罪収益法）
ノルウェー	○（会計関連に限る）	○	○	○（取締役等の責任に関するもの）	監査人法5-6条4項2号・7項	警察（監査人法6-1条）（通知義務ではなく通知の権利）

詳細については，弥永［2014b］参照。

　また，監査委員会に対する追加的報告書には，監査委員会がその任務を果たすことができるために有用であると考えられる限りにおいて，監査の過程で認識した法令・定款の不遵守またはその疑いを含む重要な事項についての報告を含めなければならない（11条2項k号）。

　さらに，社会的影響度の高い事業体の法定監査を行う法定監査人または監査事務所は，その監査の過程において，当該事業体について，認可を規律する条件を定めもしくは当該事業体の活動の遂行を特に規律する法令もしくは行政上の規則に対する重大な違反，当該事業体が継続的に機能することに関する重大な脅威もしくは疑義，もしくは，財務諸表に対する監査意見表明の差控えもしくは不適正意見もしくは限定付意見の表明またはそれらにつながる事実に気づいたときは，当該事業体を監督する証券監督当局等（20条）に直ちに報告する義務を負うとされている（12条）。

3　今後の課題

　会計監査人に違法行為などの外部者に対する通告義務を課すことについては，会計監査人の権限などに照らすと慎重な検討が必要である。たしかに，金融商品取引法193条の3により，特定発行者における法令に違反する事実その他の財務計算に関する書類の適正性の確保に影響を及ぼすおそれがある事実に関して，内閣総理大臣への申し出義務が監査人に課されているが，「そ・の・他・の・財務計算に関する書類の適正性の確保に影響を及ぼすおそれがある事実」（圏点—引用者）とされているので，「法令に違反する事実」は「財務計算に関する書類の適正性の確保に影響を及ぼすおそれがある事実」の例示である。したがって，「財務計算に関する書類の適正性の確保に影響を及ぼすおそれがある」とはいえない法令違反事実の申し出義務が課されているわけではない。ましてや，会社法には金融商品取引法193条の3に相当する規定は存在しないし，会計監査人の守秘義務の適用を排除する明文の規定も設けられていない。これに加えて，学説上も，不正・違法行為の監査人の当局等への通報を制度化することに対しては否定的な見解が有力であるようである（吉見［2012a］134頁，武井［2012］138-139頁）。

　しかし，不正の行為または法令もしくは定款に違反する重大な事実の監査役等に対する報告義務が法定されているにもかかわらず，監査役等が適切な対応をとらない場合に，それを漫然と見過ごさざるを得ないという法制には問題がある。会計監査報告の内容として法定されておらず，また，株主総会における意見陳述についても，計算関係「書類が法令又は定款に適合するかどうかについて会計監査人が監査役と意見を異にするときは，会計監査人（会計監査人が監査法人である場合にあっては，その職務を行うべき社員…）は，定時株主総会に出席して意見を述べることができる」（会社法398条1項）とのみ定められていることからすると，現行法の下では，報告に対して監査役等が適切に対応していない旨，あるいは，認識した取締役等による不正の行為または法令もしくは定款に違反する重大な事実を会計監査報告に記載し，または株主総会において指摘することは守秘義務に反すると解される。少な

くとも，権限の範囲外の行為であると位置づけられる可能性が高い。

そこで，守秘義務の適用を排除する規定を設け，かつ，EU法定監査規則やいくつかのEU構成国の法令と同様，株主総会等への報告については，善意でなした限りにおいては，損害賠償責任を負わない旨の規定を設けた上で，会計監査報告への記載および株主総会での報告を要求するという方向が検討されるべきではないかと思われる。

第5節　コーポレートガバナンスと会計監査人

(1) 関連当事者間取引と会計監査人監査

会社法上，求められている開示には，株主・会社債権者の投資・与信の意思決定に有用な情報を提供するというよりは，会社法上の規律の実効性を担保するためのものが含まれている（神崎［1978］，龍田［1982］，竹内［1984］など参照）。その1つの典型例が，関連当事者との取引の注記および附属明細書の記載（会社計算規則112条・117条4号）である。この開示は，「一定の利害関係者との間で不公正な条件での取引が行われている場合には，これを開示することによって，そのような取引を行う業務執行者の業務の執行のあり方の適正性の判断材料を提供させるという観点に立つものである」（相澤＝和久［2006a］15頁）と説明されているが，同時に，このような開示を行わせることによって，適正な条件で取引を行うというインセンティブを与えることが期待されている（Brandeis［1914］p.92，Cary［1962］p.408-409，Stevenson［1980］p.92，竹内［1984］143頁以下など参照）。

個別注記表および計算書類の附属明細書を含む計算関係書類における開示は会計監査人の監査の対象となり，したがって，会計監査人は，関連当事者との間の取引について，その適法性や合理性・相当性をチェックする立場にはないものの，適切な開示が行われていることを確かめる必要がある。平成24年4月1日以後開始する事業年度に係る監査および同日以後開始する中間会計期間に係る中間監査から適用するものとされている，監査基準委員会報

告書550『関連当事者』においては,「監査人は,監査基準委員会報告書315第4項及び監査基準委員会報告書240第15項で要求に記載されているリスク評価手続とこれに関連する活動の一環として,第11項から第16項に記載する監査手続とこれに関連する活動を実施して,関連当事者との関係及び関連当事者との取引に伴う重要な虚偽表示のリスクを識別するための情報を入手しなければならない」(10項)とされ,また,「監査基準委員会報告書315第9項及び監査基準委員会報告書240第14項で要求に記載されている監査チーム内の討議では,関連当事者との関係及び関連当事者との取引から生じる可能性がある不正又は誤謬により,財務諸表に重要な虚偽表示が行われる可能性について検討しなければならない」(11項)とされている。そして,監査手続きとして,監査人は,経営者が,(1)適用される財務報告の枠組みに準拠した,関連当事者との関係および関連当事者との取引の識別,処理および開示,(2)関連当事者との重要な取引や取引条件についての権限の付与および承認,および,(3)通常の取引過程から外れた重要な取引や取引条件についての権限の付与および承認のために構築した内部統制がある場合には,それらの内部統制を理解するため,経営者およびその他の企業構成員に質問を行うとともに,適切と考えられるその他のリスク評価手続を実施しなければならないとされ(13項),また,監査人は,監査期間中,記録や文書を閲覧する際,経営者が従来識別していないまたは監査人に開示していない関連当事者との関係または関連当事者との取引を示唆する可能性がある契約またはその他の情報に留意しなければならない。特に,監査人は,経営者が従来識別していないまたは監査人に開示していない関連当事者との関係または関連当事者との取引を示唆しているかどうかについて,(1)監査人が監査手続の一環として入手した銀行確認状および弁護士への確認状,(2)株主総会や取締役会等の議事録,(3)監査人が必要と考えるその他の記録や文書を閲覧しなければならないとされている(14項)。さらに,監査人は,企業の通常の取引過程から外れた関連当事者との重要な取引を識別した場合,(1)取引の基礎となる契約または合意がある場合には,それらを閲覧し,①当該取引の事業上の合理性(またはその欠如)が,不正な財務報告を行うためまたは資産

の流用を隠蔽するために行われた可能性を示唆するものかどうか，②取引条件が経営者の説明と整合しているかどうか，③適用される財務報告の枠組みに準拠して適切に処理され，開示されているかどうか，について評価する，(2)取引に関する権限の付与が適切に行われており，かつ取引が適切に承認されていることについて監査証拠を入手するという手続を実施しなければならない（22項）。

なかでも，監査基準委員会報告書550で注目に値するのは，経営者が，財務諸表において，関連当事者との取引が独立第三者間取引と同等の取引条件で実行された旨を記載している場合，監査人は，独立第三者間取引と同等の取引条件で実行されたかどうかについて十分かつ適切な監査証拠を入手しなければならないとされている点である（23項）。監査基準委員会報告書34号『関連当事者の監査』（2006年）では，このような要求事項は定められていなかったからである。このような監査基準委員会報告書550を前提とする限り，計算書類（財務諸表）に関連当事者との取引が独立第三者間取引と同等の取引条件で実行された旨の記載がある場合には，監査人は，独立第三者間取引と同等の取引条件で実行されたかどうかについて十分かつ適切な監査証拠を入手しない限り，無限定適正意見を表明できないことが原則となるから，会社の取締役・執行役としては，独立第三者間取引と同等の取引条件で実行したという記載を安易に行うことができなくなるであろう。そして，独立第三者間取引と同等の取引条件で実行したという記載がなければ，株主にとっては，株主総会において，関連当事者との間の取引条件について説明を求める（場合によっては責任を追及する）端緒が得られることになるし，そのような記載をするために，適切な取引条件を設定するというインセンティブが取締役・執行役にこれまで以上に生ずることを期待できるのではないかと思われる。

（2）関連当事者間取引と監査役等による監査

『会社法制の見直しに関する中間試案』では，「個別注記表又は附属明細書に表示された株式会社とその親会社等との間の取引について，監査報告等に

よる情報開示に関する規定の充実を図るものとする」とされ（第2部, 第2, 2）,『会社法制の見直しに関する中間試案の補足説明』では,「具体的には, 個別注記表等に表示された取引のうち, 株式会社と親会社又はそれと同等の影響力を有すると考えられる自然人との間のものについて, 監査役の意見を監査報告の記載事項とすること等が考えられる。」とされていた[23]。これをうけて, 平成27年会社法施行規則改正により, 会社とその親会社等との間の取引（会社と第三者との間の取引でその会社とその親会社等との間の利益が相反するものを含む）であって, その会社のその事業年度に係る個別注記表において関連当事者との間の取引の注記を要するものがあるときは, ①その取引をするにあたり会社の利益を害さないように留意した事項（留意した事項がない場合には, その旨）, ②その取引がその会社の利益を害さないかどうかについての取締役（取締役会設置会社では, 取締役会）の判断及びその理由, 及び, ③社外取締役を置く株式会社において, ②の取締役（取締役会設置会社では, 取締役会）の判断が社外取締役の意見と異なる場合には, その意見を事業報告（関連当事者との間の取引を計算書類の附属明細書に記載したときには事業報告の附属明細書）に記載しなければならないこととされた（会社法施行規則118条5号・128条3項）。また, 監査役(会), 監査委員会または監査等委員会の監査報告には, ①から③の事項についての監査役等の意見を記載しなければならないこととされた（会社法施行規則129条1項6号・130条2項2号・130条の2第1項2号・131条1項2号）。どのような意見を記載させるのかという点が問題となるが, 取引の条件の合理性あるいは取引の必要性・相当性についての意見の記載を要求するということになると, それは, いわゆる積極的妥当性についての意見を, 監査役に述べさせることになり, 監査役の監査は積極的妥当性には及ばないとする——若干のバ

---

[23] この規整には, 重要な抜け穴が生じかねない面がある。すなわち,「個別注記表等に表示された取引のうち」という限定を付すと, 取締役や執行役が「重要性がない」として, 表示しなかった場合に, 監査役等によるチェックが十分に働かなくなるというおそれがある。したがって, 監査役等は,「株式会社と親会社又はそれと同等の影響力を有すると考えられる自然人との間の取引」のすべてを監査対象としなければならないものとし, 重要性がある取引（非通例的取引は, 金額の多寡にかかわらず, 質的重要性があると考えるべきである）がすべて個別注記表に表示されているかを確かめなければならないことを明らかにすべきであろう。

リエーションはあるものの——従来の通説的見解[24]とは異なる役割を監査役に期待することになる[25]。

なお，平成18年改正前商法施行規則133条は，大会社の監査役会の監査報告書には，競業取引・利益相反取引，会社が無償でした財産上の利益の供与（反対給付が著しく少ない財産上の利益の供与を含む），会社がした子会社または株主との通例的でない取引および自己株式の取得および処分または株式失効の手続につき取締役の義務違反があるときは，その事実に関する記載は，各別にしなければならないものと定めていたが，現在の会社法施行規則においては，そのような要求はなされていない。これは，それらの行為のみが監査対象となるような誤解を与えるおそれがあること，取締役の違法行為としてはこれら以外の行為もあるが，そのような行為も同様の重要性が認められ得ること，および，監査において重点を置くべき事項は各会社において異なり得ることなどに基づくものであると説明されているが（相澤＝郡谷［2006c］19頁），類型的に危険な取引として，「会社がした株主との通例的でない取引」についての言及を求めるということは考えられてよいであろう（弥永［2013］参照）。

（3）関連当事者間取引の開示

金融商品取引法上の開示に関するものであるが，たとえば，大王製紙の第100期（自平成22年4月1日　至平成23年3月31日）有価証券報告書では，大王製紙の連結子会社がI氏に2350百万円を短期貸付金として貸し付けていることが開示され，また，受取利息の相手勘定が未収入金となっており，注1として，「資金の貸付については，市場金利を勘案して利率を合理的に決

---

[24] 竹内［1987］443頁以下参照。また，江頭［2011a］489頁。
[25] ただし，平成27年会社法施行規則改正により，支配株主の異動を伴う第三者割当増資に際して株主に対して通知しなければならない事項（会社法206条の2第1項）に，①特定引受人に対する募集株式の割当てまたは特定引受人の間の総数引受契約の締結に関する取締役会の判断およびその理由，②社外取締役を置く株式会社においては，取締役会の判断が社外取締役の意見と異なる場合には，その意見，および，③特定引受人に対する募集株式の割当てまたは特定引受人との間の総数引受契約の締結に関する監査役，監査委員会または監査等委員会の意見が含められた（会社法施行規則42条の2第5号から第7号）。これも，監査役に適法性あるいは消極的妥当性に関するものを超える意見を述べさせることを意味すると推測される。

定しています。」と記載されていた。

　この開示は，連結財務諸表規則15条の4の2の要求を背景とするものである。すなわち，同条第1項は，連結財務諸表提出会社が関連当事者との取引（当該関連当事者が第三者のために当該連結財務諸表提出会社との間で行う取引および当該連結財務諸表提出会社と第三者との間の取引で当該関連当事者が当該取引に関して当該連結財務諸表提出会社に重要な影響を及ぼしているものを含む）を行っている場合には，その重要なものについて，当該関連当事者が個人の場合には，その氏名，職業および当該連結財務諸表提出会社の議決権に対する当該関連当事者の所有割合，当該連結財務諸表提出会社と当該関連当事者との関係，取引の内容，取引の種類別の取引金額，取引条件および取引条件の決定方針，取引により発生した債権債務に係る主な科目別の期末残高などを原則として関連当事者ごとに注記しなければならないと定めている。そして，同条第3項は，「前二項の規定は，連結子会社と関連当事者との間に取引がある場合に準用する」と規定している。

　ところが，第1に，後日判明した事実[26]によれば，大王製紙の（連結）子会社は，I氏に対して，このような巨額の資金を無担保で貸し付けていたということである。独立当事者間取引ではこのようなことはほとんど考えられないはずであるが，その事実は，有価証券報告書からは明らかにならない。すなわち，会社法上も，関連当事者との間の取引について個別注記表における開示を要求しているが，それは非通例的取引が生ずるおそれがあることに鑑みたものであり，金銭を無担保で貸し付けているという事実が判明しないような開示では不十分であると評価されるのが自然である。また，大王製紙は，「資金の貸付については，市場金利を勘案して利率を合理的に決定しています。」とのみ開示していたが，これでは，連結財務諸表規則が要求する「取引条件」の開示が十分になされているとはいえない。貸付けにおいては，利率だけが重要な取引条件ではなく，貸付期間や担保・保証の内容も重要な取引条件だからである。さらに，連結財務諸表規則は「取引条件及び取引条件

---

26) 大王製紙株式会社元会長への貸付金問題に関する特別調査委員会『調査報告書』（平成23年10月27日）
<http://www.daio-paper.co.jp/news/2011/pdf/n231020a.pdf> 6頁。

の決定方針」と規定しており,「取引条件又は取引条件の決定方針」とは規定していないことに鑑みると,利率についてすら,大王製紙は,「取引条件の決定方針」のみを開示し,「取引条件」を開示していないのであるから,適切な開示をしていないのではないかという疑念も生ずるところである。

　もちろん,これらの点については,ほとんどすべての会社が,このような形式的な開示にとどまっており(確立した不適切な慣行),大王製紙の有価証券報告書(連結財務諸表)に虚偽表示があったとは必ずしも評価できない。すなわち,企業会計基準委員会『企業会計基準適用指針第13号　関連当事者の開示に関する会計基準の適用指針』(関連当事者開示適用指針)でも,開示例において,取引条件および取引条件の決定方針等として,「価格等の取引条件は,市場の実勢価格等を参考にして,その都度交渉の上で決定している。」,「近隣の取引実勢等に基づいて決定している。」,「近隣の地代を参考にした価格によっている。」,「gが第三者(M社)の代表者として行った取引であり,独立第三者間取引と同様の一般的な取引条件で行っている。」,「数社からの見積りを勘案して発注先と価格を決定しており,支払条件は第三者との取引条件と比較して同等である。」などを例として掲げている[27]。

　また,関連当事者との間の取引に関する開示に対して,会社法との関係で,最も影響力が強いと考えられるものの1つである日本経済団体連合会『会社法施行規則及び会社計算規則による株式会社の各種書類のひな型(改訂版)』(経団連ひな型)においては,取引条件および取引条件の決定方針等として,「価格その他の取引条件は,市場実勢を勘案して当社が希望価格を提示し,価格交渉の上で決定しております。」,「原材料の購入については,B社以外からも複数の見積りを入手し,市場の実勢価格を勘案して発注先及び価格を決定しております。」,「技術料の支払については,C社より提示された料率を基礎として毎期交渉の上,決定しております。」,「D社に対する資金の貸付については,市場金利を勘案して決定しており,返済条件は期間3年,半年賦返済としております。なお,担保は受け入れておりません。」などの記

---

27) もっとも,「eの銀行借入(×××百万円,期限××年)につき,債務保証を行ったものであり,年率××％の保証料を受領している。」という文例も示されている。

載例が示されている。

　しかし，大王製紙事件においては，必ずしも，情報利用者にとって十分な情報が開示されていないことが明らかになったのであるから，今後は，より網羅的な開示が要求されるという解釈が穏当であるということになるのではないかとも思われる。仮に，そのようには解釈できないのであるとすれば，企業会計基準委員会の関連当事者開示適用指針の改正が必要であるように思われるし，連結財務諸表規則や財務諸表等の用語，様式および作成方法に関する規則（財務諸表等規則）を改正し，またはそれらに係る金融庁のガイドラインを改訂して，十分に開示されるようにしなければならないのではないかとも思われる。反復的・継続的な取引であり，かつ，取引条件が変動するものであれば具体的な取引条件の注記を要求することは非現実的であり，その限りにおいて，現行実務は受け入れざるを得ないが，少なくとも，会社法上，関連当事者との間の取引の注記を要求しているのは，利益相反的な状況あるいは交渉力の格差がある状況の下で非通例的な取引がなされる，あるいは非通例的な条件で取引がなされるおそれに鑑みたものであるから（相澤＝和久［2006a］15頁），取引条件の注記が常に不要であるという解釈を受け入れる余地はないであろう。

　第2に，大王製紙の企業内容開示に関する責任者が十分な会計の知識と経験を有していることを前提とする限り，「未収入金」という表現を選択した以上，すでに，利息の支払時期が到来しているにもかかわらず，利息が支払われていなかった（たとえば，森川［1984］130頁参照）という事実（異常事態）が開示されていることになるが，そのような非通例的な状況が発生していることを有価証券報告書の利用者が容易に読み取れたとは考えにくそうである。

　第3に，大王製紙（親会社）の取締役会や監査役は，このような有価証券報告書の記載があることを認識しつつも，問題視していなかったと報じられている。これは，有価証券報告書が会計の素人には読みこなせない内容となっていることを示唆するものであって，有価証券報告書の読者としてはどのような者が想定されているのかを再考することが迫られているように思われ

る。また，現在の会計および開示の実務を前提とする限り，立法論として，有価証券報告書の記載を理解できる程度の知見を有する取締役・監査役をそれぞれ1人以上は選任すべきことを要求した方がよいのではないかと思われる。そうでなければ適切な監督・監査ができないという結果を招くことが，大王製紙事件を通じて判明したと評価できそうである。

　そもそも，反復的・継続的取引ではないにもかかわらず，取引条件について具体的な開示がなされていないため，関連当事者との間の取引の注記が空文化しているおそれがあることは否めない。これでは，企業集団の財政状態，経営成績およびキャッシュ・フローの状況を判断するために有用な情報が得られるとはとても思われない。また，連結対象外の子会社・関連会社が貸付を行ったとすると，注記の対象とはならないことになり，大きな抜け穴があることになる。

(4) 事業報告と会計監査人——会計に関する事項以外の事項
1) 問題の所在

　わが国においても，会社法施行規則の下で，公開会社の事業報告およびその附属明細書において，コーポレートガバナンスに関する事項の開示は広く求められ，また，金融商品取引法の下で有価証券報告書に含めるべき財務情報以外の情報は拡大する一方である。それにもかかわらず，金融商品取引法の下で有価証券報告書等に含まれる非財務情報は——内部統制報告書に係る監査を除けば——監査やレビューの対象とはならないし，事業報告およびその附属明細書については監査役(会)，監査委員会または監査等委員会の監査のみが要求され，会計監査人の監査の対象とはなっていない（第3節第1款）。

2) EUレベルの対応

　たとえば，EUにおいては，経営者報告書（management report）および連結経営者報告書の作成が要求されてきた。ここで，経営者報告書には，少なくとも，当該会社の事業の発展と業績，その位置づけの公正なレビューを，直面する主要なリスクと不確定要素とともに，含めなければならない（19条）。

このレビューは，当該企業の事業の発展と業績，その位置づけについての包括的な分析であって，当該企業の発展，業績，位置づけを理解する上で必要な程度まで，個々の事業に関係する，財務および，適切な場合には，非財務の主要業績評価指標（KPI）を含むものとされるとともに，環境および従業員に関する情報を含まなければならないものとされてきた（ただし，後述する2014年改正）。また，この分析においては，適切な場合には，年度決算書中の数値への関連づけおよび追加の説明を行うことが求められる。また，決算日以降に発生した重要な事項，事業の展開の見通し，研究開発，自社株購入，存在する支店，重要な金融商品の利用状況などについての開示が求められている。同様に，連結経営者報告書には，少なくとも，連結対象会社全体の事業の発展と業績，その位置づけの公正なレビューを，直面する主要なリスクと不確定要素とともに，含めなければならない（29条）。

また，付属書Iに掲げられた会社（株式会社，有限会社など社員の有限責任が認められる企業形態が列挙されている）はコーポレートガバナンス報告書（Corporate governance statement）を経営者報告書に含めるか，独立の報告書として作成しなければならないとされている（20条）。

なお，2014年4月15日に，欧州議会は，会計指令を改正する指令[28]を採択し，社会的影響度の高い事業体である大規模企業（貸借対照表上の総資産額2000万ユーロ，年間売上高4000万ユーロ，年間平均従業員数250人という3つの規準のうち2つ以上の規準を超えるもの）であって，1事業年度の平均従業員数が500名を超えるもの（約6000社と予想されている）に，非財務報告書（Non-financial statement）を経営者報告書に含めるか，別個の報告書として作成することを要求することとした（改正後19a条）。非財務報告書には，少なくとも，環境，社会，雇用，人権の尊重，反腐敗・贈賄に関連する情報を，その企業のビジネスモデルの概要，これらの事項に関するその企業の方針（適用しているデュー・デリジェンスのプロセスを含む），それら

---

[28] Directive 2014/95/EU of the European Parliament and of the Council amending Directive 2013/34/EU as regards disclosure of non-financial and diversity information by certain large undertakings and groups, OJ L330, 15.11.2014, p.1.

の方針の成果，これらに関する主要なリスク（関連性を有し，見合ったものである限りにおいて，悪影響を与える可能性のあるビジネス上の関係，製品またはサービスを含む）およびこれらのリスクの管理方法，特定のビジネスに関連する非財務重要業績評価指標を含め，その企業の発展，業績および位置の理解ならびにその活動への影響を理解するために必要な限りにおいて記載しなければならない。これらの事項について，企業が方針を策定していない場合には，非財務報告書において，明瞭に，理由を付して，方針を策定していないことを説明しなければならない。なお，この開示は，すでに制定されている国際的な，EUまたは国内のフレームワーク（たとえば，国際連合のグローバルコンパクト，ISO26000，ドイツのサステナビリティ・コード，GRIガイドラインなど）に準拠して作成された統合報告を年度報告書に含めて開示している会社には強制されない。

　同様に，改正後29a条は，大規模企業集団の親会社である社会的影響度の高い事業体であって連結ベースで1事業年度の平均従業員数が500名を超えるものは，連結非財務報告書を連結経営者報告書に含めるか，別個の報告書として作成しなければならないと規定し，連結非財務報告書には企業集団レベルで，非財務報告書と同様の情報を含めるべきこととしている。

　また，規制市場にその証券が上場されている企業のコーポレートガバナンス報告書には，企業の管理機関，経営機関および監督機関との関連で適用されている，たとえば，年齢，性別，教育上のおよび職業的バックグラウンドなどの観点からのダイバーシティの方針，その方針の目的，その方針がどのように実施されているか，報告期間中における実施の結果を記載しなければならない。そのような方針が適用されていないときには，なぜそれが適当なのかについての説明をコーポレートガバナンス報告書に含めなければならないものとされた（改正後20条1項（g））。

　その上で，EUにおいては，会計指令34条1項1文は，構成国は，社会的影響度の高い事業体，中規模および大規模企業の財務諸表が法定監査指令に基づいて法定監査を行うことを構成国が認める1人または複数の法定監査人または監査事務所によって監査されることを確保しなければならないと定め，

同条2項1文は，連結財務諸表にも準用されると定めるが，同時に，同条1項2文は，法定監査人は，経営者報告書が同一事業年度の財務諸表と首尾一貫しているか否か，および経営者報告書が適用されるべき法的要求事項に従って作成されているか否かについて意見を表明しなければならず，監査の過程で得た企業とその環境についての知識と理解に照らし，法定監査人が経営者報告書に重要な虚偽記載を認知した（identify）かどうかを記載し，そのような虚偽記載の性質を示さなければならないとする（同条2項2文で，連結経営者報告書に準用）。

　また，会計指令19a条5項は，構成国は，非財務報告書が提供されている（has been provided）かどうかを法定監査人または監査事務所がチェックする（check）ようにしなければならないと定め，改正後20条3項は，法定監査人または監査事務所は，20条1項(c)号および(d)号の下で提供される情報に関して34条1項第2サブパラグラフに従って意見を表明しなければならず，20条1項(a)号，(b)号，(e)号，(f)号および(g)号にいう情報が提供されているかどうかをチェックしなければならないと定めている。また，構成国は，連結非財務報告書が提供されているかどうかを法定監査人または監査事務所がチェックするようにもしなければならないものとされている（改正後29a条5項）。

3）連合王国

　たとえば，連合王国では，監査人に対して，取締役報告書に含まれる情報と当該会計期間に対応する財務諸表との間に相違があるかどうかに関する意見を監査報告書に記載することを求めている（会社法496条）[29]。

　上場会社においては，会計年度ごとに取締役報酬報告書の作成を求められ（会社法420条1項），当該会社の監査人は，取締役報酬報告書の監査可能部分（auditable part）が2006年会社法の規定に準拠して適切に作成されているかどうかに関する意見を監査人報告書に記載することを求められている（会

---

[29] 営業・財務概況（OFR）の制度化が検討された際には，レビューを求めることが提案されていた。紹介した邦語文献としては，たとえば，山崎［2010］50-51頁，古庄［2012］188-189頁参照。

社法497条1項(b))。

　さらに，上場規則により，上場会社は，会計期間を通して，『コーポレートガバナンス・コード』のすべての規定に準拠し続けていたかどうか，準拠していなかった場合にはその理由を記載することを求められている（LR9.8.6 (R)(6)）。そして，上場会社の監査人には，事業が継続企業である旨の取締役の言明および『コーポレートガバナンス・コード』の10の規定（C.1.1, C.2.1, C.3.1, C.3.2, C.3.3, C.3.4, C.3.5, C.3.6, C.3.7およびC.3.8）についての言明につき，レビューすることを求められている（LR9.8.10（R））。

　監査実務審議会は，『コーポレートガバナンスに関する統合コード:FSAおよびアイルランド証券取引所の上場規則の下での監査人に対する要求事項 (The Combined Code on Corporate Governance: Requirements of Auditors under the Listing Rules of the Financial Services Authority and the Irish Stock Exchange)』（Auditing Practices Board [2006]）を公表して，監査人が実施すべきレビューの手続きとして以下のようなものを規定していた。

(a) 取締役会および関連する取締役会の下に設けられている委員会の議事録を閲覧すること。
(b) 取締役会または取締役会の下に設けられている委員会のために作成された，監査人によるレビューの対象とされている事項に関連する関係書類を閲覧すること。
(c) 監査人によるレビューの対象とされている統合コードの規定に関連する事項について理解するため，特定の取締役（たとえば，取締役会会長や関連する取締役会の下に設けられている委員会の委員長）や秘書役に対して質問すること。
(d) コンプライアンス・ステートメントを含む，年度報告書および財務諸表が検討され，取締役会への提出のための承認が行われる，監査委員会（監査委員会が存在しない場合には，取締役会）の会議に出席すること。

　また，監査実務審議会は，国際監査基準（連合王国およびアイルランド）720のセクションBとして『取締役報告書に関する監査人の法令上の報告責任』

を策定・公表している。これによれば，監査人は，取締役報告書に含まれている情報の完全性（completeness）を検証したり，報告することは求められていないが，法令によって取締役報告書に記載が求められている情報が記載されていないことに気がついたときには，統治に責任を負う者に当該事項を伝達しなければならない（4項）。監査人は，取締役報告書に含まれている情報を通読し（read），財務諸表と整合的であるかどうかを評価し（8項），両者間の不整合を識別した場合には，当該不整合の解消を図らなければならない（9項）。監査人は，取締役報告書に含まれている情報が財務諸表と重要な点で整合せず，当該不整合を解消することができないという意見に達したときには，監査報告書において重大な不整合が存在する旨の意見を表明し，当該不整合について記載しなければならない（10項）。他方，財務諸表の修正が必要であるにもかかわらず，経営者および統治に責任を負う者が当該修正を拒んだ場合には，監査人は，当該財務諸表に対して限定付意見または不適正意見を表明しなければならない（11項）。

さらに，監査実務審議会は，国際監査基準（連合王国およびアイルランド）720のセクションAは取締役報酬報告書などを含む，取締役報告書以外の財務諸表外情報についての監査人が実施すべき手続を定めているが，これは，国際監査基準720[30]に沿ったものである。セクションAはすべての被監査事業体の監査に適用されるが，2012年3月の改訂により，監査報告書には，「さらに，われわれは，監査対象財務諸表との重要な不整合を識別するため，及び，監査の実施の過程においてわれわれが得た知識に基づき明らかに重大な誤りがあり，またはそれと重大な不整合がある情報を識別するために［年度報告書］に含まれる財務及び非財務の情報を通読した。」という文言を入れることとなった（国際監査基準（連合王国およびアイルランド）700の改訂）。

なお，財務諸表に対する監査報告書の記載事項については，国際監査基準（連合王国およびアイルランド）700が公表されており，2013年および2014年改訂後のもの（Financial Reporting Council [2013]；Financial Reporting

---

30) 詳細については，たとえば，内藤＝林＝松本 [2010] 507-516頁参照。

Council [2014]) では，財務諸表外情報については，財務諸表に対する意見の区分と混同されないように，別の区分（その他の報告責任に対する意見の区分）を設け，(a) 戦略報告書および取締役報告書[31]ならびに取締役報酬報告書記載情報に対しては，監査人の積極的言明という形で，(b) 2006年会社法により報告が要求される一定の情報および上場規則によりレビューが要求される情報に対しては，「例外的な場合にわれわれが報告することを求められる事項」という表題を用いて意見を記載すべきこととされている[32]。

4）連合王国以外のEU構成国

ヨーロッパ諸国においては，会社法上，取締役報告書または営業報告書の作成が要求されていることが一般的であり，1990年代後半には，少なくとも，国際監査基準720を踏まえて，取締役報告書等と計算書類との整合性について，法定監査人はチェックを行うことがEC構成国では広く受け入れられていた規律であった。

---

31) 「2006年会社法によって定められた他の事項についての意見」という表題の下で，たとえば，「われわれの意見では，財務諸表が作成された対象会計年度についての戦略報告書及び取締役報告書の含まれる情報は財務諸表と整合的である」というような意見が表明される（cf. Financial Reporting Council [2014] paragraph 14）。

32) コーポレートガバナンス・コードの適用を受ける事業体については，たとえば，以下のような記載がされる：
　以下に関して，われわれは報告すべきことはない。
　国際監査基準（連合王国およびアイルランド）の下で，われわれは，われわれの意見によれば，年度報告書に含まれる情報が
　・監査対象財務諸表に含まれる情報と重大な不整合がある
　・われわれの監査の実施の過程において得た企業集団についてのわれわれの知識に基づき明らかに重大な誤りがあり，またはそれと重大な不整合がある
　・その他ミスリーディングである
　ときには，報告が求められている。
　とりわけ，われわれは，監査の過程において得たわれわれの知識と年度報告書が公正であり，バランスが取れており，理解可能である旨の取締役の言明との間の不整合を識別したかどうか，および，年度報告書においてわれわれが開示すべきであるとして監査委員会に伝えた事項が適切に開示されているか否かを検討することが求められている。

EU構成国等における取締役報告書等への法定監査人の関与

	検証の要求			監査報告書における記載	
	財務諸表との整合性	法令・定款の遵守	内容の検証		
オーストリア	○	○	×	すべての場合	企業法典274条5項
ベルギー	○	○	×	すべての場合	会社法典144条1項6号
デンマーク	○	○	×	明白な不実記載または重要な不整合	監査報告書規則（2013年4月17日行政命令第385号）5条1項7号・7項
フィンランド	○	○	×	すべての場合	監査法15条2項
フランス	○	○	×	すべての場合	商法典L823-10条2項・3項・R823-7条2項・R823-7-1条
ドイツ	○	○	○	すべての場合	商法典321条1項2項
ギリシャ	○	×	×	明白な不実記載または重要な不整合	株式会社法43a条4項・37条5項e号
アイルランド	○	○	○	すべての場合	1990年会社法205F条
イタリア	○	×	×	明白な不実記載または重要な不整合	2010年1月27日立法命令第39号14条2項e号
ルクセンブルク	○	×	×	すべての場合	2002年12月19日法律69条1項b号
オランダ	○	○	×	明白な不実記載または重要な不整合	民法典2:393条5項e号f号
ポルトガル	○	○	○	不整合/上場会社についてはさらに経営者報告書における事業見通しなどについての意見	商事会社法典451条2項・3項e号/上場会社についてはさらに証券市場法典245条2項
スペイン	○	×	×	すべての場合	会計監査法3条1項
スウェーデン	○	○	○	すべての場合	会社法9章31条
連合王国	○	×*	×*	明白な不実記載または重要な不整合*	会社法496条
ノルウェー	○	○	×	すべての場合	監査人法5-6条4項4号

* 前述3）参照。

5) 残された課題

　会社法および会社法施行規則の下では，事業報告における開示は充実しているが，その信頼性を確保する役割を監査役(会)，監査委員会または監査等委員会のみに委ねておいて十分なのかという問題はある。とりわけ，社外取締役が過半数を占める，一方で，常勤者の設置が任意とされている監査委員会または監査等委員会が十分なチェック機能を果たすことができるのかという点は重要である。

　第3節で指摘したように，会社計算規則126条2項が追記情報として，「監査した財務諸表を含む開示書類における当該財務諸表の表示とその他の記載内容との重要な相違」を例示していないことについては，あえて，列挙しなかったと解する余地が十分にあり，しかも，厳密には，招集通知は「監査した財務諸表を含む開示書類」という定義をみたさない。そうであれば，計算書類・連結計算書類と事業報告の記載事項との整合性を会計監査人は確かめることを要しないということにもなりそうである（日本公認会計士協会の実務指針においては通読等を要求しているが，会計監査報告との関係ではせいぜい数値情報に限定されるという解釈なのではないかと推測される）。

　もちろん，監査役(会)，監査委員会または監査等委員会が事業報告の監査にあたって，必要に応じて，公認会計士や監査法人などを補助者として用いれば足りるという立論はあり得るが，会計監査人に十分な報酬を支払ってチェックしてもらった方が，かえってコストと時間の節約になるのではないかとも思われる。

第6節　監査役等に対する情報提供

　わが国において，昭和49年商法特例法により，会計監査人監査が大会社について要求されるようになった趣旨は，「大規模の株式会社にあっては，株主をはじめ，従業員，取引先，下請企業者等の利害関係人の保護のため，その経理の適正を期することが特に重要で」あるためであると説明されてい

た[33]。

　しかし，会計監査人は，その職務を行うに際して取締役（指名委員会等設置会社では，執行役または取締役）の職務の執行に関し――会計に関するものであるか否かを問わず――不正の行為または法令もしくは定款に違反する重大な事実があることを発見したときは，遅滞なく，これを監査役（監査役会設置会社では監査役会，指名委員会等設置会社では監査委員会，監査等委員会設置会社では監査等委員会）に報告しなければならないとされているのは（会社法397条1項・3項・4項・5項），会社業務の適正な運営を期する監査役等の監査の資料とするためである（味村＝加藤［1977］262頁）。

　また，大会社であるか否かにかかわらず，指名委員会等設置会社および監査等委員会設置会社においては，会計監査人を置かなければならない（会社法327条5項）とされている。このように定められている理由の1つとしては，社外取締役が各委員会の委員の過半数を占める指名委員会設置会社および監査等委員の過半数が社外取締役である監査等委員会設置会社において，各委員会の委員ないし監査等委員にとっては，会社の計算関係書類が重要な情報であり，計算関係書類の信頼性が確保される必要性が高いことを挙げることができる[34]。

　さらに，監査役会設置会社においては，社外監査役が半数以上でなければならないとされ（会社法335条3項），それ以外の会社でも，指名委員会等設置会社および監査等委員会設置会社には2人以上の社外取締役が存在するはずであり，そのような状況の下では，社外取締役および社外監査役がその監督あるいは監査の任務を果たすために必要な情報をどのように得るかという問題もある（弥永［2014a］参照）。社外監査役でない監査役あるいは社外取締役でない監査役であっても，同様の必要は認められるが，とりわけ，指名委員会等設置会社および監査等委員会設置会社においては，常勤の監査委員

---

33) 第71回国会衆議院法務委員会議録第16号（昭和48年4月6日）14頁〔田中国務大臣〕

34) 平成17年法律第87号による廃止前商法特例法の下では，委員会等設置会社については，一定の要件の下で利益の処分および損失の処理を取締役会の決議によって行うことができるとされていたことも，会計監査人を置くことを要求する根拠であったが，会社法の下では，定款の定めがない限り，剰余金の配当等を取締役会決議限りで行うことはできなくなっている。

または監査等委員を置くことが要求されていないため，常勤者からの情報提供に常に期待をおけるというわけではない。

しかも，取締役や監査役のすべてが，会計・財務あるいは内部統制などについての十分な知見を有しているとは限らないという現状も存在する。

そうであれば，監査役や取締役（とりわけ，監査委員または監査等委員）による監査や監督の実効性を確保するという観点から，会計監査人から監査役（会）・監査委員会または監査等委員会に対する——その内容が必ずしも外部には公開されない——追加的な情報提供の仕組みを導入することも検討に値する。

長文式監査報告書の作成・提供が法律上求められているドイツ（商法典321条）[35]およびオーストリア（企業法典273条）を典型として[36]，ヨーロッパ諸国においては，監査役会または取締役会（最近では監査委員会）に対して，法定監査人が長文式監査報告書を提供するという実務が広く見受けられる（FEE［1996］p.57）。

しかも，2014年EU法定監査規則は，社会的影響度の高い事業体の法定監査を行う法定監査人または監査事務所は被監査事業体の監査委員会に追加的監査報告書を提出しなければならないと定める（11条）。追加的監査報告書では法定監査の結果を説明し，少なくとも，独立性の宣言，監査事務所が法

---

35) 詳細については，たとえば，片木［1987b］，小松［2012］，町田［2015b］。また，加藤［1978］，加藤［1993］，高柳［1981］なども参照。

36) デンマークでは，法定監査人は，監査記録（revisions protokol）を監査役会に提供することとされているが（会社法129条，監査人法20条），この監査記録は長文式監査報告書に相当するものであり，かつては，監査基準265『監査記録』がこれについての実務指針を定めていた。現在は，国際監査基準260（および265）が指針を示している。

また，たとえば，フランスにおいては，2005年の改正（Ordonnance n° 2005-1126 du 8 septembre 2005, art. 19）により，評価の正当化（justification des appréciations）という仕組みが取り入れられている（商法典L823-9条）。年度計算書類などにおいて用いられた会計処理方法などの正当性について方法論的な観点から監査人が検討を加えた結果を示すものである。監査人は，（とりわけ，会社の財務状態について判断をする上で重要な影響を与えるような）用いられた会計方法，とりわけ，客観的なデータがないために専門家としての判断に基づく重要な会計上の見積り，年度計算書類および連結計算書類全体の表示，財務諸表の作成に関連する会社の内部監査手法について，評価を加える。全国監査人会（CNCC）から，これについての監査基準がNEP705として公表されている。また，商法典L823-16および監査基準NEP260に従って，会計監査役は，執行機関，経営機関または監督機関に対して，監査計画，実施した監査手続き，前期からの会計方法などの変更，発見した不正および誤謬などを含む情報の提供をしなければならないものとされている。

定監査を行った場合にはすべての主要な監査パートナーの特定，会合の日時を含む，被監査事業体の監査委員会またはそれに匹敵する機関，経営機関，執行機関または監督機関とのコミュニケーションの性質，頻度および程度の説明，監査の範囲とタイミング，共同監査の場合には，業務の分担の説明，どの貸借対照表項目について実証手続きを行い，どの項目についてシステムとコンプライアンスの試査に基づいて検証したかについての説明，定量的な重要性の基準，監査の過程で認識した継続企業として継続する事業体の能力に重要な疑義をいだかせるような事象および状況ならびにそれらが重要な不確実性にあたるかどうかについての報告とそれに関する判断についての説明，継続企業性の評価にあたって考慮に入れたすべての保証，コンフォート・レター，公的介入その他の支援措置の要約，被監査事業体（連結財務諸表との関連では，親企業）の財務についての内部統制システムおよび/または会計システムの重要な欠陥についての報告，監査委員会がその任務を果たすことができるために有用であると考えられる限りにおいて，監査の過程で認識した法令・定款の不遵守またはその疑いを含む重要な事項についての報告などを含めなければならない。

参考文献

相澤哲［2005］『一問一答　新・会社法』（商事法務）
相澤哲＝石井裕介［2005a］「株主総会以外の機関〔上〕」商事法務1744号: 87-104
相澤哲＝石井裕介［2005b］「株主総会以外の機関〔下〕」商事法務1745号: 13-26
相澤哲＝郡谷大輔［2006a］「新会社法関係法務省令の解説（1）会社法施行規則の総論等」商事法務1759号: 4-18
相澤哲＝郡谷大輔［2006b］「新会社法関係法務省令の解説（4）事業報告〔上〕」商事法務1762号: 4-13
相澤哲＝郡谷大輔［2006c］「新会社法関係法務省令の解説（5）事業報告〔下〕」商事法務1763号: 14-22
相澤哲＝葉玉匡美＝郡谷大輔（編著）［2006］『論点解説　新・会社法』（商事法務）
相澤哲＝和久友子［2006a］「新会社法関係法務省令の解説（7）計算関係書類」商事法務1765号: 4-17
相澤哲＝和久友子［2006b］「新会社法関係法務省令の解説（8）計算書類の監査・提供・公告，計算の計数に関する事項」商事法務1766号: 60-74
相澤哲ほか［2004］「「会社法制の現代化に関する要綱試案」に対する各界意見の分析〔III〕」商事法務1690号: 41-56
阿部純二［2001］「498条」服部栄三（編）『基本法コンメンタール会社法（3）〔第7版〕』（日本評論社）: 199-205
阿部力也［2010］＜判批＞刑事法ジャーナル25号: 103-111
井口太郎［1965］「公認会計士制度/現状と将来」法律時報37巻7号: 22-25
石井照久［1951］『商法I』（勁草書房）
稲葉威雄［1980］「計算書類の公示・公開，会計監査人の地位」商事法務862号: 6-18
稲葉威雄［1982］『改正会社法』（金融財政事情研究会）
稲葉威雄［1984］『大小会社区分立法に関する諸問題（別冊商事法務73号）』（商事法務研究会）
稲葉威雄［2010］『会社法の解明』（中央経済社）
稲葉威雄＝大谷禎男［1986］『商法・有限会社法改正試案の解説（別冊商事法務89号）』（商事法務研究会）
稲葉威雄ほか［1984］『大小会社区分立法等の論点（別冊商事法務75号）』（商事法務研究会）
岩原紳作［1986］「247条」『新版注釈会社法（5）』（有斐閣）: 310-356
上田明信［1956a］「株式会社の機関に関する若干の問題（3）」商事法務18号: 5-9

上田明信［1956b］「公認会計士と監査役の監査について」企業会計8巻5号: 89-94
上田純子［1999］「日本的機関構成への決断」浜田道代（編著）『日本会社立法の歴史的展開』（商事法務研究会）: 369-425
上村達雄［2002］『会社法改革―公開株式会社法の構想』（岩波書店）
内田千秋［2012］「フランスにおける会計監査役の対会社責任（1）」法政理論44巻4号: 162-187
内田千秋［2014］「フランスにおける会計監査役の対会社責任（2）」法政理論46巻2号: 1-27
浦野雄幸［1970］『株式会社監査制度論』（商事法務研究会）
江頭憲治郎［1985］「会社の法人格」竹内昭夫＝龍田節（編）『現代企業法講座2』（東京大学出版会）: 57-95
江頭憲治郎［2005a］「「会社法制の現代化に関する要綱案」の解説〔I〕」商事法務1721号: 4-13
江頭憲治郎［2005b］「「会社法制の現代化に関する要綱案」の解説〔II〕」商事法務1722号: 4-15
江頭憲治郎［2005c］「「会社法制の現代化に関する要綱案」の解説〔III〕」商事法務1723号: 4-18
江頭憲治郎［2011a］『株式会社法［第4版］』（有斐閣）
江頭憲治郎［2011b］『会社法の基本問題』（有斐閣）
江頭憲治郎ほか［2006］『改正会社法セミナー（企業統治編）』（有斐閣）
大隅健一郎＝今井宏［1992］『会社法論［第3版］中巻』（有斐閣）
大隅健一郎＝大森忠夫［1951］『逐條改正會社法解説』（有斐閣）
大隅健一郎＝大森忠夫［1953］「会社法改正の問題点」私法9号: 77-103
大隅健一郎＝西原寛一＝上田明信［1956］「株式会社法の根本的改正についての研究」商事法務30号: 1-14
大隅健一郎ほか［1979］「第9章　罰則〔2〕」インベストメント32巻1号: 41-75
大住達雄［1952］『株式会社会計の法的考察』（白桃書房）
大住達雄［1956］「商法改正（昭和25年）の経緯とその将来」法律時報28巻6号: 9-12
大住達雄［1968］「監査契約の性格と公認会計士の責任」企業会計20巻9号: 19-32
太田哲三ほか［1956］「公認会計士と監査役」産業経理16巻6号: 92-106
太田洋［2006］「監査法人への業務停止命令に伴う実務上の諸問題」商事法務1768号: 35-46
大谷禎男［1986］「「商法・有限会社法改正試案」に関する各界意見の分析（1）」商事法務1098号: 2-10
鴻常夫ほか［1984］『改正会社法セミナー3　取締役及び取締役会　監査役及び会計

監査人』（有斐閣）
岡田陽介［2013］「監査役と会計監査人の連携に関する一断面（一）：会社法397条に関する若干の考察」愛媛大学法文学部論集総合政策学科編34号: 1-16
小野上真也［2011］＜判批＞法律時報83巻5号: 127-130
片木晴彦［1986］＜判批＞商事法務1097号: 37-39
片木晴彦［1987a］「商法特例法5条の2・6条の2・6条の3・6条の4」『新版注釈会社法（6）』（有斐閣）: 542-545, 550-557
片木晴彦［1987b］「西ドイツにおける決算監査人の監査報告書──決算監査人と監査役会の連携──」廣島法學11巻1号：37-60
片木晴彦［1992］「会社不正と監査人の責任〔上〕」商事法務1284号: 2-8
片木晴彦［1997］「会計監査人の監査を欠く計算書類承認決議の効力」酒巻俊雄（監修）『会社判例と実務・理論（判例タイムズ増刊948号）』: 161-168
片木晴彦［1999］「粉飾決算と経営者・公認会計士の責任」商事法務1529号: 4-9
片木晴彦［2010］＜判批＞私法判例リマークス39号: 82-85
加藤一昶［1984］「商法の昭和49年改正─税理士会の反対で大幅修正」ジュリスト805号: 74-76
加藤一昶＝黒木学［1975］『改正商法と計算規則の解説』（商事法務研究会）
加藤恭彦［1978］『ドイツ監査制度論』（千倉書房）
加藤恭彦［1993］『現代ドイツ監査制度論』（千倉書房）
加美和照［1992］＜判批＞『平成3年度重要判例解説』（有斐閣）: 97-99
河本一郎＝神崎克郎［1971］『問答式改正証券取引法の解説』（中央経済社）
河本一郎＝大武泰南［2008］『金融商品取引法読本』（有斐閣）
神崎克郎［1978］『ディスクロージャー』（弘文堂）
神崎克郎［1981］「監査役及び会計監査人」企業会計33巻9号: 80-92
神田秀樹ほか［2013］「IFRSと会社法」伊藤邦雄（責任編集）『企業会計制度の再構築』（中央経済社）: 71-94
北野弘久ほか［1986］「『商法改正試案』と税理士の責務」法と民主主義210号: 2-34
北村雅史［2002］「取締役の責任軽減と株主代表訴訟」民商法雑誌126巻4＝5号: 127-149
岸田雅雄［1982］「会計監査人」民商法雑誌85巻6号: 45-61
岸田雅雄［1988］「監査基準の見直しは必要か」企業会計40巻3号: 24-28
岸田雅雄［2014］「善良なる管理者の注意義務と職業的懐疑心」増田宏一（編集）『監査人の職業的懐疑心』（同文舘出版）: 151-167
木村秀一［1980］「監査特例法第8条の特別報告義務と株式法166条2項」六甲台論集27巻1号: 58-73

倉澤康一郎［1990］「会計士・監査人の法的責任」税経セミナー35巻5号: 2-7
黒沢清［1951］「監査役と公認会計士の監査」会計60巻7号: 51-56
黒沢清［1955］『新商法と会計原則［増補版］』(国元書房)
黒沼悦郎［1987］＜判批＞ジュリスト889号: 106-109
黒沼悦郎［1989］「証券市場における情報開示に基づく民事責任（三）」法学協会雑誌106巻2号: 193-293
黒沼悦郎［2012］「会計監査における監査人の義務と責任」青山アカウンティング・レビュー2号: 91-98
郡谷大輔＝岩崎友彦［2005a］「会社法における債権者保護〔上〕」商事法務1746号: 42-55
郡谷大輔＝岩崎友彦［2005b］「会社法における債権者保護〔下〕」商事法務1747号: 19-29
郡谷大輔＝川東佳代［2009］「会計監査人の意見不表明等における諸対応」商事法務1865号: 113-116
国税庁［2014］『会社標本調査（平成24年度）』
湖東京至［1974］「商法反対運動の経過と特徴」法律時報46巻9号: 60-65
小林史治［2013］「虚偽記載有価証券届出書提出罪等に関する外部の者の刑事責任」筑波法政56号: 91-115
小松義明［2012］「ドイツにおける監査報告書制度の特質: 商法典第321条とIDW監査基準第450号の検討」経営論集（大東文化大学）24号: 51-80
近藤光男［1992a］＜判批＞判評395号: 48-52
近藤光男［1992b］＜判批＞私法判例リマークス5号（1992年（下））: 116-119
近藤光男［2000］「株式会社と商法522条」金融法務事情1574号: 34-44
佐伯仁志［2006］「共犯論（2）」法学教室306号: 43-54
佐伯仁志［2011］「967条・972条・976条」落合誠一（編）『会社法コンメンタール21』（商事法務）: 125-131, 115-156, 163-184
酒巻俊雄［1974］『改正商法の理論と実務』（帝国地方行政学会）
坂本三郎ほか［2014］「平成26年改正会社法の解説〔III〕」商事法務2043号: 4-14
佐藤修市［1979］「欠格事由のある会計監査人の監査と計算書類承認決議の効力」商事法務831号: 35
始関正光［2002］「平成14年改正商法の解説〔V〕」商事法務1641号: 16-28
始関正光（編著）［2003］『Q&A平成14年改正商法』（商事法務）
篠田四郎［1976］「会計監査人の責任（5）」名城法学26巻1号: 31-77
島田聡一郎［2001］＜判批＞法学教室248号: 90-91
島田聡一郎［2013］「虚偽記載有価証券報告書提出罪の監査人の共同正犯性」『金融商

品取引法判例百選』（有斐閣）: 198-199
志村治美 ［1984］「監査役と会計監査人の連携」今井宏＝田辺康平（編集代表）『改正会社法の研究（蓮井良憲先生還暦記念）』（法律文化社）: 567-580
志村治美 ［1986］「証券取引法上の民事責任」龍田節＝神崎克郎（編）『証券取引法大系（河本一郎先生還暦記念）』（商事法務研究会）: 555-585
神馬新七郎 ［1958］『監査役制度』（日本経済新聞社）
鈴木竹雄 ［1951］『株式会社の新定款』（中央経済社）
鈴木竹雄 ［1952］「公認会計士か公認監査役か」監査3巻1号: 2-11（同『商法研究III』（有斐閣, 1971）: 131-142所収）
鈴木竹雄 ［1956］「株式会社法の再改正」ジュリスト100号: 215-218
鈴木竹雄 ［1968］「監査役制度の改正について」会計93巻3号: 1-14
鈴木竹雄 ［1971］『商法研究III』（有斐閣）
鈴木竹雄＝石井照久 ［1950］『改正株式会社法解説』（日本評論社）
鈴木竹雄＝竹内昭夫 ［1977］『商法とともに歩む』（商事法務研究会）
曽野和明 ［1961］「商法改正の立法論的展開」会社実務協会（編）『商法改正の動向と基本問題』（会社実務協会）: 1-302
高田正淳 ［1988］「『監査基準』見直しの今日的課題」企業会計40巻3号: 10-14
高柳龍芳 ［1981］『ドイツ監査制度論』（関西大学出版部）
瀧博 ［2012］「監査人に対する刑事上および行政上の責任」町田祥弘＝松本祥尚（編）『会計士監査制度の再構築』（中央経済社）: 175-191
武井一浩 ［2012］「不正・違法行為—実務の観点からのコメント」町田祥弘＝松本祥尚（編）『会計士監査制度の再構築』（中央経済社）: 135-141
竹内昭夫ほか ［1980］「会社の計算・公開改正試案の重点解説」商事法務研究会（編）『会社の計算・公開改正試案の論点』（商事法務研究会）: 65-117
竹内昭夫 ［1983］『改正会社法解説［新版］』（有斐閣）
竹内昭夫 ［1984］『会社法の理論 II』（有斐閣）
竹内昭夫 ［1987］「274条」『新版注釈会社法（6）』（有斐閣）: 439-449
竹内昭夫（弥永真生補訂）［2001］『株式会社法講義』（有斐閣）
竹内昭夫＝稲葉威雄＝多田晶彦 ［1988］「〈座談会〉商法改正要綱案作成の現況と問題点」商事法務1133号: 8-31
龍田節 ［1968］「監査人の対第三者責任序説」『商事法の研究（大隅健一郎先生還暦記念）』（有斐閣）: 180-203
龍田節 ［1972］「公認会計士の責任と保険の対象」『商法・保険法の諸問題（大森忠夫先生還暦記念）』（有斐閣）: 518-535
龍田節 ［1974］「会計監査人の選任と責任」会計ジャーナル6巻6号: 140-148

龍田節［1980］「商法特例法2条～6条」『注釈会社法　補巻（昭和49年改正）』（有斐閣）: 94-122
龍田節［1981］「監査役と会計監査人の関係」監査役142号: 3-11
龍田節［1982］「開示制度の目的と機能」法学論叢110巻4・5・6号: 112-140
龍田節［1987］「商法特例法2条・4条・9条・10条」『新版注釈会社法（6）』（有斐閣）: 523-521, 529-538, 571-580
龍田節［1991］「有限会社の任意監査人の責任」商事法務1249号: 53-61
田中誠二［1956］「株式会社の機関（公認会計士の問題を含む）の改正論」私法16号: 99-104
田中亘［2007］「定時株主総会はなぜ6月開催なのか」黒沼悦郎＝藤田友敬（編）『企業法の理論（江頭憲治郎先生還暦記念）〔上〕』（商事法務）: 415-498
田辺明［1968］「株式会社監査制度改正に関する民事局参事官室試案について」金融法務事情521号: 4-12
田辺明［1970］「商法の一部を改正する法律案要綱案について」商事法務517号: 2-6
田辺明＝加藤一昶＝黒木学［1974］『商法改正三法の逐条解説（別冊商事法務24）』（商事法務研究会）
田村諄之輔［1984］「注釈　商法特例法6条の3」『注釈株式会社法　下』（有斐閣）: 369-370
土持敏裕＝榊原一夫［1996］「証券取引法」平野龍一ほか（編）『注解特別刑法　補巻（2）』（青林書院）
東京地裁商事研究会［2006］『類型別会社訴訟I』（判例タイムズ社）
土肥東一郎［1971］「投資者保護と公認会計士の社会的責任」企業会計23巻6号: 30-33
内藤文雄＝林隆敏＝松本祥尚［2010］『国際監査基準の完全解説』（中央経済社）
中東正文［1999］「GHQ相手の健闘の成果」浜田道代（編著）『日本会社立法の歴史的展開』（商事法務研究会）: 218-291
新山雄三［1981］＜判批＞判例評論267号: 41-44
西田典之［2010］『刑法総論［第2版］』（弘文堂）
日本監査役協会会計委員会［2006］『会計監査人との連携に関する実務指針』（平成18年5月11日。最終改正: 平成26年4月10日）
日本公認会計士協会＝日本監査役協会［2005］『監査役等と監査人との連携に関する共同研究報告』（平成17年7月29日。最終改正: 平成25年11月7日）
日本公認会計士協会［2013a］『法規委員会研究報告第15号　監査人の法的責任に関する裁判例』（平成25年6月27日）
日本公認会計士協会［2013b］『監査役等への品質管理レビューの結果の通知及び公認会計士・監査審査会の検査結果の開示について』（平成25年10月4日）

日本公認会計士協会［2014］『監査実施状況調査（平成24年度）』（平成26年 2 月14日）
野上鉄夫［1984］「会計監査人の解任・選任」今井宏＝田辺康平（編集代表）『改正会社法の研究（蓮井良憲先生還暦記念）』（法律文化社）: 551-566
橋爪隆［2012］「情報開示に関する規制」山口厚（編著）『経済刑法』（商事法務）: 205-210
羽柴忠雄［1956］「企業監査をめぐる監査役と公認会計士の立場」商事法務16号: 8-10
濱克彦＝郡谷大輔＝和久友子［2003］「平成14年商法改正に伴う改正商法施行規則の解説（3）」商事法務1659号: 39-47
浜田道代［1984］「企業と公示制度」竹内昭夫＝龍田節（編）『現代企業法講座 1 』（東京大学出版会）: 137-173
浜田道代［2006a］「新会社法の下における基準日の運用問題（上）従来の慣行は合理的か」商事法務1772号: 4-17
浜田道代［2006b］「新会社法の下における基準日の運用問題（下）従来の慣行は合理的か」商事法務1773号: 13-25
林隆敏＝町田祥弘［2012］「監査報酬に関する制度」監査人・監査報酬問題研究会『わが国監査報酬の実態と課題』（日本公認会計士協会出版局）: 29-55
樋口亮介［2009］『法人処罰と刑法理論』（東京大学出版会）
檜田信男［1981］「会計監査人監査と監査役監査―独立性に関連して―」ビジネス・レビュー（一橋大学）29巻 2 号: 12-23
平井宜雄［1994］『債権総論［第 2 版］』（弘文堂）
藤原俊雄［2012］「監査役と会計監査人の連携」明治大学法科大学院論集11号: 50-81
古庄修［2012］『統合財務報告制度の形成』（中央経済社）
法務省民事局［1952］『商法改正に関する意見集』
法務省民事局＝大蔵省証券局［1970］「法務・大蔵両省,『監査制度改善問題に関する疑問』に答える」商事法務530号: 18-24
法務省民事局参事官室（編）［1985］『大小会社区分立法等の問題点各界意見の分析（別冊商事法務77号）』（商事法務研究会）
法務省民事局参事官室（編）［1987］『商法・有限会社法改正試案各界意見の分析（別冊商事法務93号）』（商事法務研究会）
法務省民事局参事官室［2011］『会社法制の見直しに関する中間試案の補足説明』（平成23年12月）
前田庸＝岩城謙二［1981］「監査役および会計監査人」商事法務901号: 11-26
牧野良三［1974］「商法改正年表」法律時報46巻 9 号: 66-69
正亀慶介［1973］「会計監査人の民事・刑事責任」税経セミナー18巻 4 号: 95-101
増森珠美［2011］「商法（平成17年法律第87号による改正前のもの）266条 1 項 5 号に

基づく会社の取締役に対する損害賠償請求権の消滅時効」『最高裁判所判例解説
　　民事編　平成20年度』(法曹会): 66-82
町田祥弘 [2010]「アメリカにおける監査人の報酬決定実務に関する現状」監査役576
　　号: 62-71
町田祥弘 [2012]「監査契約」町田祥弘=松本祥尚 (編)『会計士監査制度の再構築』(中
　　央経済社): 37-57
町田祥弘ほか [2012]「監査報酬の適正化に向けて」監査人・監査報酬問題研究会『わ
　　が国監査報酬の実態と課題』(日本公認会計士協会出版局): 225-232
町田祥弘 [2015a]「外部監査人と監査役等の連携の新たな可能性―外部監査人による
　　監査報告書の改革の動向を踏まえて―(前編)」監査役635号: 73-83
町田祥弘 [2015b]「外部監査人と監査役等の連携の新たな可能性―外部監査人による
　　監査報告書の改革の動向を踏まえて―(後編)」監査役637号: 13-23
松本烝治 [1950]「会社法改正要綱批判」法律時報22巻 3 号: 2-12
松本祥尚 [2012]「監査基準」町田祥弘=松本祥尚 (編)『会計士監査制度の再構築』(中
　　央経済社): 223-239
味村治 [1967]「監査制度に関する問題点について」商事法務413号: 2-7, 10
味村治 [1968]「株式会社監査制度改正試案の解説」商事法務460号: 2-16
味村治 [1969]「株式会社監査制度改正要綱案の解説」商事法務492号: 2-20
味村治 [1970]「商法の一部改正法案要綱案中修正部分の解説」金融法務事情574号:
　　14-18
味村治=加藤一昶 [1977]『改正商法及び監査特例法等の解説』(法曹会)
味村治=田辺明=居林次雄 [1968]「座談会監査制度改正試案についての疑問に答える」
　　商事法務463号: 2-17
宮島司 [2002]「会計監査人による『継続企業の前提』に関する監査」税経通信57巻
　　 3 号: 45-51
村山徳五郎 [1992]「わが国監査制度の展開期」現代監査 3 号: 46-56
元木伸 [1980]「株式会社の計算・公開に関する改正試案の解説　計算書類等」商事
　　法務研究会 (編)『会社の計算・公開改正試案の論点』(商事法務研究会): 10-32
元木伸 [1983]『改正商法逐条解説 [改訂増補版]』(商事法務研究会)
元木伸 [1990]『商法等の一部を改正する法律の解説』(法曹会)
森川八洲男 [1984]『精説簿記論〔Ⅰ〕』(白桃書房)
森田章 [2001]「取締役制度の改正」企業会計53 巻 9 号: 18-23
森本滋ほか [2003]「平成14年商法改正と経営機構改革〔中〕」商事法務1652号: 4-18
矢沢惇 [1951]「監査役の監査と公認会計士の監査」監査 2 巻 1 号: 48-58
矢沢惇 [1970]『商法改正の諸問題』(商事法務研究会)

矢沢惇［1973］『企業会計法講義［改訂版］』（有斐閣）
矢沢惇＝鴻常夫［1968］『会社法の展開と課題』（日本評論社）
安井誠［1966］「証券取引法における公認会計士監査の充実策について」商事法務422号: 44-48
弥永真生［1997］「計算書類の登記所における公開」商事法務1474号: 8-12
弥永真生［2000］『会計監査人の責任の限定』（有斐閣）
弥永真生［2002］『監査人の外観的独立性』（商事法務）
弥永真生［2003］「中小企業の監査」税研19巻2号: 45-50
弥永真生［2006］「監査法人の業務停止と会計監査人としての欠格事由」商事法務1773号: 4-12
弥永真生［2013］「株主に対する貸付け」小出篤＝小塚荘一郎＝後藤元＝潘阿憲（編）『企業法・金融法の新潮流（前田重行先生古稀記念）』（商事法務）: 145-176
弥永真生［2014a］「社外取締役と情報収集等」商事法務2028号: 4-16
弥永真生［2014b］「財務諸表監査と違法行為」筑波ロー・ジャーナル17号: 127-190
山浦久司［1988］「監査実施準則を見直す」企業会計40巻3号: 28-32
山口雅高［2003］＜判批＞法曹時報55巻3号: 325-342
山崎秀彦［2010］「英国における財務諸表外情報の開示と保証」山崎秀彦（編著）『財務諸表外情報の開示と保証』（同文舘出版）: 45-66
山下友信［1998］「取締役の会社に対する責任と過失相殺の法理の類推適用」ジュリスト1145号: 107-109
山田純子［1998］「取締役の監視義務と会社に対する責任」甲南法学38巻3・4号: 299-325
山田純子［2003］「監査人の被監査会社に対する責任とその限定」甲南法学44巻1・2号: 95-116
山村忠平［1956］「監査役制度」『株式会社法講座第3巻』（有斐閣）: 1177-1200
山村忠平［1975］『新商法による株式会社監査』（同文舘）
山村忠平［1982］「会計監査人の特別報告義務」喜多了祐＝中川和彦（編集代表）『進展する企業法・経済法（吉永榮助先生古稀記念）』（中央経済社）: 233-242
山村忠平［1991］＜判批＞金判873号: 46-51
山村忠平［1994］『会計監査人の社会的役割』（文眞堂）
湯川益秀［2004］＜判批＞判評542号: 21-24
油布志行ほか［2014］「会社法監査における十分な監査時間の確保に向けて～「監査における不正リスク対応基準」の適用を踏まえて～」会計・監査ジャーナル26巻6号: 9-23
横田正俊［1956］「監査役監査と公認会計士監査との調整について」財経詳報15号: 7-9

吉田昂［1956a］「監査役監査と公認会計士監査」法律時報28巻 6 号: 22-26, 31
吉田昂［1956b］「監査役制度に就いて」會報（東京株式懇話会）56号: 41-61
吉田昂［1956c］「公認会計士による監査の公正担保について」商事法務13号: 2-4
吉田清見［1977］「会計監査人の選任とその報告」商事法務763号: 11-15
吉田慶太［2012］「会社法監査と金商法監査の並立—実務の観点からのコメント」町田祥弘=松本祥尚（編）『会計士監査制度の再構築』（中央経済社）: 215-219
良永和隆［1993］「公認会計士の責任」川井健（編）『専門家の責任』（日本評論社）: 305-325
吉見宏［2012a］「不正・違法行為」町田祥弘=松本祥尚（編）『会計士監査制度の再構築』（中央経済社）: 119-134
吉見宏［2012b］「会社法監査と金商法監査の並立」町田祥弘=松本祥尚（編）『会計士監査制度の再構築』（中央経済社）: 203-214
脇田良一［1987］「会計監査人監査をめぐる諸問題—K不動産株式会社事件に関連して」経済研究（明治学院大学）80号: 41-90
脇田良一［1988］「監査基準再検討の視座」企業会計40巻 3 号: 19-23
脇田良一［1990］「会計監査人制度研究 -1-」経済研究（明治学院大学）88号:121-139
脇田良一［1994］「会計監査人監査の制度的疑問」企業会計46巻12号: 17-23
渡辺豊樹ほか［1971］『改正証券取引法の解説』（商事法務研究会）

Auditing Practices Board [2006] *The Combined Code on Corporate Governance: Requirements of Auditors under the Listing Rules of the Financial Services Authority and the Irish Stock Exchange* (September 2006)

Auditing Practices Board [2009] *Developments in Corporate Governance Affecting the Responsibilities of Auditors of UK Companies* (December 2009)

Auditing Practices Board [2009] *Money Laundering – Guidance for auditors on UK legislation,* Practice note 12 (revised) (September 2010)

Brandeis, L.D. [1914] *Other People's Money and How the Bankers Use It,* Frederick A. Stokes Co.

Cary, W.L. [1962] Corporate Standards and Legal Rules, *California Law Review,* vol. 50, no.3: 408-420

European Commission, DG Internal Market [2005] *Report on impacts of raised thresholds defining SMEs: Impact assessment on raising the thresholds in the 4 th Company Law Directive (78/660/EEC) defining small and medium sized companies* (December 2005)

Fédération des Experts Comptables Européens (FEE) [1996] *Results of the survey*

on the role, position and liability of the statutory auditor in the EU
Financial Reporting Council [2012] *International Standard on Auditing (UK and Ireland)* 720 (October 2012)
Financial Reporting Council [2013] *Illustrative Example of a UK auditor's report reflecting the requirements of ISA (UK and Ireland) 700* (revised June 2013)
Financial Reporting Council [2014] *Recent Developments in Company Law, The Listing Rules and Auditing Standards that affect United Kingdom Auditor's Reports* (April 2014)
International Federation of Accountants (IFAC) [2012] *Basis of ISA Adoption* (August 2012)
Siebert, U. [1997] Kontroll und Transparenz im Unternehmensbereich (KonTraG), *Zeitschrift für Wirtschafts und Bankrecht*: 1-9
Stevenson, R.B. [1980] *Corporations and Information: secrecy, access, and disclosure*, Johns Hopkins University Press
Le Vourc'h, J. and P. Morand [2011] *Study on the effects of the implementation of the acquis on statutory audits of annual and consolidated accounts including the consequences on the audit market* <http://ec.europa.eu/internal_market/auditing/docs/studies/201111-study_en.pdf>

索引

あ

アメリカ ……………………… 2,79,85,192,208

EC会社法第8号指令 ……………………… 2
EU会計指令 ……………………… 48
EU法定監査規則 ……………………… 211,233
EU法定監査指令 ……………………… 192,193
委員会設置会社 ……………………… 55,60
委員会等設置会社 ……………………… 38,55
一時会計監査人 ……………………… 64,102
違法行為 ……………………… 205
違法配当 ……………………… 195
違法配当罪 ……………………… 150

売上高 ……………………… 7,30,40,47,49

親会社等 ……………………… 68
親会社等との間の取引 ……………………… 218

か

外観的独立性 ……………………… 63
会計監査人 ……………………… 22
会計監査人としての報酬等 ……………………… 68,70
会計監査人の任意設置 ……………………… 41
会計参与 ……………………… 50,51
会計調査人 ……………………… 34,37
解散命令 ……………………… 159
解任 ……………………… 57,58
解任または不再任の方針 ……………………… 66
過失相殺 ……………………… 143
課徴金 ……………………… 159
カナダ ……………………… 2
株式会社の計算・公開に関する改正試案 …29
株主総会参考書類 ……………………… 66,70
過料 ……………………… 113,150

監査委員会 ……… 38,55,60,85,210,213,233,234
監査基準 ……………………… 4,120
監査基準委員会報告書240 ……………………… 166,205
監査基準委員会報告書250 ……………………… 206
監査基準委員会報告書260 ……………………… 171,180
監査基準委員会報告書550 ……………………… 216
監査基準委員会報告書720 ……………………… 201
監査証明府令 ……………………… 5,11
監査制度の一元化 ……………………… 17
監査等委員会設置会社 ……………………… 61,62,66
監査報酬 ……………………… 93
監査報酬等の開示 ……………………… 80, 89
監査役 ……………………… 14,18,20,22,162
監査役会 ……………………… 55,60,61,62,66,85
監査役制度の廃止 ……………………… 16
完全子会社 ……………………… 42
関連当事者間取引 ……………………… 215,219

企業会計審議会 ……………………… 4
企業集団 ……………………… 69
業務停止 ……………………… 67,71,104, 159
虚偽記載有価証券報告書提出罪 ……………………… 157

経営者報告書 ……………………… 224
決算承認取締役会 ……………………… 167
決定権 ……………………… 86,93
限定監査 ……………………… 32

合同会社 ……………………… 45,50,51
公認会計士・監査審査会の検査 ……………………… 180
コーポレートガバナンス・コード ……………… 229
コーポレートガバナンス報告書 ……………… 224
コーポレートガバナンス・コード原案
……………………… 66,89,164
子会社等 ……………………… 68

国際監査基準 …………………………… 192,193
国際監査基準720 …………………………… 202

さ

最終完全親会社等 ………………… 138,140
サンクション ………………………………… 52

事業報告 …………………… 199,200,223
実務指針 …………………………… 6,120,133
辞任 ………………………………… 61,74,102
資本金 ……………………… 7,24,26,30,39,40
資本金額 …………………………………… 46
指名委員会等設置会社 ……………… 61,62,66
従業員数 ……………………… 30,40,47,49
収賄罪 ……………………………………… 151
守秘義務 ………………………………… 214,215
主要業績評価指標 ………………………… 224
招集通知 …………………………………… 231
消滅時効 …………………………………… 136
剰余金の配当等 ……………………………… 72
職業的懐疑心 ……………………………… 130

責任限定契約 ………………… 73,142,188
責任の免除 ………………………………… 140
善管注意義務 …………………………… 118,120
選任の方針 ………………………………… 66

総資産額 ……………………………………… 47

た

代表訴訟 …………………………………… 137
多重代表訴訟 ……………………………… 139

長文式監査報告書 ………………………… 233

追記情報 …………………………………… 231

適格旧株主 ……………………………… 138,140

ドイツ ……………………………………… 92
同意権 ……………………………………… 86
東京証券取引所 ……………………………… 3
登録の抹消 ………………………………… 158
取締役会 …………………………………… 227

な

任意監査 ………………………………… 33,36
任務懈怠 …………………………… 118,120,189

は

非監査業務 ………………… 68,74,80,86,91
非財務報告書 ……………………………… 224
品質管理レビュー ………………………… 180

負債総額 ………………………………… 7,30
不再任 ……………………………………… 59
不正リスク対応基準 ……………… 7,130,133,171
不当に低廉な報酬 ………………………… 83

報酬 ……………………………… 69,74,78

ま

みなし大会社 ……………………………… 39

や

有限会社 ……………………… 34,35,39,40

ら

リスク・アプローチ ……………………… 124

連結計算書類 …………………………… 43,45
連合王国 …………………………………… 226

判例索引

昭和

最判昭和33・5・28刑集12巻8号1718頁 …… 157
最高裁昭和44・11・26大法廷判決・
　民集23巻11号2150頁 …………………… 136
最判昭和45・12・18刑集24巻13号1773頁
　…………………………………………… 157
最判昭和49・12・17民集28巻10号2059頁
　…………………………………………… 136
神戸地判昭和53・12・26金判568号43頁
　…………………………………………… 156
最判昭和54・11・16民集33巻7号709頁
　…………………………………………… 111
最決昭和57・7・16刑集36巻6号695頁 …… 158
東京高決昭和59・6・14金判703号3頁 …… 50
大阪高決昭和60・6・18金判722号23頁 …… 50
福岡高昭和63・1・21金判788号13頁 ……… 50

平成

東京高決平成元・5・23金判827号22頁 …… 50
東京地判平成元・8・22金判844号16頁 …… 111
東京地判平成2・9・28判時1386号141頁 … 143
東京地判平成3・3・19判時1381号116頁 … 123
千葉地決平成3・9・26判タ773号246頁 …… 50
東京高判平成7・9・28判時1552号128頁 … 123
福岡地判平成8・1・31判タ944号247頁 …… 143
東京地判平成8・2・8判タ893号260頁 …… 169
大阪高決平成9・12・8
　資料版商事法務166号138頁 …………… 169
横浜地判平成10・7・31判タ1014号253頁
　…………………………………………… 143
大阪地判平成11・11・8三田工業事件
　…………………………………… 150, 151
最判平成12・7・7民集54巻6号1767頁 …… 143
宮崎地判平成12・7・21判タ1063号180頁
　…………………………………………… 111
大阪高判平成12・12・7 ……………………… 150
福岡高判平成13・3・2判タ1093号197頁 … 111
東京地判平成15・4・14判時1826号97頁 … 123

最決平成16・7・26 …………………………… 150
東京地判平成16・7・28
　資料版商事法務245号118頁 …………… 137
大阪地判平成17・2・24判時1931号152頁
　…………………………………………… 123
青森地判平成18・2・28判タ1251号221頁
　…………………………………………… 143
大阪地判平成18・3・20判時1951号129頁
　……………………………………… 97, 123
東京地判平成18・3・24 …………………… 156
東京地判平成18・8・9 ……………………… 156
東京地判平成19・3・23 …………………… 156
東京高判平成19・7・11 …………………… 156
東京地判平成19・11・28金法1835号39頁
　…………………………………………… 123
最判平成20・1・28民集62巻1号128頁
　…………………………………… 136, 146
東京地判平成20・2・27判時2010号131頁
　…………………………………………… 123
大阪地判平成20・4・18判時2007号104頁
　…………………………………………… 123
東京高判平成20・4・23 …………………… 143
最判平成20・7・18刑集62巻7号2101頁 … 125
東京地判平成20・7・31 …………………… 123
福岡高決平成21・5・15金判1320号20頁 … 50
東京地判平成21・5・21判時2047号36頁
　…………………………………… 168, 169
最決平成22・5・31判時2174号127頁
　…………………………………… 156, 158
さいたま地判平成24・1・30 ……………… 156
東京高判平成25・1・11 …………………… 156
大阪地判平成24・3・23判時2168号97頁 … 123
東京地判平成25・10・15 …………………… 168
横浜地判平成25・10・22金判1432号44頁 169
名古屋高判平成26・2・13金判1444号30頁
　…………………………………………… 169
東京高判平成26・5・29 …………………… 169
東京地判平成26・12・25 …………………… 123

【著者略歴】

弥永　真生（やなが　まさお）

1982年　公認会計士試験二次試験合格
1984年　明治大学政治経済学部経済学科卒業
1986年　東京大学法学部卒業
1986年　東京大学法学部助手，筑波大学社会科学系講師，助教授を経て，
2002年　筑波大学ビジネス科学研究科企業法学専攻教授，現在に至る

〈主要著書〉
『会計基準と法』（中央経済社，2013年）
『「資本」の会計』（中央経済社，2003年）
『監査人の外観的独立性』（商事法務，2002年）
『会計監査人の責任の限定』（有斐閣，2000年）
『商法計算規定と企業会計』（中央経済社，2000年）
『デリバティブと企業会計法』（中央経済社，1998年）
『税効果会計』（中央経済社，1997年）（足田浩と共著）
『企業会計法と時価主義』（日本評論社，1996年）
ほか多数

平成27年6月15日　初版発行　　　　　　　　　　　　略称：会計監査人

会計監査人論

著　者　Ⓒ　弥　永　真　生

発行者　　　中　島　治　久

発行所　同文舘出版株式会社
東京都千代田区神田神保町1-41　〒101-0051
営業（03）3294-1801　　編集（03）3294-1803
振替 00100-8-42935 http://www.dobunkan.co.jp

Printed in Japan 2015　　　　　　　　　製版　一企画
　　　　　　　　　　　　　　　　　　印刷・製本　萩原印刷

ISBN978-4-495-46531-5

JCOPY 〈(社)出版者著作権管理機構 委託出版物〉
本書の無断複写は著作権法上での例外を除き禁じられています。複製される場合は，そのつど事前に，出版者著作権管理機構（電話 03-3513-6969,
FAX 03-3513-6979, e-mail: info@jcopy.or.jp）の許諾を得てください。